Marlis Dürkop · Hubert Treiber

Leiden als Mutterpflicht

Für Böske aus Dombóvár

Marlis Dürkop · Hubert Treiber

Leiden als Mutterpflicht

Mütter von strafgefangenen Jugendlichen berichten

Mit einem Vorwort von Heinz Steinert

Westdeutscher Verlag

CIP-Kurztitelaufnahme der Deutschen Bibliothek

Dürkop, Marlis:
Leiden als Mutterpflicht: Mütter von strafgefangenen Jugendlichen berichten/Marlis Dürkop; Hubert Treiber. Mit e. Vorw. von Heinz Steinert. – Opladen: Westdeutscher Verlag, 1980.
ISBN 3-531-11514-6

NE: Treiber, Hubert.

Umschlaggestaltung: Horst Dieter Bürkle, Darmstadt
Druck: E. Hunold, Braunschweig
Buchbinderei: W. Langelüddecke, Braunschweig

Printed in Germany

ISBN 3-531-11514-6

Inhalt

Heinz Steinert

Zur Einführung: Das Strafrecht und die Mütterlichkeit

„Die Leidensfähigkeit einer Frau ist unbegrenzt. Leiden um ein geliebtes Wesen kann zur Form ihrer Existenz werden. Beim Mann scheint es anders zu sein. Er bemüht sich um Ablenkung. Sein Gesetz ist die Leistung. Der Weg der Frau führt mitten durch die Hölle. Entweder wird sie darin zu Asche, oder aber sie ringt sich durch zu neuem Werden in Entsagung und Einsamkeit."
Marianne Weber, Lebenserinnerungen, Bremen 1948, 115

Wenn man, wie es dem Soziologen gut ansteht, das Strafrecht aus der Froschperspektive betrachtet, geht da etwas ziemlich Absurdes vor sich: Ernsthafte, mit ziemlich großem Aufwand in den Feinheiten eines ausgeklügelten Denksystems ausgebildete Damen und Herren (meist Herren), häufig Sprosse einer Dynastie von Staatsdienern, ausgerüstet mit einem standesgemäßen Einkommen, Unkündbarkeit und einem sicheren Pensionsanspruch, bemühen sich um manchmal tragische, gelegentlich lächerliche, fast immer aber armselige und schäbige Ereignisse des Alltags überwiegend von Leuten, die wenig Schulbildung und gar keinen „Stand" haben, der ihrem Einkommen „gemäß" sein könnte, von irgendeiner Sicherheit dieses Einkommens ganz zu schweigen, deren Zukunft sich nicht in Vorrükken, Verwendungsgruppen und Gehaltsstufen bemißt, sondern die allen Schwankungen und bedauerlichen Härten des Wirtschaftslebens und seiner Entwicklung sehr unmittelbar ausgesetzt sind. Jene besseren Damen und Herren bemühen sich, im Rahmen eines großartigen und weitverzweigten Behördenapparats diesen tragischen, lächerlichen, armseligen und schäbigen Ereignissen in einer Welt, mit der sie sonst wenig zu tun haben möchten, „gerecht" zu werden, indem sie sie an der Schablone eines Kodex' messen, dessen Vokabular und Ausdrucksweise denen, die da gemessen werden, so unverständlich ist, daß sie einen ebenfalls hochgebildeten und mit dem Behördenapparat vertrauten Übersetzer und Vertreter brauchen, um an dem Vorgang, der für sie vergleichsweise folgenreich sein kann, auch nur halbwegs kompetent teilnehmen zu können. Organisierte Selbstgerechtigkeit, versehen mit der Monopol-Lizenz, das „ethische Minimum", einen angenommenen „Minimalkonsens" über schutzbedürftige Werte und Güter auch mit staatlicher Gewalt zu verteidigen, im Namen dieser schönen, wenn auch unklaren Dinge „ein Strafübel zu verhängen", sitzt im Talar und auf dem Podest zu Gericht über die Heillosigkeit eines Alltags, der sich hartnäckig jenen staatsfrommen Ordnungsvorstellungen nicht unterwerfen will und kann, die ihm da überzustülpen versucht werden.

Der Vorgang hat seine Struktur historisch entwickelt in Orientierung an hehren Idealen: Gerechtigkeit, Gleichbehandlung, Rechtssicherheit – die nur den Nachteil haben, daß sie sich hauptsächlich statistisch zeigen können, im Einzelfall aber den Charakter der Willkür, der Ungewißheit des Ausgangs, des Schicksalsschlags (der freilich bürokratisch verwaltet wird) nicht beseitigen können. „Gerechtigkeit" speziell ist eine schlüpfrige Eigenschaft von Entscheidungen, deren Vorhandensein oder Fehlen sich an Kriterien bemißt, über die historisch wie zwischen den verschiedenen gleichzeitigen Interessenpositionen wenig Einigkeit und Einheitlichkeit besteht. Die schlichte Gleichbehandlung „ohne Ansehen der Person" schafft sehr offensichtlich noch nicht Gerechtigkeit, wenn die so Behandelten in ihren Ausgangslagen verschieden sind und in unterschiedlichen Lebenssituationen stecken. Wenn es „Armen wie Reichen in gleicher Weise verboten ist, unter der Brücke zu schlafen", dann kann man das allenfalls mit einigen nicht unproblematischen Zusatzannahmen „gerecht" nennen. Manche würden dazu neigen, die Frage einer strafenden Gerechtigkeit unter Berücksichtigung primär des entstandenen Schadens zu behandeln („Sozialschädlichkeit" ist der Kunstbegriff, der dafür in den gelehrten Abhandlungen auftaucht), und übersehen dabei leicht, daß solcher Schaden sich oft nur schwer in Heller und Pfennig ausdrücken läßt und daß damit das ganze Problem nur um eine Stufe, in die Auseinandersetzung darüber, was denn nun in welchem Ausmaß „schädlich" sein mag, verschoben wird. Andere schieben in der Bewertung einer Handlung primär das psychische Problem in den Vordergrund, aus dem sie sich ergibt. Das männliche Pubertätsproblem, sich als „starken Mann" zu beweisen, kann sich dann in dem – strafrechtlich verschieden einschlägigen – Konsum von Alkohol und anderen Drogen, im (heterosexuell orientierten und oft verbal bleibenden) „Konsum" von Mädchen, im Tragen eines Springmessers, im Beweisen von Mut und Kraft, in körperlichen Auseinandersetzungen dokumentieren. Ist es „gerecht", wenn man sich nur an die phänomenologische Oberfläche dieser Handlungen hält und nicht sieht, daß es sich hier um das immer gleiche Problem handelt, das je nach den Anforderungen aus der sozialen Umwelt verschieden abgearbeitet wird? Wird man der Person, die da handelt, damit „gerecht"?

„Gerechtigkeit" ist sehr offensichtlich eine Argumentationsfigur, die gesellschaftlich recht unterschiedlich und für die diversesten inhaltlichen Ziele eingesetzt werden kann und wird. Sie ist natürlich auch die Argumentationsfigur, mit der erlebte Benachteiligungen als „ungerecht" eingeklagt werden. Aber sie dient auch der Rechtfertigung von Privilegien. Dem Mittelalter erschien es „gerecht", daß jeder nach seinem Stand (und damit nach den ihm mehr oder weniger zustehenden „Vorrechten") zu behandeln sei, heute finden es bei uns viele „gerecht", den „Wert" eines Menschen an seiner „Leistung" zu bemessen (wobei sich dann wieder fragt, was eine „Leistung" darstellen soll: wenn einer hart arbeitet, wenn er eine unangenehme Arbeit tut, wenn er eine lange Ausbildung hinter sich bringt, wenn er „die Verantwortung trägt"?). Die aufständischen Bauern des ausgehenden Mittelalters rechtfertigten sich durch ihre Berufung auf „hergebrachtes" oder „Göttliches Recht", die Herren, die sie niedermachen ließen, fanden das „gerecht" im Namen ihrer „natürlichen Vorrechte". Nicht nur Nazi-Deutschland schaffte es, die „Beseitigung" von „Volksschädlingen" als „gerecht" darzustellen. Und ist eigentlich jemals (vor der Niederlage) ein „ungerechter Krieg" geführt worden?

Für die unmittelbar Betroffenen ist das alles eine Lade zu hoch gegriffen. Von Einzelfällen à la Kohlhaas abgesehen, in denen sich die Gerechtigkeit selbständig macht (und man kann an diesem Fall und analogen Fällen sehen, wie es endet, wenn man „Gerechtigkeit" wirklich ernst nimmt), braucht man die Erfüllung ganz spezifischer Bedürfnisse und Wünsche, Hilfe in Notlagen und eine Lebenssituation, in der man leben und sich womöglich wohl fühlen kann – aber keine „Gerechtigkeit". Daß dieses kalte Ideal, diese bürokratische Spielform von Freiheit, Gleichheit und Brüderlichkeit, unser Leben so beherrscht, daß es als Argumentationsfigur in unserem öffentlichen Leben eine so große Rolle spielt, spricht daher nicht unbedingt für die Qualität dieses Lebens. „Gerechtigkeit" ist nur das Minimum, das der Unterdrückte einfordern kann, wenn er sonst nichts mehr zu erwarten hat, die politische Einkleidung, die er seiner Not einer verhärteten Umwelt gegenüber geben muß.

Nun gibt es aber unter Juristen zusätzlich noch einen Sinnspruch, der besagt, daß niemand einen Anspruch auf Gerechtigkeit habe, sondern nur den Anspruch auf ein Verfahren. Darin drückt sich die Formalisierungsleistung aus, die in unserer Art von Recht vollbracht wird: der Versuch, die interessengeleitete Willkür unterschiedlicher Vorstellungen von „Gerechtigkeit" unter Kontrolle zu halten, indem dieses inhaltliche Problem der inhaltlichen Auseinandersetzung entzogen wird. Es soll indirekt, durch Übergang auf eine formale Ebene „gelöst" (oder zumindest neutralisiert) werden: Das Ergebnis ist verbindlich, wenn es formal korrekt zustandegekommen ist. Das inhaltliche Problem wird der Behandlung der Einzelfälle vorgelagert in den Prozeß der Gesetzgebung. Dort kann und soll darüber „politisch", in Auseinandersetzung zwischen den Interessenpositionen verhandelt und zu einer ab dann allgemein gültigen Regelung gefunden werden. Die Anwendung dieser Regelungen auf den Einzelfall erfolgt dann durch „unpolitische" Instanzen, in strenger Gebundenheit an das Gesetz und in strenger Konzentration auf das Individuum, dessen „Schuld" verhandelt wird, unter strenger Vernachlässigung der gesellschaftlichen Gegebenheiten, aus denen „Kriminalität" entsteht und ihre Regelmäßigkeit erhält. Das ist alles ebenso bekannt wie die Tatsache, daß diese „Formalisierung" des Umgangs mit „Kriminalität" – so wichtig und immer wieder der Verteidigung bedürftig sie ist – zwar einigen Schutz gegen krasse staatliche Willkür bietet, aber offen ist für das Eindringen gesellschaftlicher Ungleichheits- und Herrschaftsverhältnisse, die in das auf Gleichbehandlung bedachte Verfahren transportiert werden über Entscheidungsmerkmale wie „Vorstrafe", „Gefährlichkeit" oder „geordnete Lebensführung". Man braucht gar nicht die dramatische „Politische Justiz" zu bemühen, um feststellen zu können, daß (gerade im Alltagsgeschäft der

Justiz) Gleichheit vor dem Gesetz sich mit „Ungleichheit nach dem Gesetz" (also nach seinem Zugriff) durchaus verträgt. (Dabei wäre der in diesem Zusammenhang auftauchende Begriff von „Klassenjustiz" dringend aus der in der Diskussion aufgetretenen Fixierung auf Unterschiede zwischen arm und reich, ohnmächtig und mächtig zu lösen und jedenfalls auch auf die zwischen jung und alt, Frau und Mann zu erweitern.) Aber es ist nicht dieses wohlbekannte (wenn auch ungelöste) Problem, um das es hier hauptsächlich geht.

Die stufenweise Abstraktion der Probleme, die vom Recht geleistet wird, hat nämlich ganz allgemein zur Folge, daß nur ganz bestimmte Konflikte und Schwierigkeiten im gesellschaftlichen Leben von diesem Instrument erfaßt werden können und daß ferner die (wenigen) davon erfaßten Konflikte in ganz bestimmter Art transformiert werden. Für den ersten Punkt eignet sich als Beleg das Strukturelement der individuellen Zurechenbarkeit im Strafrecht, das Schädigungen, für die man nicht einen angebbaren einzelnen verantwortlich machen kann, aus der Zuständigkeit des Strafrechts entfernt oder aber dazu führt, daß „den letzten die Hunde beißen". Dazu kommt die bekannte Tatsache des Dunkelfelds, die ja auch bedeutet, daß ein Großteil der Konflikte, von denen ein Teil strafrechtlich bearbeitet wird, offenbar anders aufgelöst wird. Dabei läßt sich keinesfalls ungeprüft annehmen, daß diese informellen Erledigungen in jedem Fall die schlechteren sein müssen. Der eigentlich hier interessierende Punkt ist aber der zweite.

Das Strafrecht transformiert die Konflikte in einer bestimmten Art. Erstes und Hauptprinzip dieser Transformation ist die Individualisierung. Diese Individualisierung, die das Problem entpolitisiert, indem sie es zur „Schuld" eines einzelnen macht, führt gleichzeitig dazu, daß das Problem zu einem zwischen diesem einzelnen und „dem Staat" wird, daß es der Gesellschaft entzogen wird. Das Strafrecht enteignet die Konflikte. Die phantasielose staatliche Intervention in Form der Strafe für den Täter abstrahiert von allen, die sonst noch an dem Geschehen beteiligt sein mögen. Der Täter wird im Fall der Freiheitsstrafe „aus dem Verkehr gezogen", im Fall der Geldstrafe zahlt er eine Buße an den Staat; was das für die übrigen Beteiligten bedeutet, ist nicht von Interesse – sie werden (als Geschädigte) „auf den Zivilrechtsweg verwiesen" oder (als Angehörige,

Freunde, etc.) auf sich selbst und die Fürsorge. Falls dadurch das Problem, das die Leute miteinander hatten, in irgendeiner Weise gelöst werden sollte, so ist das Zufall. In vielen Fällen wird das Problem damit tatsächlich wohl eher eskaliert.

Es wird allmählich klar, daß es diese Gesamttransformation ist, die Interesse verdient – die nach wie vor individualisierende, mehr oder weniger fürsorgliche Herausstellung der Notlagen anderer an dem Problem Beteiligter hat da eine eher bedauerliche, insgesamt konservative Funktion. Zum Beispiel zeichnet sich die neuerdings hohe Wellen schlagende „Viktimologie", die Erforschung der Opfer von Verbrechen, dadurch aus, daß sie jedenfalls in der öffentlichen Aufnahme entweder politische Aufmerksamkeit vom Täter weg und auf den Geschädigten zu ziehen versucht (häufig gleich verbunden mit der Forderung nach einer staatlichen Entschädigungsverpflichtung), oder aber dem Opfer eine „Mitschuld" anlastet, wie es etwa im Fall der Vergewaltigung einem verbreiteten Vorurteil besonders gut entspricht. Insgesamt geschieht damit nicht mehr, als daß auch das Opfer in den juristischen Diskurs eingespannt wird, in dem nach wie vor Schuld, Strafe und Rechtsansprüche die entscheidende Rolle spielen. Das Beste, was dabei herauskommen kann, ist ein weiterer sozialer Dienst. Was dabei nicht herauskommt, ist eine grundsätzliche Überlegung zu der Art und Weise, wie wir mit unseren Konflikten umgehen.

Eine solche grundsätzliche Überlegung hat Nils Christie in einer Arbeit* angestellt, die auf der Festrede zur Eröffnung eines neuen kriminologischen Forschungsinstituts basiert und die mit den Worten beginnt: „Vielleicht sollten wir gar keine Kriminologie haben. Vielleicht sollten wir lieber Institute schließen, statt sie zu eröffnen." Insofern die Kriminologie ihre professionellen Interessen betreibt, indem sie die staatliche Transformation der Konflikte unkritisch befördert, statt die gesellschaftlich nützlichen Seiten dieser Transformation herauszustellen und ihre destruktiven Aspekte zu bekämpfen, hat eine solche Wendung gegen die professionelle Überwucherung der Gesellschaft eine wichtige korrektive Funktion.

* (Conflicts as property, British Journal of Criminology, 17, 1977, 1–15)

Christie argumentiert, daß zunächst das zivilrechtliche Element stärker in den Strafprozeß eingearbeitet werden könnte. Nach einer ersten Prozeßphase, in der es darum zu gehen hätte, ob tatsächlich das Gesetz gebrochen wurde und ob es tatsächlich durch den Angeklagten geschah, schlägt er eine entscheidende zweite Phase vor, in der es in erster Linie um den Geschädigten zu gehen hätte. Seine Situation ist im Detail zu klären. Alle Fantasie nicht nur des Geschädigten und des Täters, sondern auch der Nachbarn und sonstiger genauer Kenner der lokalen Lebenssituation und ihrer Ressourcen, wäre zu mobilisieren, um Möglichkeiten zu finden, den Schaden zu kompensieren, den er erlitten hat. Dabei müßten die Möglichkeiten des Täters, des lokalen Umfelds und des Staats (in dieser Reihenfolge) eingesetzt werden. Erst anschließend und wenn sich über das hinaus, wozu der Täter in dieser zweiten Prozeßphase verpflichtet wird, noch ein Bedürfnis nach zusätzlicher Bestrafung ergibt, hätte diese ausgesprochen zu werden. In einer vierten, anschließenden Prozeßphase erst wäre dann, wieder von allen Beteiligten, zu überlegen, was für den Täter getan werden sollte. „Die Diskussion seiner Möglichkeiten, die Situation des Geschädigten wiederherzustellen, muß notwendig auch Information über die Situation des Täters erbracht haben. Dabei mag ein Bedürfnis nach helfender, erzieherischer, medizinischer oder religiöser Intervention offenkundig geworden sein – nicht um weitere Kriminalität zu verhindern, sondern weil Bedürfnisse erfüllt werden sollen“ (Christie 1977, 10).

Ein weiteres wesentliches Element dieses Prozeßmodells, das ist bereits deutlich geworden, ist seine starke Ausrichtung auf sogenannte „Laien“. „Das Ideal ist klar; es sollte ein Gericht von Gleichen sein, die sich selbst repräsentieren. Wenn sie zwischen sich eine Lösung finden können, sind keine Richter notwendig. Wenn sie das nicht zustandebringen, sollten die Richter ihnen ebenfalls gleich und gleichberechtigt sein“ (S. 11).

Christie schlägt also, jedenfalls ab der zweiten Prozeßphase, lokal rekrutierte und reine Laienrichter vor, deren Häufigkeit des Auftretens in dieser Funktion eng zu begrenzen wäre. Auch Anwälte sind höchstens in der ersten Phase nötig. Andere Experten, wie Psychiater, Sozialarbeiter, etc., sieht Christie ebenfalls als eine Bedrohung der angezielten Wiedervergesellschaftung der Konflikte, sie sollten allenfalls in den Prozeßphasen zwei und vier und dort als Auskunftspersonen, wenn man sie um ihren Rat fragt, und sicher nicht in einer Entscheidungsposition zugelassen werden.

Die Schwierigkeiten eines solchen Modells sind offensichtlich: Christie betont besonders, daß es halbwegs intakte Nachbarschaften, also eine gewisse lokale Stabilität voraussetzt, eine Form der gesellschaftlichen Organisation, die von der derzeitigen Logik unseres Wirtschaftens und Zusammenlebens eher untergraben als gestützt wird. Aber sicher soll man die manchmal beschworene Desorganisation der Gesellschaft nicht übertrieben sehen, und außerdem würde die Einrichtung lokaler Organisationszentren wie des skizzierten Gerichtsmodells einen solchen Zusammenhalt stärken. Christies Modell hat diesbezüglich einen Widerspruch in sich, insofern es jedenfalls einen überlokalen Polizeiapparat voraussetzt. Ungeklärt bleibt auch, ob es einen überlokalen Strafvollzugsapparat (für die „Zusatzstrafe") zuläßt – wir würden meinen, jedenfalls die Gefängnisstrafe rein kustodialer Art dürfte (als zu leichte Ausweichmöglichkeit) nicht zur Verfügung stehen, und auch die „Ausweisung", das „Lokalverbot", wäre eine problematische Möglichkeit, eher müßte das Gegenteil, eine „Residenzverpflichtung" bis zur vollen Wiedergutmachung vorgesehen sein.

Ein zweites Problem, das Christie hervorstreicht, ist das häufige Fehlen persönlich Geschädigter. „Woolworth oder British Rail sind keine guten Opfer" (S. 13). Ihre Vertreter würden sicher nicht gern „vor 5 000 Nachbarschafts-Gerichten im ganzen Land als Geschädigte auftreten. Aber vielleicht müßte man sie dazu zwingen. Wenn die Beschwerde schwerwiegend genug ist, um den Täter zu einem ‚Kriminellen' zu machen, dann hat der Geschädigte zu erscheinen" (S. 13). Ansonsten hätte man damit ein wirksames Regulativ, um der besonderen Bedeutung von Schwierigkeiten, bei denen es jemand persönlich Geschädigten gibt, zu der ihr zukommenden Priorität zu verhelfen.

Ein entscheidend wichtiger Teil des Arguments von Christie – das im übrigen, wie bereits gesagt, als Anregung der sozialen Fantasie, und nicht als fertiger Bauplan einer Organisation zur Bearbeitung von Konflikten zu nehmen ist – besteht aber darin, daß solche Konflikte weder ganz Privatsache (auch nicht Privatsache zwischen zwei Beteiligten), noch ganz „Staatssache" sind, daß es vielmehr darum geht, sie wieder zu vergesellschaften. Das erweitert den Kreis der Beteiligten. Aus „kriminellen" Ereignissen haben wir alle etwas zu lernen und zu ihrer möglichst vernünftigen Lösung können wir alle – und zwar wohl in der Tat hauptsächlich auf einer „lokalen" Ebene – beitragen.

Das in diesem Buch analysierte Material über die Mütter von Strafgefangenen kann die Aufmerksamkeit auch nur auf einen weiteren Personenkreis von relativ unmittelbar Beteiligten lenken. Über das Deutlichmachen der Schwierigkeiten und Problemlösungsstrategien, die bei diesen Müttern auftreten, hinaus soll hier aber auch angeregt werden, den Gesamtzusammenhang, in dem die Bedeutung einer „kriminellen" Handlung und der staatlichen Reaktion darauf entsteht, genauer zu erforschen. Es gibt zum Beispiel kaum systematische Studien darüber, was es etwa für eine kleine Gemeinde oder auch eine städtische Nachbarschaft bedeutet, wenn sich dort Diebstähle häufen oder wenn gar ein Totschlag passiert, wenn sich dort eine „Drogenszene" entwickelt, usw. Die Kriminalsoziologie hat sich zwar vielleicht zu einem gewissen Ausmaß von der Täterfixierung der Kriminologie gelöst, diese aber gegen eine gewisse Institutionenfixierung eingetauscht, in der zwar viel „Staat", aber wenig „Gesellschaft" vorkommt (bei aller Problematik dieser Gegenüberstellung). Es wäre einer der größten Erfolge dieser Arbeit, wenn damit ein Beitrag zu einer Gewichtsverlagerung in Forschung wie kriminalpolitischem Bemühen gelungen wäre, in der sich die Einsicht durchsetzt, daß „Kriminalität" und die Reaktion darauf nicht nur zwischen „dem Staat" und „seinen" individualisierten „Bürgern" stattfinden, sondern in einer Gesellschaft, die zum Teil andere Probleme hat, als das Strafrecht vorsieht, und auch über andere Regulierungen ihrer Probleme verfügt, als nur die staatlichen, Regulierungen, die man aber vielleicht auch organisieren oder denen man eine Chance geben muß, sich selbst zu organisieren.

Die Mütter, die in diesem Bericht als von Kriminalität und ihrer gesellschaftlichen Bearbeitung Mit-Betroffene und an ihr Mit-Leidende die Hauptrolle spielen, sollen freilich nicht *nur* beispielsweise ernstgenommen werden. Sie sind deshalb in diesem Zusammenhang zentral, weil sie so bereitwillig die privatisierten Kosten unserer hilflosen Art des Umgangs mit gesellschaftlichen Schwierigkeiten auf sich nehmen. Wo der Vater sich auf die Seite des beleidigten und dementsprechend strafenden Staats schlägt und seinen „mißratenen" Sohn fallenläßt, fühlt die Mutter als einzige sich immer noch verpflichtet, das Prinzip durchzuhalten, das sinnvollerweise unsere Reaktion auf die Schwierigkeiten anderer orientieren sollte: das der Solidarität, das bedeutet: die Schwierigkeit gemeinsam angehen. Und sie muß es mit ihren beschränkten, „privaten" Mitteln tun, als zusätzliche Belastung ihres persönlichen Arbeitspensums, das ohnehin nicht als „Arbeit" verstanden wird und deshalb beliebig ausgedehnt werden kann.

Es ist nur allzu offensichtlich, daß die Pflege des freundlichen, aufopferungsvollen Mutterbildes, die Gloriole, die manche Familienpolitiker dieser Mutter verpassen, dazu dient, die Gratisarbeit mit geringen Kosten sicherzustellen, die hier „aus Liebe" geleistet wird. Ein Teil dieser „Liebe", die der wissenschaftlichen Analyse so schwer zugänglich ist und auch aus den genannten Gründen wohl in ihrer fast mystischen Unanalysierbarkeit belassen wird, besteht jedenfalls, wie das hier ausgebreitete Material zeigt, aus Gefühlen der Schuld und des Versagens gegenüber der privatisierten Erziehungsaufgabe, mit der die Mutter hier weitgehend alleingelassen wird. Man sieht es deutlich an den gewundenen Rekonstruktions- und Umdeutungsversuchen für die Delinquenz des Sohns, in denen, weitgehend personalisiert, „Schuld" verhandelt wird – auch die „Schuld" der Mutter. Die strafrechtliche Suche nach „Schuld" endet nicht mit der Verurteilung des Delinquenten, sie kolonisiert auch die gesellschaftlichen Beziehungen, in denen dieser steht, und trägt die Verurteilung weiter. Das ist nur konsequent: Wenn einmal in einer Terminologie von „Schuld" gedacht und gehandelt wird, ist niemand unschuldig. Daran hat sich seit Kafka nichts geändert.

Neben der bekannten entpolitisierenden Wirkung der Schuldzuschreibung wird hier eine weitere sichtbar: die der Privatisierung der Kosten und zugleich der Neutralisierung allfälliger Tendenzen, sich gegen diese Überwälzung zur Wehr zu setzen. Wenn sich auch die Familie, und speziell die Mutter, „schuldig" fühlt am „Versagen" des Sohnes, wird sie nicht auf die Idee kommen, sich *aktiv* und das heißt: *gegen* die strafende Justiz mit dem Sohn zu solidarisieren. Sie kann vielmehr – und das wird ihr durchaus zugemutet – schuldbewußt versuchen, die Fehler, die sie selbst dem Sohn gegenüber gemacht hat, durch weitere „Liebe“ abzuarbeiten. Es erhebt sich der Verdacht: „Mutterliebe“ wird deshalb so gepflegt und gehätschelt, weil sie sich durchaus in einen Gegensatz zu Solidarität bringen läßt – und trotzdem imstande ist, die üblen Folgen der verbreiteten Zerstörung von Solidarität privat aufzufangen.

In Österreich gab es diesen Sommer (1979) eine sogenannte „Kassiberaffäre“ rund um die wenigen von den Medien mühsam aufgebauten sogenannten „Terroristen“, die in Untersuchungshaft sind. Es ist inzwischen ziemlich klar, daß es sich bei dieser „Affäre“ weitgehend um eine Zeitungsente gehandelt hat, inszeniert von einem kleinen Zwischenträger, der sich ein paar Schillinge verdienen wollte, und einer vom ereignislosen Sommer geplagten Presse. Selbst ein Richter konnte sich dabei nicht zurückhalten, sich an der Vorverurteilung, die damit stattfand, zu beteiligen. Die Mutter eines der Beschuldigten schrieb daraufhin einen Brief an die Zeitung, die am unmittelbarsten an der „Affäre“ beteiligt war, und verwahrte sich (und ihren Sohn) gegen die Kampagne und besonders den Anteil des erwähnten Richters daran. Dieser Brief – sonst sicher als Äußerung aus dem Kreis der in diesem Zusammenhang „sensationellen“ Personen von hohem Zeitungsinteresse – wurde nicht veröffentlicht. (Der ganze Vorgang ist im nötigen Detail, unter Einschluß des Briefs, nachzulesen im „Neuen Forum“ vom Oktober 1979.) Mütter von „Kriminellen“ haben betroffen zu sein, ratlos, hilflos, bemitleidenswert – aber sie haben sich jedenfalls nicht zu solidarisieren.

Viele Mütter fügen sich offenbar diesem Druck. (Im hier vorgelegten Material ist die einseitige Schichtzugehörigkeit der beschriebenen Mütter zu bedenken, die Aufschlüsse über die Häufigkeit, mit der das geschieht, nicht zuläßt. Die Feststellung der Bedingungen, unter denen doch Solidarisierung auftritt, wäre Aufgabe einer nächsten Untersuchung. Daß alles geschieht, um solche Solidarisierung nicht gerade nahezulegen, läßt sich aus diesem Material aber jedenfalls ablesen.) Sie akzeptieren das „Leiden als Mutterpflicht“ und finden ihre Größe in der Selbstverleugnung, die zugleich Mitmenschlichkeit zugunsten der Mütterlichkeit verleugnet. Schon Marianne Weber, die es auch nicht leicht hatte, wußte in ihren Lebenserinnerungen (Bremen 1948, 115): „Die Leidensfähigkeit einer Frau ist unbegrenzt. Leiden um ein geliebtes Wesen kann zur Form ihrer Existenz werden. Beim Mann scheint es anders zu sein. Er bemüht sich um Ablenkung. Sein Gesetz ist die Leistung. Der Weg der Frau führt mitten durch die Hölle. Entweder wird sie darin zu Asche, oder aber sie ringt sich durch zu neuem Werden in Entsagung und Einsamkeit."

Diese einseitig zugemutete „Entsagung und Einsamkeit" kann wohl nicht ohne eine Kehrseite von zumindest heimlichem Ressentiment bleiben. Die nach allen Befunden nicht gerade seltene Kindesmißhandlung weist deutlich auf eine Überforderung derer hin, die mit den Anforderungen an ihre mütterliche Entsagung und Einsamkeit allein gelassen werden. Man mag sich in dem Zusammenhang vielleicht auch an die auffallend prominente Rolle erinnern, die aufopfernde und entsagungsvolle Krankenpflege in den von Breuer und Freud 1895 in ihren „Studien zur Hysterie" mitgeteilten Krankengeschichten gespielt hat. Schließlich kennt jeder Sozialarbeiter die Ambivalenz der mit „Mütterlichkeit" überfrachteten Mutter-Kind-Beziehung aus den Fällen, in denen diese Beziehung nur „gut" ist, wenn der Sohn weg ist, in denen die hilflose Überforderung durch die einseitige Symbiose in gelegentlichen Hilferufen an Fürsorge bis Polizei explodiert und die anschließenden Schuld- und Verlassenheitsgefühle, wenn der Sohn in Heim bis Gefängnis „angebracht" ist, alle Energien mobilisieren, um ihn wieder nach Hause zu bringen, wo über kurz oder lang die Überforderung wieder durchschlägt. Es braucht angesichts der Beispiele wohl nicht mehr besonders betont werden, daß die so überforderte „Mütterlichkeit" auch für den, der sie braucht, durchaus prekär ist.

Die Materialien, die hier dargestellt werden, machen also auch ein Stück jener „Pathologie der Privatheit" deutlich, die das Gegenstück ist zur Enteignung der Zusammengehörigkeiten wie der Konflikte durch die Monopoleinrichtungen, von denen „der Staat" nur die vielen auffälligste ist, weil seinen Apparaten die undankbarsten Aufgaben zugeschanzt werden. Wo so viel Bedarf an Güte und Aufopferung besteht, hat man wohl (ähnlich wie dort, wo „Heldentum" notwendig ist) die Verhältnisse mit ernsthaften Bedenken zu betrachten. „In den schlecht geleiteten Ländern zeigen die Tugenden das Elend an" (Brecht, Gesammelte Werke 20, S. 85). Wenn daher im ersten Teil dieser Einleitung für eine Rücknahme der „Enteignung der Konflikte" plädiert wurde, dann zeigen die Überlegungen dieses zweiten Teils, wie diese Rücknahme jedenfalls nicht geht. Es ist im Gegenteil so, daß die beiden hier als Fehlformen behandelten Erscheinungen, die „Enteignung" und die nachfolgende „Privatisierung" ihrer Kosten systematisch zusammengehören. Wie auf der ökonomischen Ebene Lohnarbeit ergänzt wird durch (unbezahlte) Hausarbeit, so wird auf der politischen staatliche Kontrolle ergänzt durch (unbezahlte) Wiederherstellungsarbeit – und beide erfolgen „aus Liebe" und werden schwergewichtig der einen Hälfte der Bevölkerung abverlangt, der die besondere Eignung dafür (wenn nicht der Drang dazu) als Geschlechtseigenschaft zugeschrieben (und zum Teil entsprechend spezialisiert auch anerzogen) wird. Es versteht sich also, daß die „Stärkung der Familie", die manchen Politikern als der Königsweg zur Bewältigung der gesellschaftlichen Übel erscheint, hier nicht gemeint sein kann. Die Richtung, in der zu überlegen ist, läßt sich vielmehr nochmals in einem Brecht-Zitat zusammenfassen. In der zweiten Strophe seines Gedichts „Was nützt die Güte" heißt es: „Anstatt nur gütig zu sein, bemüht euch/Einen Zustand zu schaffen, der die Güte ermöglicht, und besser:/Sie überflüssig macht!" (Brecht, Gesammelte Werke 9, S. 553).

In diesem Brechtschen Satz ist eine Doppelstrategie angesprochen: Güte und mütterliche Aufopferung zu ermöglichen und sie zugleich weniger notwendig zu machen. Das verweist darauf, daß es in den Beziehungen zwischen den Menschen etwas wie „notwendige Aufopferung" zumindest temporärer Art geben mag, einen Anteil von erforderlicher Güte, der unabhängig ist vom Lohnarbeitsverhältnis. So wie gegenüber den Konflikten, die heute als „Kriminalität" bearbeitet werden, eine Strategie illusionär wäre, die ausschließlich darauf setzt, daß solche Konflikte unter veränderten Verhältnissen gar nicht mehr auftreten würden, so ist es wohl auch eine, die angesichts von Notsituationen ausschließlich darauf baut, daß solche Situationen, in denen nur Güte hilft, gänzlich vermieden werden könnten. Die Ermöglichung von Güte bleibt daher ebenso auf dem Programm wie die Ermöglichung einer vernünftigen Konfliktaustragung. Dabei ist es klar, daß solche „Ermöglichung" zunächst die bestehende geschlechtsspezifische Arbeitsteilung in der Betreuung von Kleinkindern, Kranken, Schwachen aller Art aufzuheben hätte, daß es um die Ermöglichung von ressentimentfreier Güte wie geduldiger Konfliktbereitschaft *für alle* geht.

Einige der Bedingungen dafür sind zumindest umrißhaft erkennbar. Man braucht dafür zunächst einmal Zeit. Solange wir in eine gehetzte Alltagsdisziplin eingespannt sind, in der wir mit unserer eigenen Routine gerade noch mühsam über die Runden kommen, wenn nichts Unvorhergesehenes passiert und alles „wie am Schnürchen klappt", ist alles Neue, Fremde, Ungewöhnliche, auch Unangenehme, Tragische und Traurige nur eine „Störung", haben wir wenig Möglichkeit, darauf mit Gelassenheit, Neugierde, Geduld und freundlicher Anteilnahme uns einzulassen. Solange uns Arbeitsleistungen abverlangt werden, an denen ausschließlich das Ergebnis zählt, in denen es wenig Beziehung zum Produkt und keine zu seinem Benützer gibt, können in den Arbeitsprozessen Formen der Hilfe und Rücksichtnahme allenfalls als „Subversion" auftreten, wird Konkurrenz gezüchtet. Solange standardisierte Anforderungen an Lebensgestaltung und Art des Gelderwerbs, die Bedingungen dafür, daß einer noch als „Normalarbeitskraft" passieren kann, sich eher verschärfen, verlieren wir wohl tendenziell auch die „sozialen Nischen", die Schwachen, „eigenartigen Charakteren", Unsteten, Leichtsinnigen und was sonst noch alles „unmöglich" und verboten ist, eine Ökonomie und damit soziale Nützlichkeit bis zumindest Erträglichkeit bieten. Solange alle, die von den wirtschaftlichen Anforderungen und ihren Entwicklungen überfahren, in die zweite Linie, wenn nicht ins Eck gedrängt werden, das als eigenes Versagen und als Gefährdung ihrer Zugehörigkeit überhaupt erleben müssen, weil die individuelle wie die Gruppenkonkurrenz unbarmherzig sind, werden wir uns nicht darüber wundern brauchen, daß das Ressentiment auf noch Schwächere abgelenkt wird, daß Haß und Zorn gerade ihnen gegenüber auch politisch aufgebaut und politisch genützt werden kann.

Die Prinzipien der Mütterlichkeit, so sie nötig ist, der Solidarität, wo sie möglich ist, der zivilisierten Konfliktbereitschaft, wo man sich zur Wehr setzen muß, sind heute verschüttet und verbogen und werden in dieser Deformiertheit ausgebeutet zum Kitten und Zementieren einer Ordnung, die selbst denen fremd ist, die sie bewohnen. Ich wünsche mir und uns, daß das genaue Hinschauen und das ruhige Bedenken dessen, was man da sieht, daß Wissenschaft also (die mehr ist als die routinierte Anwendung von Methoden) dazu beitragen kann, daß das nicht so bleiben muß, daß sie diejenigen ermutigen und unterstützen kann, die sich aus unmittelbarer Betroffenheit dagegen zur Wehr setzen.

1. Einleitung

Was wissen wir über die Situation Angehöriger von Strafgefangenen und vor allem darüber, wie diese Angehörigen ihre eigene Situation interpretieren und welche Realitätskonstruktionen sie entwerfen, und warum wissen wir darüber so wenig?

Mit diesem Themenkomplex beschäftigt sich die folgende Studie, weil wir meinen, daß auch in den wenigen Sozial-Reportagen (z. B. Mechtel 1975), die sich mit den Problemen Angehöriger von Strafgefangenen beschäftigen, darüber nichts (bestenfalls wenig) zu finden ist (derartige Sozial-Reportagen konzentrieren sich in der Regel auf die problematischen Beziehungen zwischen Mann und Frau, wenn einer von beiden einsitzen muß (z. B. Ortner/Wetter 1975) oder thematisieren die Folgen der Haft für die Kinder (Römer 1967), wenn einer der beiden Elternteile eine Freiheitsstrafe verbüßen muß). Die vorliegende Studie geht den oben skizzierten Themenkomplex an, indem sie aus der Sicht einer zentralen Figur im Beziehungsgefüge eines Strafgefangenen (immer ein Mindestmaß an Kontakten unterstellt) jene Schwierigkeiten beschreibt und analysiert, die typischerweise für die soziale Umgebung eines Strafgefangenen im Verlauf seiner kriminellen Karriere auftreten. Insofern erstatten auch wir einen Bericht: wir zeichnen das auf und nach, was Mütter, deren Söhne im Gefängnis sitzen, uns berichtet haben.

Die Beschäftigung mit dieser Thematik kam mit der Gelegenheit. Die Gelegenheit selbst wurde in der „Abendpost", einer Boulevardzeitung, „offeriert", wo zu lesen stand, daß die „Evangelische Arbeitsgemeinschaft für Müttergenesung" für ca. 30 Mütter, deren Söhne im Gefängnis sitzen, eine „Sonderkur" organisiert, zu der auch ein „Betreuungsprogramm" (Vorträge und Diskussionen über die Tätigkeit von Bewährungshelfern, über die Berufsmöglichkeiten für Entlassene, über die eigene Rolle im familiären Beziehungsgefüge etc.) gehört. Diese Zeitungsnotiz eröffnete die Möglichkeit, sich –

wenigstens ausschnittsweise – mit Problemen Angehöriger von Strafgefangenen zu beschäftigen, zumal die Angehörigen von Gesellschaft und Wissenschaft weitgehend unbeachtet gelassen werden. Dies erstaunt zunächst umso mehr, als die „Totale Institution" der Strafanstalt wohl zu den am häufigsten untersuchten Organisationen zählt – eine Feststellung, an der auch die auf schweizer Verhältnisse bezogene Bemerkung Stratenwerths nichts ändert, daß „man sich über die Lebensweise der Ureinwohner Australiens leichter orientieren (kann) als über die Lebensverhältnisse schweizerischer Strafgefangener" (Stratenwerth/Aebersold 1976, Bd. 1, 12).

Wie Pilgram (1977, 44 ff.) plausibel nachgewiesen hat, hat das Desinteresse an den Angehörigen Strafgefangener seine „guten" Gründe, die in:

– „der individualistischen Schuld- und Strafauffassung im Recht,
– der zentralen Stellung der Freiheitsstrafe im Strafensystem,
– der ‚kriminalistischen' Orientierung der Kriminologie,
– der geringen Artikulations-, Organisations- und Konfliktfähigkeit der Betroffenen" (Pilgram 1977, 44)

zu suchen sind.

Dem Schuldbegriff resp. der Schuldkonzeption des Strafrechts kommt die Funktion zu, zur Stabilisierung eines bestehenden Ordnungsentwurfs insofern beizutragen, als verletzte Erwartungen und Normen, die den Inbegriff der Ordnung ausmachen, kontrafaktisch aufrechterhalten werden, indem nicht die enttäuschte Erwartung (bzw. Norm), sondern das enttäuschende Verhalten als Fehler thematisiert wird (Jakobs 1976). Insofern wird durch den Schuldbegriff ein Konflikt, der „aus einer gesellschaftlich mitbegründeten ungünstigen Lebenslage resultiert" (Pilgram 1977, 45), durch Zurückführung auf ein Individuum bearbeitbar gemacht und verarbeitet, mit der Folge, daß ein „Zwang zum individuellen ‚Ausbaden' eben dieser Lebenslage" (Pilgram 1977, 45) institutionalisiert wird.

Der (abstrakten) Denkfigur des Schuldbegriffs entspricht die (konkrete) Freiheitsstrafe, um die der Strafvollzug zentriert ist. „Was zunächst ein abstraktes Konstrukt des Rechts ist, der aus wesentlichen sozialen Zusammenhängen losgelöste, individuell schuldige und verantwortliche Rechtsbrecher, ist in der Figur des Gefangenen demonstrativ sozial verwirklicht. Diese Figur des Gefangenen liefert nachträglich gleichsam den lebendigen Beweis für die individualistische Schuld- und Strafauffassung des Strafrechts, das ihn zuvor geschaffen hat" (Pilgram 1977, 46). Wissenschaft und praktische Reformbemühungen haben sich beinahe ausschließlich auf das „Innenleben" des Gefängnisses (vgl. Foucault 1977, 339 ff.) konzentriert, das als „Totale Institution" (Goffman 1972) die Aufmerksamkeit der Wissenschaft total beansprucht hat, so daß die sozialen Folgen des Ausschlusses aus der Gesellschaft durch den Freiheitsentzug für den Strafgefangenen wie für seine Angehörigen weitgehend unbeachtet geblieben sind (Brodsky 1975; Ortner/Wetter 1975; Köhne/Quack 1977; Roloff/Balzer-Ichert 1978; Schneller 1976; jeweils mit Literaturangaben). „Die schlichte Abwesenheit des Gefangenen aus seiner normalen sozialen Umgebung nimmt ihm die Möglichkeiten zur Daseinsvorsorge und Planung und schafft eine Lücke in seiner Biographie. Dadurch kommt es notwendigerweise zu „Unregelmäßigkeiten" im Lebenswandel, die unter Umständen im späteren Strafverfahren ein weiteres Argument gegen den Betroffenen abgeben. Es wird dem Gefangenen unmöglich, einen Lebensstandard zu halten, der regelmäßige Einkünfte erfordert, er fällt aufgrund fehlender Beitragsleistungen aus dem System sozialer Sicherheit (gegen Arbeitslosigkeit und Alter) heraus, berufliche Karrieren werden unterbrochen oder verschlossen, Schuldenzinsen wachsen an, soziale Beziehungen (insb. Sexualbeziehungen), die regelmäßige Kontakte erfordern, schwächen sich oder reißen ab. Diese Folgen treffen auch allenfalls vorhandene Angehörige Gefangener und müssen von diesen aufgefangen werden" (Pilgram 1977, 47).

Jene Kriminologie, die sich der Strafrechtswissenschaft verpflichtet weiß (und die von Juristen betrieben wird), sucht empirisch das zu belegen, was das Strafrecht mit seiner individualistischen Schuld- und Strafauffassung ihr als „Aufgabe" vorgibt: das individuelle Verschulden eines Täters nachzuweisen, nachdem der Schuldspruch bereits ausgesprochen worden ist. Auf diese Weise verfügt die (dem ätiologischen Paradigma verpflichtete) Kriminologie über jene Gewißheit, über die man immer dann verfügt, wenn man eine Entwicklung aus der Perspektive ihres vorläufigen Abschlusses beurteilt. Es ist die Gewißheit der „linearen Entwicklung", die auf eine nachträgliche Rationalisierung des faktischen Verhaltens hinausläuft. Die

Konsequenz dieser Betrachtungsweise, die sich um die Rekonstruktion von Biographien bemüht, liegt darin, daß durch die Gewißheit faktisch vollzogener Handlungen (bzw. Handlungssequenzen) tatsächlich vorhanden gewesene Handlungsalternativen verdeckt werden. Insofern präjudiziert die Fallmethode, die auf eine Rekonstruktion der Biographie des entdeckten und verurteilten Täters aus ist, das Untersuchungsergebnis: einen Täter, der sich schon früh fürs Unrecht und gegen das Recht entschieden hat. Zwar streift auch der Blick zurück entlang der Lebensgeschichte des Täters dessen soziale Umgebung, doch spielen seine Angehörigen „allenfalls als dessen ‚besondere Kennzeichen', als Mittel zur Identifizierung von Orten bzw. Motiven von Kriminalität eine Rolle" (Pilgram 1977, 49).

Daß die Angehörigen Gefangener schließlich auch von der Kriminalpolitik vergessen werden, hängt mit ihrer geringen Artikulations-, Organisations- und Konfliktfähigkeit zusammen (Konfliktfähigkeit bezeichnet die Chance, eine systemrelevante Leistungsverweigerung glaubhaft androhen bzw. herbeiführen zu können). „Die Angehörigen Gefangener sind verstreut und unterschiedlich situiert. Das gemeinsame Interesse macht nur einen Teil der Lebensinteressen aus. Es handelt sich vielfach um Frauen, Kinder oder ältere Leute, deren gesellschaftliche Leistungen wenig relevant sind und daher im Verweigerungsfall wenig wiegen. Außerdem befindet sich auch diese Gruppe großteils in wirtschaftlich bedrängten Verhältnissen, die keine weitere Verschlechterung zulassen. Auch müßte eine Organisation Angehöriger Gefangener es aushalten, mit dem diskriminierten Status der Straftäter identifiziert zu werden, müßte sich also selbst mit diesem Status identifizieren und ihn gleichzeitig bekämpfen. Da sind viele Strategien des privaten Rückzugs, der Verheimlichung, der Trennung und Verselbständigung näherliegend. Die geringe Artikulations-, Organisations- und Konfliktfähigkeit von Gefangenen und deren Angehörigen trägt mit dazu bei, daß um deren Problemlage in der Öffentlichkeit Ruhe herrscht" (Pilgram 1977, 50).

Insofern handelt es sich bei der vorliegenden Studie um die Einladung zu einer Reise in diese ruhige Zone der eigenen Gesellschaft. Und wie ihre literarischen Vorbilder will auch diese Reisebeschreibung dergestalt über „Land und Leute" berichten, daß die auf der

Reise angetroffenen Leute selbst zu Wort kommen. Es geht also in erster Linie um deren Situationsdeutungen und Realitätskonstruktionen. D. h. unser Interesse ist auf jene spezifische Garnitur von Typisierungen und Bezugskriterien gerichtet, die einerseits eine vorgegebene „objektive" Realität widerspiegeln, andererseits jedoch dazu dienen, diese „Realität" erst zu schaffen, zu konstruieren. Die „Stabilität" dieser Realität (-skonstruktionen) wird garantiert durch wechselseitige Bestätigungen auf der Grundlage alltäglicher Interaktionen, unter denen face-to-face-Beziehungen einen besonderen Stellenwert einnehmen (Berger/Luckmann 1969).

Daß die Welt mit vorgefertigten Deutungsmustern gepflastert ist, daß diese Deutungsmuster das Bild, das wir uns von „unserer" Welt machen, überhaupt erst konstituieren helfen, demonstriert jedes beliebige Gespräch, das wir im Zugabteil mit einer Reisebekanntschaft führen. Welches Thema wir auch immer anschneiden, es zeigt sich alsbald, daß „jede umgangssprachlich formulierte sozialwissenschaftliche Problemstellung keine weißen Flecken vorfindet, sondern Deutungen, Erklärungen und rudimentäre Theorien, welche die ‚Sache' schon von selbst hat. (. . .) Wovon der Schulerfolg abhängt, ob Drogen schädlich sind, woher die Inflation kommt, wie die Staatsverwaltung funktioniert, weshalb die Landwirtschaft sich in einer Strukturkrise befindet: darüber haben wir alle eine Meinung, mit deren Hilfe wir uns den gesellschaftlichen Zusammenhang verständlich machen" (Offe 1977, 321 ff.).

Dies gilt auch für das Phänomen „Kriminalität", das für unseren alltagstheoretisch bewanderten Jedermann insofern kein „Rätsel" darstellt, als er auch hier Deutungsmuster parat hat, die ihm auf alle Fragen, die sich ihm stellen, eine Antwort geben. Diese Deutungsmuster verfügen über eine relativ große Stabilität, da sie auf Verallgemeinerungen, teils selbst gewonnener, teils ungeprüft übernommener Erfahrungen beruhen und mit klischee- und formelhaften Wendungen durchsetzt sind, von denen eine hohe Suggestivwirkung ausgeht. So „falsch" diese Deutungsmuster auch sein mögen, sie sind höchst real in ihren Konsequenzen sowohl für diejenigen, die jene Deutungsmuster anwenden als auch für jene, auf die diese Deutungsmuster angewandt werden.

Die befragten Mütter werden selbst berichten, wie sie mit der Tatsache, daß eines ihrer Kinder straffällig geworden ist und sie seitdem als „Mutter eines Kriminellen" gelten, fertig werden, wie sie sich die Kriminalität ihrer Kinder erklären und wie sie versuchen, sich von „Schuld- und Verantwortungszuschreibungen" zu entlasten. Es wird also von diesen „Jedermanns-Theorien", von diesen Realitätskonstruktionen und Deutungsmustern die Rede sein, über die die befragten Mütter deshalb so souverän verfügen, weil sie mit ihnen vor dem „Unglück", als das sie das „Abgleiten" des Sohnes in die Kriminalität begreifen, selbst äußerst unbedacht umgegangen sind und nunmehr die Erfahrung machen, daß sich die vielen Details ihres eigenen Falles, die sie alle im Kopf haben und aufzählen, gegen grobe Verallgemeinerungen sperren. Doch gerade weil diese Mütter mit den verbreiteten „Jedermanns-Theorien" gut umzugehen wissen, besitzen sie eine „intime Gewißheit" davon, was die anderen nunmehr bei ihnen und ihren Söhnen als „Makel" ansehen.

Wie es sich bei der „Sonderkur" (vgl. Britt 1974) um einen erstmalig durchgeführten Modellversuch handelte, so besitzt auch die vorliegende Untersuchung alle Merkmale einer „Vor-Studie", die mehr Fragen aufwirft als zu beantworten imstande ist. Dies liegt bereits schon an der äußerst geringen Grundgesamtheit an Befragten. Von 29 Müttern, die an der „Sonderkur" des Müttergenesungswerks teilnahmen, erklärten sich 11 zu einem ausführlichen Gespräch bereit, das sich an einem grob standardisierten „Leitfaden" orientierte. Ein solches Einzelinterview dauerte in der Regel 2 bis 2 1/2 Stunden (3 bis 3 1/2-stündige Gespräche waren allerdings auch darunter) und wurde auf Tonband mitgeschnitten. Außerdem wurden mit jenen Müttern, die bereits an den Einzelinterviews teilgenommen hatten, Gruppendiskussionen (insgesamt drei, im Text mit GD gekennzeichnet) veranstaltet, an denen sich auch andere Mütter, die an der Erörterung der (von einem Leitfaden) vorgegebenen Themen interessiert waren, beteiligten. Auch die Gruppendiskussionen wurden auf Tonband aufgenommen.

Diejenigen Mütter, die sich zur Teilnahme an den Einzelinterviews bereit erklärt hatten, repräsentieren die (untere bzw. mittlere) Mittelschicht, soweit die vorhandenen vagen Angaben über Beruf und Einkommen des Ehemannes eine solche „soziale Verortung" überhaupt zulassen. Die Überrepräsentation von Mittelschicht-Müttern mit leicht „religiösem Touch" dürfte mit dem Rekrutierungsverfahren (für diese „Sonderkur") zusammenhängen: die Rekrutierung betrieb nämlich der jeweilige Anstaltsgeistliche von den Gefängnissen, in denen die Söhne der rekrutierten Mütter einsaßen.

Das Merkmal der sozialen Herkunft aus der Mittelschicht, also der Tatbestand, daß die meisten der befragten Mütter nicht an den Rändern unserer Gesellschaft patroullieren, sondern dort zu Hause sind, wo auch die „Norm-alität" haust, verweist auf einen der spannendsten Aspekte dieser Arbeit: auf den von den Müttern selbst beschriebenen Prozeß der „Pathologie des Normalen resp. der Normalität".

Die Söhne dieser Mütter (die Position der Mutter wurde in einem Fall von der Großmutter eingenommen; in einem weiteren Fall war der Ehemann straffällig geworden (Totschlag)) sind verurteilt worden, weil sie Delikte „leichter bis mittlerer Kriminalität" (wie es in der Behördensprache heißt) begangen hatten: Automatendiebstahl, Überfall, Schlägereien, Gelddiebstahl, Drogendelikte, Auto- und Motorraddiebstahl, Fahnenflucht (in der Sprache der Mütter).

Da diese 11 Mütter in der Regel auf ihre „geordneten Familienverhältnisse" stolz waren – also ganz das Mittelschichtsideal verkörperten – beschäftigte sie die eine Frage, die sich durch alle Interviews zieht, unablässig: „Wie konnte dies gerade mir und meiner Familie passieren, wo wir uns doch in nichts von den anderen ‚normalen' Durchschnittsfamilien unterscheiden?" Bei einer ganzen Reihe von Antworten wird immer wieder deutlich, daß sich diese Mütter innerhalb der Population, die die Angehörigen Gefangener bilden, als Elite begreifen und sich von der kriminellen Unterschicht, den „Asozialen" (wie sie sich ausdrücken) distanzieren. Insofern werden diese Mütter, die sich gegenüber straffällig Gewordenen, seitdem „es ihnen selbst passiert ist", vorurteilsfrei wähnten, ziemlich schnell von ihren alten Vorurteilen wieder eingeholt.

Die vorliegende Studie benutzt als Gliederungsprinzip die Zeit und orientiert sich am Verlauf der kriminellen Karriere (wie sie von den Müttern im Rückblick gesehen und beschrieben wird). Jene Abschnitte, die sich mit Deutungsmustern und Realitätskonstruktionen der Mütter beschäftigen, sind möglicherweise zu sehr „überfrachtet" mit wortwörtlich wiedergegebenen Äußerungen der Mütter.

Vom Erkenntnisinteresse (und den angewandten Untersuchungsmethoden) her gesehen, schien uns diese „Überfrachtung" vertretbar zu sein, wenn auch durch das ausführliche Zur-Geltung-Kommen-Lassen persönlicher Ansichten und Meinungen ein gewisser Dramatisierungseffekt unvermeidlich ist. Die im ausführlichen Zitieren zum Ausdruck kommende „Liebe zum Detail" verrät indes eine „Schwäche", die man den Verfassern dieser Studie anlasten kann: Daß sie „„sich mit dem underdog (identifizieren), aber nach der Art des Zoodirektors: . . . wie der Tierhalter möchte er natürlich seine Sammlung schützen; das Publikum soll sicher nicht mit Steinen nach den Tieren hinter dem Gitter werfen. Aber er hat auch wenig Neigung, die Gitter aufzumachen und die Tiere freizulassen. . . . Die empirische Sensibilität und Liebe zum Detail, (. . .) hat Ursprung wie Begrenzung in der Faszination des Kenners durch das seltene Exemplar: Ihr empirischer Reichtum ist von der ästhetischen Haltung des Sammlers inspiriert" (Gouldner 1968, 106, zitiert nach Steinert 1977, 95). Diese „Schwäche", die eine „Schwäche" der Profession ist, auszusprechen, macht weniger angreifbar!

Um den Müttern die ihnen zugesicherte Anonymität zu garantieren, werden im Text ihre Äußerungen mit römischen Ziffern (I–XI) gekennzeichnet. Normalerweise (d. h. in face-to-face-Situationen) wird zu den Äußerungen, die man als Gesprächspartner entgegennimmt, zugleich auch die dazugehörende Person mitgeliefert, so daß man sich per Augenschein ein gewisses Bild von seinem Gegenüber machen kann, wodurch die Äußerungen selbst an Plastizität gewinnen. Damit sich auch der Leser ein Bild von den 11 befragten Müttern machen kann, (mit der Folge, daß sich auch für ihn die Anschaulichkeit der von den Müttern gemachten Äußerungen erhöht), werden diese mit Hilfe gängiger Typisierungen (jenen, die im allgemeinen benutzt werden, um sich ein Bild von einer noch unbekannten Person zu machen) kurz vorgestellt (wobei sich die dabei gemachten Angaben alle auf das Jahr 1973, dem Zeitpunkt der Interviews, beziehen):

I Im Text auch „*Drogenmutter*" genannt; 50 Jahre, Hausfrau, zugleich auch halbtags berufstätig als Verwaltungsangestellte; verheiratet mit einem 60-jährigen Facharbeiter, der damals gerade das vorgezogene Altersruhegeld beantragt hatte.

Das heimatvertriebene Ehepaar bewohnt eine Werkswohnung im Arbeiterviertel einer norddeutschen Hafenstadt.

Der einzige Sohn (1973 21 Jahre alt) hatte Drogendelikte begangen und war dabei auch in Konflikt mit der Bundeswehr geraten (den Aussagen der Mutter läßt sich nicht entnehmen, ob es sich dabei um „Unerlaubte Entfernung von der Truppe“ oder um Fahnenflucht gehandelt hat).

II 53 Jahre, zum Zeitpunkt des Interviews Hausfrau, war aber bis 1971/72 berufstätig als Arbeiterin in einer großen Automobilfabrik; verheiratet mit einem 55-jährigen Werkspolizisten, der seit ca. 17 Jahren bei derselben Firma seinen Dienst verrichtet. Das heimatvertriebene Ehepaar besitzt in einem süddeutschen Dorf ein Haus.

Die Mutter hat drei Kinder (2 Töchter und 1 Sohn). Der Sohn, das jüngste Kind, hat mit 17 Jahren ein Motorrad gestohlen und vorher Automaten geknackt.

III 39 Jahre, halbtags berufstätig, beschäftigt in einem Großmarkt des Einzelhandels, mußte ihren erlernten Beruf (Lackiererin) aus gesundheitlichen Gründen aufgeben; geschieden, lebt aber mit einem 40-jährigen Handwerker zusammen, der zwei Kinder in diese Lebensgemeinschaft mitgebracht hat.

Sie bewohnt mit ihrem Freund eine 4-Zimmer-Wohnung in einem Wohnblock einer süddeutschen Stadt.

Sie hat einen Sohn (damals 21 Jahre), eine (damals) 17-jährige Tochter (die ihrerseits eine 9 Monate alte Tochter hat) sowie eine 5-jährige Tochter; der Sohn hat sich als „Dealer“ betätigt, einen Autodiebstahl begangen und seiner Mutter einen Scheck gefälscht, die ihn daraufhin angezeigt hat.

IV 42 Jahre, zum Zeitpunkt des Interviews Hausfrau, war bis kurz nach der Verurteilung ihres Mannes Bäuerin gewesen; verheiratet mit einem 44-jährigen Bauern, der wegen Totschlags verurteilt worden war.

Nach der Verurteilung des Ehemannes verkaufte sie den Hof und erwarb für sich und ihre 5 Kinder ein Einfamilienhaus in einer norddeutschen Stadt.

V Im Text auch „*Großmutter*“ genannt; 62 Jahre, Hausfrau und berufstätig als Arbeiterin (Saisonarbeit); verheiratet mit einem 63-jährigen Landschaftsgärtner. Beide kamen 1957 aus der DDR und wohnen seitdem in einer süddeutschen Stadt. Sie haben 3 Kinder; der Sohn der ältesten Tochter lebte seit seiner Kindheit bei ihnen. Dieser Enkel wurde mit 17 Jahren straffällig (Familiendiebstahl, Diebstahl).

VI Mutter des „*Sündenbock-Sohnes*“; 44 Jahre, zum Zeitpunkt des Interviews Hausfrau, verheiratet mit einem 42-jährigen Zimmermann, den sie als „Trinker“ bezeichnet und von dem sie sich scheiden lassen will.

Das heimatvertriebene Ehepaar bewohnt mit 5 Kindern eine Sozialwohnung in einer Industriestadt des Rheinlands. Der zweitälteste Sohn wurde mit 19 Jahren straffällig (Familiendiebstahl, Fahnenflucht).

VII Im Text auch „*Lehrerin*" genannt; 53 Jahre, Hausfrau und berufstätig als Lehrerin (Hauptschule); verheiratet mit einem 57-jährigen Lehrer, der an derselben Hauptschule beschäftigt ist.

Das Ehepaar, das 1959 aus der DDR zugezogen ist, bewohnt mit 3 Kindern (alle 3 Söhne) ein Mietshaus in dem Dorf, in dem sich die Schule befindet. Der älteste Sohn ist mit 18 Jahren straffällig geworden (Drogendelikte, Fahnenflucht).

VIII 61 Jahre, Hausfrau und berufstätig als Masseuse; verheiratet mit einem 60-jährigen (Kaufmännischen) Angestellten. Das Ehepaar wohnt in einer Stadt des Ballungsgebietes an Rhein und Main.

Das Ehepaar hat drei Kinder (2 Töchter, 1 Sohn); der Sohn, das jüngste Kind, ist mit 17 Jahren zum 1. Mal straffällig geworden (Familiendiebstahl, Gelddiebstahl, Einbruch in ein Juweliergeschäft, Autodiebstähle).

IX 70 Jahre, jetzt Rentnerin (liegt am Fürsorgesatz), bis vor zwei Jahren noch berufstätig als Hausschneiderin; verwitwet (der verstorbene Ehemann war zuletzt Werkzeugschleifer auf einer Werft); sie hat eine Hälfte eines Doppelhauses („Finnenhaus") gemietet und wohnt in einem Ort mit 10 000 Einwohnern in Norddeutschland.

Sie hat 5 Kinder (4 Söhne, 1 Tochter); ihr jüngster Sohn (zum Zeitpunkt des Interviews 32 Jahre alt) ist straffällig geworden (Diebstähle).

X 52 Jahre, Hausfrau; verheiratet mit einem 57-jährigen Verwaltungsangestellten, der bis zu seinem 52. Lebensjahr Schiffsoffizier war.

Das Ehepaar wohnt mit dem einzigen Sohn, der mit 17 Jahren straffällig geworden war (Autodiebstähle, Fahren ohne Führerschein, Drogendelikte), in einem Ort mit 10 000 Einwohnern und bewohnt dort ein Eigenheim.

XI 46 Jahre, Hausfrau und berufstätig (seit 4 1/2 Jahren ganztägig) als Kaufmännische Angestellte; verheiratet mit einem 51-jährigen Technischen Angestellten.

Das Ehepaar, das 6 Kinder hat (das jüngste Kind ist spastisch gelähmt), wohnt in einem Dorf in Süddeutschland, wo es ein Haus besitzt. Das zweitjüngste Kind, ein Sohn, ist straffällig geworden (mehrere Diebstähle, zuletzt ein Raubüberfall).

Den üblichen Danksagungen möchten auch wir uns nicht entziehen. Besonders herzlich sei zunächst jenen 11 Müttern gedankt, die sich freundlicherweise bereit erklärt haben, sich ausführlich befragen zu lassen. Dank gesagt sei auch der ‚Evangelischen Arbeitsgemeinschaft für Müttergenesung' und dem ‚Landeskirchlichen Frauenwerk Schleswig-Holstein', die beide ihr Einverständnis zur Durchführung der Untersuchung gegeben haben; die Studie selbst wurde vom Ludwig-Boltzmann-Institut für Kriminalsoziologie in Wien finanziert. Bruno Krüger ist damals von Konstanz mitgefahren in den Hohen Norden und war eine große Hilfe bei der Durchführung der Interviews.

Erhard Blankenburg, Jürgen Kühling, Fritz Sack, Heinz Steinert und Ernst Wittig haben das Geschäft und die Geduld auf sich genommen, einen ersten Entwurf durchzulesen. Ihre Kritik hat uns sehr geholfen bei der Erstellung der vorliegenden Fassung.

Zur Genese der Arbeit ist anzumerken: sie beruht auf gemeinsam geführten Diskussionen, wurde aber arbeitsteilig geschrieben. Marlis Dürkop hat die Kapitel 3, 5, 6 und 8 sowie jenen Teil des 4. Kapitels verfaßt, der die Reaktionsweisen von Arbeitskollegen behandelt. Hubert Treiber hat die übrigen Kapitel geschrieben.

2. Die Gemeinschaft der Bedrückten: Welche Empfindungen man als Mutter eines Kriminellen hat

Die folgende Untersuchung ist zum Gutteil auch die Geschichte, wie man als Außenstehender in die Erlebniswelt anderer einzudringen lernt und auch tatsächlich eindringt. Auf den ersten Blick war es die heile Welt des Kaffee-Kränzchens, die uns empfing. Ähnlich ist es auch einigen der Mütter selbst ergangen, äußert sich doch eine von ihnen uns gegenüber (später im Interview): „Ach, das war einfach alles wunderbar hier. Wir kamen in eine saubere, schöne, heile Welt hinein hier“ (VII). Offensichtlich war dieser Eindruck das Ergebnis einer von den Veranstaltern des Kuraufenthaltes betriebenen Inszenierung, worauf auch die gängigen Begrüßungsworte hinweisen: „Legen Sie ab, hier ist die Garderobe, hier können Sie den Mantel aufhängen. Dann kommen Sie doch rein, der Kaffeetisch ist ja schon gedeckt. Nun wollen wir uns erst mal zum Kaffeetisch setzen, so familiär, eine ganz große Familie“ (I).

Auch wir wurden zu Tisch gebeten und reihten uns in die heiter wirkende Runde ein. Zwar nahm das Auge hie und da jemanden wahr, der still in sich gekehrt, beinahe anteilnahmslos das Geschehen verfolgte, dem, wie man in solchen Fällen zu sagen pflegt, der Kummer ins Gesicht geschrieben stand, aber als zunächst völlig Außenstehender (der von den Problemen der Frauen noch nichts wußte) konnte man diesen Eindruck nur auf die bekannte, feststehende Redewendung bringen, ohne damit einen konkreten Inhalt verbinden zu können. Auch die ersten Gespräche mit den Müttern am Kaffeetisch vermittelten diesen Eindruck der Normalität, da die Unterhaltung mit jener beziehungslosen Beziehungsroutine bestritten wurde, mit deren Hilfe wir Alltagssituationen zu meistern pflegen. Daß der Kaffee und der Kuchen sehr gut, die Räume sehr schön seien, wie überhaupt die Lage des Müttergenesungsheims am See sehr reizvoll sei, nur der heftige Seewind mache einem zu schaffen. Vom Zweck unseres Besuches war zu diesem Zeitpunkt des ersten Zusammentreffens noch nicht die Rede. Wir waren einander noch fremd, so daß auch keine der mit uns am Tisch sitzenden Mütter zu der ersten Geste, die Vertrauen signalisiert, griff und uns ein Familienphoto zeigte. Hätte eine von ihnen dies (zu diesem Zeitpunkt) tatsächlich getan, so hätte sie von einem der darauf abgebildeten Kinder (Söhne) berichten müssen, daß dieses zur Zeit im Knast sitzt. Alle Frauen hatten dies nämlich gemeinsam: Sie waren die Mütter von Jugendlichen, die gerade eine Freiheitsstrafe zu verbüßen hatten (mit einer Ausnahme: hier war der Ehemann straffällig geworden).

Die auch von den Frauen gemeinsam betriebene Inszenierung des Kaffee-Kränzchens, ließ mit dem Aroma des Kaffees zugleich die ganze Duftwolke eines ordentlichen, Normalität suggerierenden Zuhauses aufsteigen. Die ganze Inszenierung sollte, so schien es wenigstens, bei den Müttern und uns den Eindruck der „heilen Welt" erwecken, ein Eindruck, der mit der Requisite des „blütenweißen" Tischtuchs unterstrichen wurde. Wie anfällig eine solche Inszenierung auf der Vorderbühne für Störungen ist, die von der Hinterbühne nach vorne dringen, sollte sich den Müttern wie uns mit der Dauer unserer Anwesenheit zeigen. Was sich dann auf der uns nicht zugänglichen Hinterbühne ereignete, beschreibt eine der Mütter anschaulich:

„Ein großer Haufen Frauen zusammen, das ist nix. Also, die fallen sich gegenseitig auf den Wecker, daß, nee, nee ... Denn 30 Frauen, das ist eine ganze Menge. Und jede Frau ist verschieden. Und jeder reagiert dann anders. Und plötzlich kriegt eine einen Vogel und die andere hat Heimweh und die Dritte hat ihren Heultag und die Vierte fühlt sich nicht wohl. Diese Probleme tauchten natürlich auf. Und dann braucht bloß eine ein unrichtiges Wort sagen, wuppdich, dann die eine, die sich vielleicht nicht wohl fühlt oder einen Heultag hat, die sagt natürlich das Unpassendste, was sie bloß vorbringen kann." (I)

Bei der täglichen Kaffeerunde konnte man das Problem, das man ständig mit sich herumschleppte, nicht vergessen. Der zur Inszenierung erforderlichen Sorgfalt und Disziplin auf der Vorderbühne entsprach ein „Sich-Gehen-Lassen" auf der Hinterbühne der „Raucherecken", wo das auf der Vorderbühne tabuisierte Thema sofort aufgegriffen wurde:

„Das Problem war sofort da. Da blieb auch gar nichts anderes übrig, entweder heulte die, oder heulte die andere, oder die andere zog sich in eine ganz stille Ecke zurück und sagte nun überhaupt nichts. Irgendwie, wir haben hier unsere Raucherecke, irgendwie hat man sich dann hingesetzt und es . . . (fiel) ein Stichwort, und schon konnte dann jeder über sein Problem sprechen, der Sohn ist das Problem . . ." (I)

Wie sehr dieser erste Eindruck der „fröhlichen" Kaffeerunde auf bloßer Fassadenarchitektur beruhte, zeigten dann die ersten Gespräche, die wir mit den Müttern führen konnten. Das Ausmaß an Betroffenheit über das, was die Mütter als ihr persönliches Unglück, als ihr „Pech" definierten, machte auch uns Interviewer betroffen. Und unsere eigene Betroffenheit stieg in dem Maße wie wir erkannten, daß die meisten Mütter auf das Schlimmste, was einer unter ihnen verbreitet gewesenen kleinbürgerlich-bornierten Haltung (die sich in der Redewendung artikulierte: „Uns kann so etwas nie passieren!") widerfahren kann: daß es genau ihnen „passiert" ist (und sie nunmehr als Mütter von Kriminellen gelten), mit einer resignativen Grundhaltung reagierten, die ihr Vorbild bei der „mater dolorosa" zu nehmen schien.

Eindringlich beschreiben die Mütter, die sich während des Gesprächs um „Fassung" bemühen (viele von ihnen werden aber von Weinkrämpfen geschüttelt), den Zustand ihrer „inneren Verfaßtheit", der ihre Fähigkeit, an dem artifiziellen Kommunikations- und Interaktionsspiel der Alltagsroutine als „zurechnungsfähige" Partner teilzunehmen, erheblich beeinträchtigt. Eine der befragten Mütter beschreibt die Zustände, in die man gebracht wird und sich auch selbst bringt, wenn das Unvorstellbare doch geschehen ist: daß es der eigene Sohn ist, der straffällig geworden ist, sehr plastisch (auch die äußere Form, die Wiederholungen von Satzteilen, signalisiert bisweilen, daß erst nach einem verbalen Anlauf einem das Eingeständnis: es ist der eigene Sohn, über die Lippen geht):

„Natürlich, man ist die erste Zeit, wenn man das mitmacht, sehr bedrückt, fürchterlich. Man bildet sich auch manches ein, was gar nicht ist. Man bildet sich ein, die gucken dich an, ja. Man kommt sich irgendwie vor, nun bist du mutterseelenallein. Man kann noch in so einem großen Haufen Menschen sein, man kommt sich vor, du stehst allein irgendwo und im nächsten Moment wird dir der Boden weggezogen. So kommt man sich vor. Aber wenn man sich dann wirklich ganz allein hinsetzt, man überdenkt mal das Problem, mein Gott, ich hab das oft genug machen müssen, so allein sich mal hinzusetzen und dann überdenken, was machst du nun? Und wie geht das nun weiter? Es ging dann irgendwie immer weiter, es geht weiter. . . Die Angst (vor unpassenden Bemerkungen), die besteht natürlich zuerst. Und die besteht ab und zu wenn man einen schlechten Tag hat. . . Manchen Tag ist man wie mit dem Holzhammer vor dem Kopf, dann denkt man, also, heute kommt irgendwas. Oder heute sehen sie dir an der Nasenspitze an, daß irgendetwas nicht stimmt bei dir zu Hause und so. Man fürchtet sich davor. Man fürchtet sich davor, daß man den Menschen muß sagen, das und das ist passiert. . . Also, ich war früher bestimmt fröhlicher und ich habe auch gern einen dummen Witz gemacht. Und ich war zu irgendeinem Scherz aufgelegt, oder ich war gut aufgelegt, irgendwo einmal schick auszugehen oder so. Das läßt alles sehr, sehr nach. Man wird irgendwie müde. . . Man wird irgendwie müde. Jetzt geht es wieder. Man braucht eine sehr lange Zeit, ehe man sich wieder aufrafft und ehe man sich wieder errappelt. Daß man wieder dann da ist, daß man sagen kann, so, heute gehen wir wieder mal aus, oder heute gehen wir mal weg, oder wir machen bloß einen Schaufensterbummel wegen mir bloß. Und dann Kaffeetrinken. Oder wir gehen mal zum Tanzen, was natürlich jetzt die ganzen Jahre überhaupt nie da war. Wer hat denn da schon mal Lust zum Tanzen zu gehen, wenn so ein Problem ist. Man kommt ja von den Gedanken nicht los. . . Aber ich war wirklich manchmal, als wenn ich nicht mehr hier oben ganz richtig war, tatsächlich, das kann einem ja gar kein Mensch verübeln, daß man da langsam plem, plem wird." (I)

Fast alle Äußerungen der Mütter spiegeln einen Zustand tiefer Niedergeschlagenheit und Hoffnungslosigkeit wider; kaum eine Mutter nimmt sich davon aus, wie ein beliebig ausgewählter Querschnitt zeigt:

- „Weil, ich bin den ganzen Tag allein, wenn mein Mann nicht da ist. Ist er in der Nacht nicht da (der Mann ist Werkspolizist) bin ich auch allein und da habe ich viel geheult. Meine Nerven sind einfach durchgegangen mir. Und wenn wir miteinander waren, da haben wir uns miteinander zu Tisch gesetzt und da habe ich geheult und mein Mann auch. Wir sind beide kaputt jetzt ... Weil ich oft allein bin, dann schellt's, da muß ich erst die Tränen putzen und muß erst gucken, wer's ist. Oft mach ich auch nicht auf" (II)
- „... Ich bin ein Mensch, ich faß alles in mich rein. Manchmal mein ich, ich erstick bald. Das sitzt als hier, ich krieg keine Luft und kann nachts nicht schlafen. Dann muß ich jemanden sprechen" (VI)
- „Ich bin sehr deprimiert geworden dadurch, sehr deprimiert. Und, und wie gesagt, das ich auch mal mein Ende. Mein Herz, einmal hält's das nicht mehr durch ... Und im Leben nicht wieder froh werden. Sehen Sie, mein

Leben ist nun am Rande. Und ich hatte gedacht, ich hätte noch ein paar ruhige Jahre, wenn ich meine Kinder groß hätte (...). Das schaffe ich nicht mehr ... Aber, daß ich eben nicht zur Ruhe finde, daß ich überhaupt nicht mehr ohne Schlaftabletten schlafen kann. Ich habe ja zweimal einen schweren Herzanfall gehabt, aber nur durch diesen Streß, daß ich das immer wieder hören muß und mir das immer wieder zum Bewußtsein kommt." (IX)

– „Es bedrückt einen Tag und Nacht, also man geht mit traurigen Gedanken ins Bett. Man wacht plötzlich wieder traurig auf. Also das verfolgt einen Tag und Nacht. Das kann man nicht vergessen, trotzdem ich an und für sich eine Frohnatur bin, aber das ist doch sehr bedrückend alles." (X)
– „Ich habe viel geweint damals." (XI)

Die „plötzliche" Erfahrung, daß man nun als Mutter eines Kriminellen betrachtet wird, führt zu den beschriebenen Reaktionsweisen, zu den mitgeteilten „inneren Zuständen", die zu einem festen Bestandteil der Erlebniswelt dieser Mütter geworden sind. Dieses „tacit knowledge" an Erfahrungen mit sich und der Umwelt und das Bewußtsein, daß es „immer die Mütter sind, die das ausbaden müssen", ließen innerhalb der zusammengewürfelten Gruppe der Mütter alsbald ein Wir-Bewußtsein entstehen, das sich gegenüber Nicht-Dazugehörenden (hierzu zählten zunächst auch wir als Interviewer) abweisend verhielt und mit Kommunikation nach „draußen", die innerhalb der Gruppe leicht über die Lippen ging, sparsam umging:

– „Und daß da viele sind, daß man unser Leid miteinander so klagen können. Lauter Mütter, wo das gleiche Kreuz tragen. Und da fühlt man sich halt immer noch anders wie wenn vielleicht eine dasitzt, wo vielleicht sagt, mit der will ich nicht schwätzen... Aber ich will nur sagen, die erste Nacht gleich, wir sind bis um elf Uhr im Bett gesessen und haben verzählt. Und nur von unseren Kindern... Wir haben miteinander unser Leid geklagt und es war uns leichter. Ich hab mir denkt (meiner Zimmergenossin) ihr Kreuz ist net viel kleiner wie meins und net leichter." (II)
– „Na, ich möchte sagen, je mehr man über die ganzen Sachen spricht..., hört..., aber wenn man erst öfter darüber hört, dann denkt man drüber nach und empfindet das vielleicht nicht so wie am Anfang als furchtbar oder als größtes Leid, was man überhaupt erfahren kann. Also am Anfang ist man ja so geschockt, daß man am liebsten gar nicht weiterleben möchte. Man sagt, das kann ja nicht möglich sein, daß so etwas passiert. Aber wenn man sieht, daß es trotzdem weitergeht und daß es noch andere Probleme gibt (...), es gibt ja viele Probleme auf der Welt, dann sagt man sich, du bist ja bis jetzt völlig ahnungslos und blind durch die Welt gegangen..." (GD 3)

Eine andere Mutter fügt dem hinzu:

„Ja, in den Raucherecken wird am offensten gesprochen. Das ist ein Heulwinkel und ein Schmollwinkel, das ist die Ecke. Das ist die Ecke, wo die Probleme besprochen werden... Da hat jeder offen gesprochen. Da hat wirklich jeder offen gesagt, und man ist froh, daß man das offen sagen kann. Denn einmal muß man das wirklich loskriegen. Denn man wußte ja auch nicht, wer ist der Mensch und wer ist die Frau und wie reagiert die da drauf oder rümpft die vielleicht die Nase!" (I)

Eine der Mütter charakterisiert die Situation so:

„Es ging gleich los, sozusagen. Wo kommst Du her, wo kommen Sie her? Und dann ging es immer ein bißchen weiter. Was haben Sie für Schwierigkeiten? Der eine sprach mehr dann, wollte das erst mal alles loswerden, der andere war eben schweigsamer, gesprochen hat jeder." (XI)

Was unter denen, die dasselbe „Schicksal" haben, Solidarität schafft, die sprichwörtliche „Schicksalsgemeinschaft" entstehen läßt (wenn auch mit anfänglichen Schwierigkeiten) – „Lauter Mütter, wo das gleiche Kreuz haben!" – bereitet jeder einzelnen (und wieder vereinzelt lebenden) Mutter im Alltag Probleme, weil gerade das Merkmal, das hier im Kurheim Solidarität stiftet, die Differenz zu den „normalen" Familien ausmacht, eine Differenz, die dadurch noch verschärft wird, daß diese ihre Lebenslage als „verdient" und die der anderen als „verschuldet" ansehen (ein Verdikt, dem sich die Betroffenen oftmals selbst anschließen). Was einen hier in der Kur zusammenrücken läßt (gleichsam symbolisiert in der gemeinsamen Tischrunde zur Mittags- und Kaffeezeit), treibt einem draußen (im Alltag) die Scham ins Gesicht (und führt nicht selten zur Isolation):

„Wollen wir mal so sagen, man hat sich eben kolossal geschämt, daß das passiert ist... Man hat einfach immer das Gefühl, ja, die betrachten einen einfach, die haben einen Verbrecher großgezogen, wenn ich einmal so sagen will, gell." (XI)

Diese Situationsdefinition, sollte sie auch „falsch" in dem Sinne sein, daß das den „signifikanten anderen" zugeschriebene Verhalten überhaupt keine reale Entsprechung hat (bzw. daß der empfundene Sinn eines gezeigten Verhaltens mit dem gemeinten Sinn nicht identisch ist), hat dennoch reale Konsequenzen für das (artifizielle) Verhältnis zur Umwelt, indem die Spirale der Interpretationsschwierigkeiten aus dem kognitiven Bereich heraus in den Bereich des faktischen Verhaltens getrieben wird und dort zu Verhaltensunsicherheiten führt (aufgrund einer „falschen" Interpretation verhält man sich dann auch wirklich „falsch"). Beinahe alle der befragten Mütter kennen diese Interpretations- und Orientierungsunsicherheit und die daraus resultierenden Verhaltensunsicherheiten:

– „Ich weiß nicht, bildet man sich ein, daß man dann durchdringend angeschaut wird, also viel bildet man sich auch ein, oder! Ich weiß es nicht, ob das auch stimmt oder nicht. Denn erstens sind die Nerven fürchterlich überreizt. Man sieht in jedem, der dich anschaut, na ja, weiß der das oder weiß der nichts oder wie beurteilt der dich jetzt oder so." (I)
– „... Man fühlt sich immer irgendwie, man meint dann immer irgendwie, jetzt haben sie wieder über einen gesprochen, gell, oder sprechen sie jetzt grad über einen. Man weiß ja nie. Deswegen (...) sind wir ehrlich froh, daß wir den ganzen Tag nicht zu Hause sind, so mit den Leuten weiters gar nicht zusammenkommen im Ort." (XI)
– „Ich meine, daß ich menschenscheuer geworden bin. Denn ich bin an für sich ein sehr aufgeschlossener, fröhlicher Mensch. Und ich kann auch mit allen Menschen gut... Mich mögen die Leute. Aber jetzt bin ich ab und zu doch ein bißchen gehemmt. Ich zieh mich lieber zurück." (IX)
– „Ja, vor dem habe ich Angst (daß man sich wie ein Ausgestoßener vorkommt), wenn unser Sohn jetzt heimkommt und die Leute wissen's alle. Da habe ich mir schon vorgestellt (!), wenn ich in die Kirche komme, daß ich vielleicht in der Bank schon gar nicht mehr reinkomm, wo ich bin. Und auch beim Kaufmann in der Stadt, wo alle gesagt haben, wo die Frau da gesagt hat, wir müssen alles verstecken und so... Ich habe mir schon gedacht (!), ich trau mich in keinen Laden rein, wo Selbstbedienung ist... Wenn ich in die Kirche gehe, dann gehe ich nachts oder abends, dann sind nicht so viele oder da sehen einen nicht so viel. Ich und mein Mann, wenn wir fortgehen, fahren wir mit dem Auto... Die meinen vielleicht, das ist Vererbung oder daß die Mutter oder der Vater muß da auch klauen. Ich trau mich in keinen Laden, wo mich jemand kennt. In der Stadt, da gehe ich meistens einkaufen... Ja wir gehen mit Absicht dorthin, und es ist dort auch billiger." (II)

Daß es sich nicht um einen Einzelfall handelt, zeigt die folgende Äußerung einer anderen Mutter:

„Ich bin (dann) nicht (mehr) in kleine Kaufmannsläden gegangen. Ich hab praktisch, im Supermarkt habe ich dann eingekauft, wo ich anonym, wo ich eine von vielen war." (I)

Jene Mutter, die sich davor fürchtet, nach der Rückkehr des Sohnes aus der Strafanstalt zum sozialen Außenseiter zu werden, beschreibt die Mechanismen, die zur Konstruktion der eigenen, sozialen Wirklichkeit führen, auf geradezu klassische Weise. Da ihrem eigenen Erlebnisbereich die soziale Erfahrung des Außenseiters noch fremd ist, versucht sie mit den ihr vertrauten Möglichkeiten ihrer bisherigen Erlebniswelt sich eine Vorstellung von dem zu machen, was Außenseitertum in unserer Gesellschaft bedeutet. Sie stellt sich vor (!), daß ihr der angestammte Platz in der Kirchenbank plötzlich verwehrt wird, sie in die Bank von Leuten, die ihr bis heute wohl gesonnen waren, nicht mehr hereingelassen wird, sie draußen bleiben muß, nicht mehr zur (Kirchen-) Gemeinde zählt. Und obwohl sie diesbezüglich noch keine konkreten Erfahrungen gemacht hat, sie stellt sich dies alles ja nur (in ihrer Phantasie) vor, führt ihre „Realitätsdeutung" zu realen Konsequenzen in ihrem konkreten Verhalten. Sie geht nur noch abends oder nachts zur Kirche (zu einem Zeitpunkt, wo „nicht so viele (Leute)" in der Kirche sind, es also noch genügend Platz in der Kirchenbank hat), sie kauft nicht mehr im Dorf ein im Tante-Emma-Laden, wo nicht nur Waren bezogen, sondern auch Kommunikationen und soziale Gesten ausgetauscht werden, die das Alltagshandeln kennzeichnen. Sie benutzt mit ihrem Mann zusammen das Auto als einen Faraday'schen Käfig, der unangenehme Kommunikationen abwehrt. Indem sie sich aus dem fortlaufenden Gespräch mit den „signifikanten anderen" herausbegibt, indem sie (mit ihrem Mann zusammen) gerade face-to-face-Situationen, die Gelegenheiten also, die unsere Gesellschaft als Chancen zur Vergesellschaftung gewöhnlich anzubieten hat, „absichtlich" meidet, bringt sie sich selbst allmählich in die Situation, vor der sie sich fürchtet: in die Situation des isolierten sozialen Außenseiters. Ausgelöst wird dieser Prozeß des sozialen Rückzugs in die Isoliertheit und damit ins Außenseitertum durch den einfachen „Basissatz": „Ich trau im allgemeinen allen. Ich trau allen, aber ich habe Angst, daß uns niemand mehr traut, grad wegen unserem Sohn." (II)

Bei einer Reihe von Müttern, die sich zu Beginn des Gesprächs (Interviews) auf kurze Antworten beschränkten, führte das Wechselspiel von Frage und Antwort zu einer Gesprächsführung, bei der, da die gestellten Fragen mit einem kurzen „Ja, ja" jeweils „abgehakt“ werden, offensichtlich ist, daß ausschließlich aus den Antworten das „herausschallt“, was mit den Fragen „hineingerufen“ wurde (d. h. es werden ausschließlich nur jene Vorstellungen und Probleme „angesprochen“, die von den gestellten Fragen berührt wurden). Typisch für eine solche Gesprächsführung ist der folgende Dialog:

Frage: Man wird ja verständlicherweise selber komisch. . .
Antwort: ‚Ja, ja‘
Frage: Z. B. wenn man ausgeht, meint man, die anderen zeigen mit dem Finger auf einen und fangen an (über einen) zu tuscheln.
Antwort: ‚Ja, ja‘
Frage: Man vermeidet auch schon, mit irgend jemand zusammenzutreffen.
Antwort: ‚Ja, ja‘
Frage: Oder wenn man durchs Dorf läuft und es stehen zwei (Frauen) zusammen und womöglich unterhalten die sich über etwas ganz anderes. . .
Antwort: ‚Ja, dann denkt man, jetzt unterhalten sich die, jetzt kriegst du dein Fett ab, so.‘
Frage: Wird man (auch) lustlos?
Antwort: ‚Ja, ja, ja!‘
Frage: Neigt man auch zum Tagträumen?. . .

Auf dieses Stichwort hin erzählt die bisher „zugeknöpfte“ Frau, deren Ehemann wegen Totschlags verurteilt worden war, in einem langen Satz beinahe ihre ganze traurige Geschichte (die ausführliche Antwort wurde möglicherweise dadurch provoziert, daß die Befragte in dem Augenblick, wo sie anfing, über die Frage nachzudenken, auf den genauen Wortsinn rekurrierte, den sie mit ihrer Arbeitswelt – sie war Bäuerin und hatte auf Hof und Feld, mehr oder weniger auf sich allein gestellt, schwere körperliche Arbeit zu verrichten – nicht in Deckung bringen konnte):

„Ach, so viel Zeit hatten wir ja nicht, ich hatte ja noch genug zu arbeiten. Ich bin ja paarmal zusammengebrochen. Und ich hatte ja auch eine schwere Geburt. Also mein Mann war inzwischen noch mal 10 Wochen zu Hause und da ist das mit dem fünften Kind noch passiert. Ja, da ist noch das fünfte Kind geboren. Er hatte Haftunterbrechung, sein Vater war sehr krank, der hatte Magenkrebs und da hat sein (des Mannes) Rechtsanwalt das geschafft. . . Und die Leute, die haben sich alle sehr zurückgezogen und die haben mir alle nicht geholfen. . . Vorher hatte ich eine Lungenentzündung und Schwangerschaftsvergiftung und zu hohen Blutdruck und vom 6. Monat hatte ich schon immer Wehen, weil ich auch immer Trecker fahren mußte. Und das war eben nicht gut. Es hätte zur Fehlgeburt kommen können . . Und da war ich doch recht, recht fertig. Und auch im Krankenhaus als ich war, erst nach der Entbindung hatte ich das Kind, und zu den anderen kamen ihre Männer (weint). Es war so als ob ich ledig wäre, so ungefähr. Denn ich konnt ihnen das ja auch nicht sagen, die wußten das ja nicht, die Mitpatienten." (IV)

Als ob nicht die ganze Geschichte zum Weinen wäre; die Tränen und mit ihnen das Begreifen der eigenen Situation (als der eines Außenseiters) werden ausgelöst durch die erlebte und nacherlebte Konsequenz, die das Stigma der ledigen Mutter (zumindest für diese Generation) normalerweise mit sich bringt: daß man von den anderen als nicht dazugehörend betrachtet und behandelt wird. Der leere Stuhl am Wöchnerinnenbett signalisierte den „fehlenden Vater", und dies wiederum die naheliegende (und doch falsche) Interpretationsschablone der „ledigen Mutter" mitsamt dem Makel, der damit verbunden ist. Und dennoch bleibt die Frage, warum jemand, der infolge des einfachen Umstandes, zufällig die Ehefrau eines Mannes zu sein, der im Affekt einen anderen Menschen getötet hat, und deshalb die ganze Palette dörflicher Sanktionen bis hin zur „Vertreibung" aus dem Dorf erfahren hat (im Kap. 4 wird darauf ausführlicher eingegangen), bei der Erinnerung an die Situation im Wochenbett so heftig in Tränen ausbricht. Vielleicht deshalb, weil in dieser Situation die Erfahrung, nichts gegen die unzutreffende (und damit als ungerecht empfundene) Situationsdeutung unternehmen zu können („Denn ich konnt ihnen das ja auch nicht sagen!"), den Zustand von Ohnmacht und hilflosem Ausgeliefertsein (an die anderen) auf höchst konkrete Weise vermittelt hat.

Es gibt Mütter, die eine scharfe Trennung zwischen „Öffentlichkeit" und „Privatheit" vornehmen. Das Verhältnis zu den Mitmenschen (der öffentliche Aspekt) belastet sie kaum: „Wissen Sie, da lasse ich mich, das läuft kalt an mir runter. Ich denke, steigt mir doch den Buckel rauf. Ihr habt ja selber für Euch zu sorgen und ich sorge für mich." (III). Die eigene Befindlichkeit (eine höchst private Angelegenheit) wird jedoch von einer der Mütter, die diese Trennung propagiert, als „äußerst bedrückt" umschrieben, sie sei deswegen sogar zur Trinkerin geworden:

„Ich habe zu trinken angefangen, ich sag's Ihnen ehrlich. Also, manchmal konnte ich nicht mehr. Denk ich, jetzt ist er (der Sohn) fort, wie wird's ihm auch gehen. Ach, was, hab ich eine Flasche Bier geholt und noch mal eine, dann habe ich gut geschlafen drauf. Dann braucht ich nicht mehr denken. Am nächsten Tag bin ich ja dann zu meiner Arbeit gegangen, da war ich ja wieder abgelenkt. Und bloß zum Abend war das immer ganz grausam. Das Grausame, wissen Sie, was macht er denn. Habe oft von ihm geträumt und so geht das halt." (III)

So geht das wirklich nun einmal. Die Mutter träumt vom Sohn, den sie für seinen „Fehltritt" mit einem Einfrieren-Lassen der sozialen Beziehungen bestraft:

„Ich konnte ihm keinen Brief schreiben, ich dachte, also das habe ich nicht verdient, gell. Und meine Tochter hat es immer (. . .) für mich getan. . . Und hat's gemacht. Die hat immer gesagt, „Mama, einmal muß wieder vergeben werden. Jeder Mensch macht mal einen Fehler!" Und ich habe ihm bloß zweimal in den acht Monaten geschrieben und zweimal habe ich ihn auch besucht. . . Nein, das ist ganz richtig, der soll merken, daß er mir auch weh getan hat." (III)

Nicht nur im Außenverhältnis, also im Umgang mit den Mitmenschen, auch im familiären Binnenverhältnis wirkt sich der „Makel", daß es einem mit dem eigenen Kind passiert ist, belastend aus:

- „Nun ja, es hat mich halt immer bedrückt. Ich bin da vielleicht auch ein bißchen empfindlich geworden. Auch wenn mein Mann nun irgendwie mal etwas sagt, brause ich vielleicht manchmal ein bißchen schnell auf." (V)
- „Ach, man verschließt sich irgendwie voll und ganz. . . Man fühlt sich abgekapselt, vereinsamt. . . Letzten Endes ist es ja so gewesen, trotz aller Verständnisse meines Mannes und auch aller Hilfen, war ich einsam." (VII)

Die Belastungen innerhalb des familiären Binnenverhältnisses werden dann unerträglich, wenn die Ursache für die Straffälligkeit des Sohnes unmittelbar auf die familiäre Situation zurückgeführt wird; die Tendenzen, die in der Ehe selbst liegen, werden dann durch den „äußeren" Umstand der Delinquenz verschärft: „Mein Mann ist Trinker und durch das ist mein Sohn so geworden" (VI). Innerhalb dieser Familie herrscht nunmehr zwischen den Ehepartnern ein Zustand der beziehungslosen Beziehungsroutine (die durch die täglichen, regelmäßigen Verrichtungen des Mahlzeitenbereitens, Waschens, etc. aufrecht erhalten wird und), die vor allem „lautlos" funktioniert:

„Wir zwei können über gar nichts mehr sprechen (. . .). Dann bin ich wieder ruhig, dann sage ich gar nichts. Das ist ja das Schlimmste, weil man sich ja nicht mit dem Mann besprechen kann. Das quält mich am meisten." (VI)

Der totale Kommunikationsausfall mit dem Ehemann wird „kompensiert" durch den „stummen Dialog" , den die Mutter mit dem abwesenden Sohn führt.

„Oft habe ich mir schon gesagt, wenn seine Lieblingsspeisen auf dem Tisch stehen. Ich habe auch oft mehr gemacht, obwohl ich weiß, daß er gar nicht da ist." (VI)

Die Lieblingsspeise auf dem Tisch erinnert an den abwesenden Sohn und verschafft diesem (wie der Mutter) symbolisch die Gewißheit, daß die Lieblingsspeise nur ihm allein gehört und der Vater, der diesem Sohn bei jeder sich bietenden Gelegenheit zugesetzt hat, hier machtlos ist. „Und gerade dieses ist eigentümlicherweise das Egoistischste, am unbedingtesten und unmittelbarsten auf das Individuum Beschränkte: was ich denke, kann ich andere wissen lassen; was ich sehe, kann ich sie sehen lassen; was ich rede, können Hunderte hören – aber was der einzelne ißt, kann unter keinen Umständen, ein anderer essen." (Simmel 1957, 243) Es ist zugleich die List, die der körperlich Unterlegene gegenüber dem physisch Stärkeren anwendet, ohne daß dieser es merkt. Mit symbolischen Handlungen können nur Eingeweihte etwas anfangen, Nicht-Eingeweihte werden von dem gemeinten Sinn nicht affiziert. Allerdings bleiben hiervon die realen Machtverhältnisse unberührt. Der Ehemann teilt weiterhin Prügel aus, seine Frau tischt weiterhin die Lieblingsspeise des abwesenden Sohnes auf.

Die meisten der von uns befragten Mütter stellen an sich Veränderungen fest, seitdem sie die Gewißheit haben, daß der Sohn straffällig geworden ist. Sie fühlen sich bedrückt, lustlos und deprimiert („Also man geht mit traurigen Gedanken ins Bett. Man wacht plötzlich traurig wieder auf."). Sie leiden unter Schlaflosigkeit und werden von Weinkrämpfen geschüttelt. Das Lachen ist ihnen vergangen, Lebensäußerungen (wie Tanzen, Bummeln gehen) schrumpfen ein (ein Maß dafür, wie sehr sich hier das Leben verändert hat, erhält man aus der Erzählung jener Mutter, die ihre früheren Ausgehgewohnheiten schildert). Eine resignative Grundhaltung stellt sich ein

(„Man wird irgendwie müde“), die sich in die eigenen vier Wände zurückzieht und soziale Kontakte vermeidet:

„Unsere Kinder kommen oft, das erste ist, wenn sie kommen, da gucken sie mich an: ‚Ah, die Mama lacht!‘ Weil ich so oft allein bin; dann schellt's, da muß ich erst die Tränen putzen und muß erst gucken, wer's ist. Oft mache ich auch nicht auf.“ (II)

Der soziale Rückzug ist auch eine Folge von Interpretationsschwierigkeiten, die sich beim Umgang mit den „signifikanten anderen“ (das sind jene Personen, die man als „Zuschreibungsspezialisten“ wahrnimmt) einstellen und die in der Regel zu Verhaltensunsicherheiten führen („Ich meine, daß ich menschenscheuer geworden bin ... Jetzt bin ich ab und zu doch ein bißchen gehemmt“). Man legt soziale Gewohnheiten ab, die zu erwerben man ein halbes Leben benötigt hat. Die Angst, zum sozialen Außenseiter zu werden, beschwört Reaktionsweisen herauf, die „geradlinig“ den gefürchteten Status (des Außenseiters) herbeiführen.

Nur wenige Mütter verfügen laut ihren eigenen Angaben (selbst dann, wenn sie ihre eigene Befindlichkeit als „trostlos“ charakterisieren) über ein hohes Ausmaß an Orientierungs- und Verhaltenssicherheit der Umwelt gegenüber. Typisch hierfür ist das folgende Wechselspiel von Frage und Antwort:

Frage: Ist es Ihnen anfänglich womöglich so gegangen, daß Sie beim Einkaufen (...) das komische Gefühl hatten, hier zeigen jetzt die Leute mit dem Finger auf mich?

Antwort: ‚Nein, nein, das habe ich nicht, noch nie gehabt. Dafür bin ich viel zu selbstbewußt.‘ (VIII)

Frage: Auch nicht, daß man instinktiv zu vermeiden versucht, daß man Leute trifft!

Antwort: ‚Nein, nein!‘

Frage: ... Auch daß man Angst hatte, unsicher war?

Antwort: ‚Nein, Nein!‘ (VIII)

3. Auswirkungen auf die „Binnenmoral“: Das Verhältnis zum Ehemann und zu anderen Familienmitgliedern

Die vorangegangenen Schilderungen der Belastungen in der Ausnahmesituation der Mütter von Kriminellen sollten nicht vergessen machen, daß auch in familialen „Normal“-Situationen die Mutter als zuständig für die Regelung von Beziehungen innerhalb der Familie und zwischen Familie und Umwelt angesehen wird. Die Mutter leistet in hohem Maße „unbezahlte Gefühlsarbeit“ und kommt damit den Anforderungen an ihre weibliche Rolle nach. Die Verinnerlichung dieser als weiblich angesehenen Eigenschaft läßt es die Mutter schließlich auch als Pflicht ansehen, Leid, Unbehagen und Beeinträchtigungen zu ertragen (Katschnig 1977, 99 f.; ferner: Achinger 1979)

Offensichtlich bedurfte es des Zusammenseins mit in gleicher Weise betroffenen Frauen, damit sich die Mütter das Ausmaß ihrer Belastungen eingestehen konnten. Erst der Austausch über die erlittenen Ereignisse ließ das Bewußtsein darüber, daß immer die Mütter so etwas „ausbaden“ müssen, deutlich werden.

Daß dennoch so relativ selten in den Interviews von Überbelastungen im Binnenraum der Familie berichtet wird, mag seinen Grund in dieser verinnerlichten Einstellung haben, die zwar den Austausch untereinander ermöglicht, jedoch die Lippen vor einem unbeteiligten Frager verschließt. Trotzdem klingen in den folgenden Schilderungen Beispiele für die Alleinzuständigkeit der Mütter für psychische und materielle Problemlösungen an, die jedoch klaglos vorgetragen werden. In einigen Fällen scheint es sogar, als sei die Alleinzuständigkeit gewünscht, womit die ideologische Verfestigung des „weiblichen“ Verhaltens erst recht demonstriert wird.

In ähnlicher Weise dürfte der verinnerlichten Mutterrolle zuzuschreiben sein, daß keine der Frauen die doch künstliche Verlängerung des Abhängigkeitsverhältnisses Mutter-Sohn durch dessen Haft offen bedauert, sondern anscheinend als gegeben hinnimmt.

Diese Haltung geht konform mit der allgemeinen Auffassung, daß Familien insbesondere aber die Mütter 20 und mehr Jahre für alles, was die Kinder tun bzw. unterlassen, verantwortlich gemacht werden. Diese Alleinverantwortung für die Kinder wird der Frau von der Gesellschaft (in unseren Fällen entsprechend von den Instanzen sozialer Kontrolle) aufgezwungen und macht die Frauen in hohem Maße unfrei. Sie leben nicht mehr selbst, sondern durch und für die Kinder (Stefan 1975, 59), eine Fessel, die sie selbst schließlich als selbstverständlich, sogar scheinbar freudig akzeptieren.

Das Straffälligwerden eines Sohnes (oder Enkels) bleibt nicht ohne Auswirkungen auf die „Binnenmoral" innerhalb der Familie, d. h. auf das Verhältnis der Eltern (oder Großeltern) zueinander bzw. auf das Verhältnis zu den übrigen Familienmitgliedern. Die von außen kommenden Konflikte führen zu Differenzen zwischen den Ehepartnern oder verschärfen bereits vorhandene Spannungen, die möglicherweise eine Ursache für die Abweichung des Sohnes (oder Enkels) gewesen sein mögen.

Die im Interview an die Mütter gerichtete Frage, ob man sich zu Hause gegenseitig Vorwürfe mache, zielt auf den Umgang der Ehepartner mit der Ätiologie der Abweichung. Fühlen sich die Eltern mitschuldig? Wenn ja, auf welche Weise versuchen dann Mann und Frau, die „Schuldfrage" gemeinsam zu klären und zu bewältigen? Gelingt dieser gemeinsame Bewältigungsversuch zur Zufriedenheit der Frau?

Die Antworten zeigen ein Spektrum möglicher Verhaltensweisen auf, das von offenen Vorwürfen der Frau bis zur Schilderung gemeinsamer Bewältigung reicht. Im Fall der *offenen Beschuldigung* des Partners lautet der Vorwurf, dieser sei Schuld oder zumindest mitschuldig daran, daß der Sohn (oder Enkel) straffällig geworden sei. Dieser Vorwurf kann allgemein gehalten sein – so, wenn eine der Befragten sich dahingehend ausläßt, ihr Mann habe sich nicht, wie versprochen, um den unehelichen Sohn der Tochter gekümmert (V) – oder sehr dezidiert geäußert werden, wie z. B. in jenem Fall, wo eine Mutter zwar einräumt, sie selbst sei auch nicht ganz frei davon, Fehler gemacht zu haben, dennoch sei ihr Mann „hundertprozentig schuld". Wie die Ausführungen dieser Mutter zeigen, handelt es sich um eine typische „Sündenbockkonstellation":

„Mein ältester Sohn, der ging zur Bundeswehr. Und mein Mann, der konnte den zweiten schon nie richtig verputzen, ich weiß nicht warum. Der sieht ihm ziemlich ähnlich und darum hat er immer zu dem zweiten gesagt, wenn er getrunken hatte, er ist ein Arschloch für ihn. Vor dem ältesten, da hatte er alle Achtung ... Und so etwas hat er nicht für seinen Sohn, er wäre sein Vater nicht. Ja, dann hat er ihn geschlagen, rausgeschmissen, dann ist er (der Sohn) in die Wirtschaften, da hat er angefangen zu trinken ..." (VI).

Nach Aussagen der Mutter sind die beiden jüngeren Kinder von dem ganzen Krach seelisch krank geworden, so daß sie mit den beiden zum Arzt und zum Psychologen gegangen ist; dieser hätte ihr zur Scheidung geraten.

Versteckte Vorwürfe gegen den Ehepartner kommen ebenfalls vor:

„Nein, wir haben uns eher noch mehr, nun führen wir eine sehr gute Ehe. Ich meine, Differenzen gibt es überall, aber unsere Töchter sagen zu meinem Mann: Du bist schuld. Mein Mann ist sehr gutmütig, und er hatte noch eine Mutter und wissen Sie, immer: Die Mama braucht's nicht zu wissen. Und da hatte ich schon meine Last ... Seine Mutter (die des Mannes) hat ewig Geld gegeben, wenn sie keins gegeben hat, so hat sich's unser Sohn einfach geholt. Ist auch scheinbar ein paarmal bösartig geworden. Sie war dann im Altersheim und er hatte dort Hausverbot, ist trotzdem hin. Also, wenn meine Mutter dort gewesen wäre, wäre er nicht hin. Ich hätte das geschafft. Aber mein Mann hat das nicht geschafft ..." (VIII).

Ein an den Ehepartner adressierter versteckter Vorwurf verbirgt sich auch hinter der Bitte, dieser möge sich mehr mit seinem Sohn beschäftigen und mit diesem dessen Probleme erörtern:

„... Sprecht darüber, redet darüber, es läßt sich mit Reden viel aus der Welt schaffen. Und es ist auch viel gewonnen, vernünftig zu reden ..." (I).

Es gibt auch Ehepaare, die sich *gegenseitig keine Vorwürfe* machen. Doch auch in jenen Fällen bestehen bei den Ehepartnern starke Selbstzweifel, ob man alles richtig gemacht habe. Derartige Selbstvorwürfe sind dann nicht untypisch, wenn sich der Familienvater einer „ehrwürdigen" Familientradition mit einem besonderen Wertesystem verpflichtet glaubt. Dies trifft beispielweise auf jenen Ehemann zu, der aus einer alten Offiziersfamilie stammt. Wie seine Frau berichtet, konnte dieser nicht glauben, daß ihm im Leben mal so etwas passieren könnte. Für ihn sei dies „scheußlich", „unmöglich"

(X). Wie in dieser Ehe kam es auch in einer anderen trotz der Selbstzweifel der Ehepartner nicht zu einem Streit. Aus den Worten der betroffenen Ehefrau kann man eine gewisse Dankbarkeit heraushören, daß der Mann ihr nicht vorgehalten hat, daß sie, wie sie selbst meint, „zu gut“, „zu dumm“ gewesen sei und sich habe ausnutzen lassen (I).

Doch selbst in jenen Fällen, in denen die Ehepartner gemeinsam versucht haben zu analysieren, wie es zum kriminellen Verhalten des Sohnes hat kommen können, ist, wie eine Frau unter Tränen berichtet, „in der Ehe doch etwas anders geworden. Ja, man ist deprimiert . . .“ (VII).

Sicherlich geht man nicht fehl in der Annahme, daß in Krisenzeiten die wechselseitigen Erwartungen der Ehepartner besonders groß sind. Der eine Partner wird immer dann empfindlich reagieren, wenn in kritischen Situationen die vom anderen Partner erhoffte Unterstützung ausbleibt; ein solches Verhalten bringt in aller Regel im Gegenteil weitere Belastungen hervor.

Als eine solche kritische Situation erweist sich die Gerichtsverhandlung und der Gefängnisbesuch, die beide an die Beteiligten besondere Anforderungen stellen. Etwa die Hälfte der befragten Mütter berichtet, daß beide Ehepartner die Verhandlung zusammen besuchten und auch den Sohn oder Enkel gemeinsam in der Strafanstalt aufsuchen. In den übrigen Fällen mußten entweder die Frau oder der Mann allein mit dieser besonders kritischen Situation fertig werden. Die Großmutter eines Delinquenten gibt ein anschauliches Beispiel dafür, wie durch das bei einer gemeinsam besuchten Gerichtsverhandlung gezeigte Verhalten ihres Mannes ihre aktuelle Belastung zusätzlich noch erhöht wurde:

„. . . Wir sitzen da in der zweiten Reihe, mein Mann und ich, und jetzt geht die Tür auf und der Ingo kommt mit Handschellen rein, alleine, zwei Polizisten hinter ihm. ‚Oh Gott‘, schrei ich und (da) lief mir ja gleich wieder das Wasser. Und mein Mann sagt, ‚na, auch mal was anderes‘. Das gab mir so einen Stich. Ging der Ingo eine Stuhlreihe vor uns, blieb vor meinem Stuhl stehen und reichte mir die Hände rüber und sagt ‚Oma‘. Ich gab ihm dann ja die Hand und sagte, ‚Ingo‘. Und jetzt ging er und sagt ‚Opa‘, und mein Mann dreht den Kopf weg. Und das war ja wohl nicht sehr fein. . .“ (V).

In den Fällen, in denen ein Ehepartner allein an der Verhandlung teilnimmt oder allein ins Gefängnis fährt, hat es den Anschein, als liege der Grund dafür uneingestanden in der gestörten Beziehung des nichtmitreisenden Elternteils zum Sohn. Nur die Mutter des „Sündenbocksohnes" gibt ganz offen ihre Enttäuschung über das Verhalten ihres Mannes zu, das sie von fremder Hilfe abhängig gemacht hat:

„Wenn's heißt, wir sollten ja alle beide kommen, nicht, er hat gleich gesagt, ich hab keine Zeit, ich fahre nicht. Und ich habe gesagt, ich fahre. Ich mußte mir das Geld leihen, aber ich hab's dann zurückgegeben, wie ich konnte, und der Mann (ein Nachbar) hat mich hierher gefahren. Und mein einer Sohn war mit, der sechzehnjährige. Er hat sich einfach Urlaub genommen gehabt. Da hat er (gemeint ist der Sohn im Gefängnis) gestrahlt mit dem ganzen Gesicht... Und dann habe ich ihm (gemeint ist der Ehemann) das gesagt, und ‚einen schönen Gruß', sagt er zu Hause, und mein Mann hat nichts gefragt... Ich will ja auch nichts wissen, sagt er. Ich will's ja auch nicht wissen. Und auch so, er spricht überhaupt nichts mit mir... Wenn ich zur Verhandlung gefahren bin ‚tschüß', er hat nicht einmal gesagt, ‚Laß den Heinrich grüßen', oder hat gesagt, er soll tapfer sein, das geht auch vorbei, es wird alles wieder gut, kein Wort. Das reißt mir das Herz kaputt" (VI).

Auch nach den Gefängnisbesuchen erkundigt sich dieser Ehemann nicht, er fordert stattdessen stärkere Sanktionen für straffällig Gewordene:

„Wenn sie so was im Fernsehen gebracht haben, hat er gesagt, so was müßte aufgehangen werden... oder dem müßte 'ne Schippe in die Hand gedrückt werden, die müßten arbeiten, daß ihnen das Blut runterläuft ..." (VI).

In diesem Fall ist der offen eingestandene Grund für die alleinigen Besuche der Mutter in der Strafanstalt das gestörte Verhältnis zwischen Vater und Sohn. Eine andere Frau berichtet dagegen, ihr Mann habe sie anfangs nicht ins Gefängnis begleitet, weil er eine unüberwindliche Abneigung gegen das Gefängnis habe:

„Er hat zu mir gesagt, wie er früher Kind war und zu seiner Großmutter mußte, mußte er immer bei einem Gefängnis vorbei. Und das war damals ein fürchterliches Grausen. Gefängnis, Gefängnis, also so ein Wort und so ein Bau konnte er schon als Kind nicht von draußen sehen und nun sollte er da reingehen. Also er hätte es körperlich gar nicht geschafft" (X).

Daß dem Nichterscheinen des Vaters darüber hinaus Konfliktpotential innewohnt, läßt sich an einigen Anzeichen ablesen: Auf die Frage, wie denn der Sohn reagiert habe, daß der Vater anfangs nicht mitgekommen sei, erwidert eine Mutter, darüber habe sie mit dem

Sohn noch nicht gesprochen. Der Sohn sei mehr „mutteranhänglich", berichtet diese Mutter, er habe keine Wut auf den Vater, im Gegenteil, er spräche nett von ihm und habe volles Verständnis dafür gezeigt, daß dieser nicht mitgekommen ist (X). In ähnlicher Weise, die man psychoanalytisch als „Ungeschehen-machen" bezeichnen könnte, verhält sich der Sohn der offen enttäuschten Mutter. Er erkundigt sich nach dem Vater, nach dem Ausgang seiner Führerscheinprüfung und bestellt ihm einen schönen Gruß. Daß er in Briefen den Vater allerdings nicht erwähnt und immer nur „liebe Mutti" schreibt, könnte zu der Vermutung Anlaß geben, daß er der Mutter keine zusätzlichen Belastungen in der Besuchssituation verschaffen will (VI).

In einem anderen Falle fuhr der Mann allein zur Gerichtsverhandlung, nach Aussage seiner Frau deshalb, weil er Angst davor habe, daß sie so leicht heult (VIII). Andere Ausschnitte des Gesprächs mit dieser Mutter legen nahe, auf ein gespanntes Mutter-Sohn-Verhältnis zu schließen, so daß sich eine Interpretation anbietet, die das Verhalten des Ehemannes damit erklärt, daß er seine Frau von einem Wiederaufleben dieser Spannungen bewahren wollte: Die Mutter gesteht selbst ein, es sei gut gewesen, daß sie bei der Hauptverhandlung nicht dabei war, weil der Sohn dort vor allen Leuten gesagt habe, er habe alles bloß ihr zum Trotz und Possen gemacht. Schließlich wünschte der Sohn auch nicht den Besuch der Mutter im Gefängnis, der Vater wurde gebeten, allein zu kommen (VIII). Man kann sich vorstellen, daß hier der Elternteil, bei dem Spannungen zum Sohn bestehen, die Schwierigkeiten auf den anderen Ehepartner überträgt, so daß auch bei Abwesenheit des Sohnes Konflikte perpetuiert werden.

In den Interviews gibt es relativ wenig Berichte über offen ausgetragene Konflikte in der Familie. Ob sich die Beziehung Mutter/Sohn verändert hat, ist den Antworten der Frauen nicht zu entnehmen. Eher wird dagegen über offene Spannungen zwischen Vater und Sohn bzw. Enkel und Großvater berichtet und über das eigene Verhalten in dieser Konfliktkonstellation. Die diesbezüglichen Aussagen lassen zwei typische Verhaltensstrategien erkennen, die die Mütter in dieser triadischen Konfliktkonstellation wählen. Verbreitet ist eine Strategie, die auf Neutralität abstellt;

bei dieser Strategie sieht sich die Mutter in der Rolle des „go-between", des Vermittlers, eine Rolle die auf verschiedene Art und Weise praktiziert wird.

Dazu ein Fall-Beispiel: In einem Streit, bei dem „der Ton ... natürlich nicht mehr gar so freundschaftlich wie früher" war, wurde der Mann sehr heftig mit dem Sohn und sagte, er lasse sich das nun nicht mehr bieten, jetzt sei Feierabend, „jetzt mag ich nimmer". Die Mutter schlug vor, in einem vernünftigen Zustand, wenn alle wieder normal seien, miteinander zu sprechen, man müsse sehen, was dann Vernünftiges dabei herauskomme. In der Situationsbeschreibung der Frau klingt Resignation an: „Natürlich, was macht Mutter, die glättet ja wieder die Wogen, also, Kinder regt euch mal nicht auf". Sie selbst scheint ihren Ärger zurückzuhalten, obwohl sie die Situation ähnlich wie ihr Mann definiert: „Ich bin ja nun kein Hampelmann!" (I). Diese Frau verhält sich auch in anderen kritischen, konfliktgeladenen Situationen anscheinend sehr zurückhaltend mit eigenen Stellungnahmen und versucht zu vermitteln, weil sie meint, der Sohn sei nicht mehr der, der er einmal gewesen ist, er könne nicht mehr „durchblicken". Sie gibt zwar ihrem Ärger Ausdruck, nimmt aber den Sohn nicht mehr für einen vollverantwortlichen Gesprächspartner.

Ein anderer Fall: Die Großmutter eines Delinquenten sagt diesem zwar: „Ingo, was machst Du bloß für krumme Sachen" (V), verlagert aber den Hauptkonflikt in die Beziehung Ehefrau/Ehemann, was man dem kriminellen Verhalten gegenüber ebenfalls als neutral einstufen könnte:

„... Ich muß das Opa sagen, ich kann ihm das nicht verschweigen, ich bin mit Opa verheiratet, er ist mein Mann, wir müssen zusammenleben und Du willst mit uns leben und die Sache muß jetzt ans Licht. Da habe ich es auch meinem Mann gesagt, und weil ich ja jetzt schon mit ihm geschimpft hatte, hat mein Mann dann auch nichts mehr gesagt." (V)

Verbreitet ist aber auch eine Strategie der offenen Parteinahme entweder für den Vater oder für den Sohn.

Zunächst ein Beispiel, bei dem die Mutter offen Partei für den Vater ergreift:

„Ich sag, Dieter, das kannst Du auch von Deinem Vater nicht verlangen, sag ich, das kannst Du auch von mir nicht verlangen, daß ich himmelhochjauchzend bin. Ich muß Dir ehrlich sagen, mir paßt das auch nicht ... Mir paßt das auch nicht, wenn Du das so hören willst. Mir ist es natürlich auch lieber, wenn Du nach Hause kommst ..." (I).

Leicht scheint der Mutter die offene Parteinahme für den Vater nicht zu fallen, denn sie fügt hinzu:

„Du sollst natürlich noch das kleine Bubele sein, Du bist inzwischen ein erwachsener Mensch, mit Dir kann man sich doch unterhalten ..." (I)

Auf der anderen Seite nimmt diese Frau jedoch, wenn sie es für angebracht hält, auch offen Partei gegen ihren Mann und schlägt sich auf die Seite ihres Sohnes, z. B. als sie die Freunde des Sohnes in der Wohnung nächtigen läßt und der Mann einen „fürchterlichen Auftritt" macht. Sie besteht in dieser Situation darauf, daß man diese Leute heute nicht mehr rauslassen könne, obwohl sie selbst entsetzt über deren verschmutztes Aussehen ist.

Für die Mutter des „Sündenbocksohnes" fällt die Wahl zwischen den beiden Verhaltensstrategien eindeutig zugunsten jener der „offenen Parteinahme" aus, da sie offensichtlich Situationen häufig erlebt hat, in denen sie den Sohn vor dem Mann in Schutz nehmen mußte, weil der Sohn „am meisten die Schläge gekriegt hat, für die anderen auch ..." (VI). Sie glaubt, daß jede Mutter so gehandelt hätte, „wenn man sieht, der kriegt die Dresche für die anderen ...". Die eindeutige Parteinahme für den Sohn hindert sie jedoch nicht daran, sich über die Ursachen des Verhaltens ihres Mannes Gedanken zu machen.

In diesem Fall hat sich der Konflikt zwischen Vater und Sohn so weit eskaliert, daß sich für die Frau die Alternative Mann oder Sohn stellt, wenn dieser aus der Haftanstalt entlassen wird. Sie überlegt, ob sie sich scheiden lassen soll, weil sie befürchtet, alles fängt von vorne an, wenn der Sohn aus der Haft entlassen wird:

„Er (der Mann) will nur nicht, daß er nach Hause kommt. Das will er nicht. Und ich habe gesagt, Du weißt ganz genau, wenn der Junge nach Hause will, kommt er auch nach Hause, und wenn ich dann gehe ... Ja, sagt er, dann soll ich doch gehen. Dann soll ich gehen ..." (VI)

Eine andere Frau (III) hat sich für ihren Freund entschieden, betont allerdings, der Sohn habe nach ihrer Scheidung nicht mit dem neuen Mann und dessen Kindern zusammenleben wollen. Sie sagt ganz offen, platzmäßig ginge es auch gar nicht und es gebe sicherlich Reibereien. Es klingt wie eine Bitte um Verständnis, wenn sie mehrfach betont, der Detlev habe seinen eigenen Kopf.

Hört man den Müttern zu, so gewinnt man den Eindruck, als ob sie allein für die Problembewältigung in der Familie zuständig seien, dies gilt auch für jene Frau, die das in jeder Beziehung gute Verhältnis zu ihrem Ehemann immer wieder hervorhebt.

Die ältere Rentnerin (IX) berichtet, sie habe damals die Probleme von ihrem Mann ferngehalten, wie es scheint, aus Angst vor dessen Reaktion („. . . der hätte einen furchtbaren Rabatz gemacht"). Eine solche Reaktionsweise ist wenig hilfreich, sondern wirkt eher noch belastend.

Andere Frauen erzählen, daß der Mann anläßlich der Kriminalität des Sohnes und der damit verbundenen Folgeprobleme schließlich passiv geworden ist (z. B. I). Vom Ausfall des Partners berichtet auch die Mutter des Sündenbocksohnes; selbst in Situationen, die zu ihrer Bewältigung kein großes Engagement erfordern, könne sie mit ihrem Mann, der häufig betrunken sei, nicht rechnen, sondern sei allein auf sich gestellt.

Handelt es sich bei diesen Fällen um eine wirkliche Alleinzuständigkeit der Frau, so gibt es anscheinend auch eine von der Frau gewünschte Alleinzuständigkeit, die sich in ihrer Unfähigkeit der Delegation an den Ehemann ausdrückt, obwohl dieser angeblich bereit ist, sich zu engagieren:

„Wir haben versucht zu analysieren, wie ist das dazu gekommen, und mein Mann, der sehr ruhig und sachlich ist, – ich bin manchmal etwas lebhafter und auch zerfahrener – hat mir dann immer Ruhe gegeben, und wir haben uns gut verstanden . . . Ich mußte natürlich die Korrespondenz aufrechterhalten und an sich (!) war mein Mann mir in der Hinsicht eine gute Hilfe . . . Letzten Endes ist es ja so gewesen, trotz aller Verständnisse meines Mannes und auch aller Hilfen, war ich einsam . . ." (VII)

Die Kriminalität hat nicht nur Folgen für das Verhältnis zum Ehemann, auch die Beziehungen zu den übrigen Familienmitgliedern sind in der Regel betroffen. Allerdings berichten einige Frauen, daß das Verhältnis zu Geschwistern des Delinquenten und zu den übrigen Familienmitgliedern im weiteren Umfeld unverändert sei. Ja, daß man sogar von dieser Seite Aufgeschlossenheit und Unterstützung erfahre:

„Ich habe meine alten Eltern bewundert, wie die nett zu mir waren, wie die mich noch unterstützten in der Richtung. Und der Junge könnte auch jederzeit zu den Großeltern hinkommen. Obwohl das doch die ganz alte Generation ist, nicht. Obwohl ein uralter Großvater nicht begreifen kann, warum der Sohn nicht die Bundeswehr durchmacht. Das kann der nicht verstehen." (GD II)

Oder:

„... Alle sind sie sehr freundlich und sehr interessiert. Ja der ist jung, das wird wieder. Mach Dich nicht verrückt." (GD II)

In den meisten Fällen sind jedoch Veränderungen eingetreten, die von den Müttern entweder als direkt gegen sie gerichtet erfahren werden, oder sich indirekt belastend auswirken, weil sie als Mütter helfend, tröstend oder vermittelnd eingreifen.

Eine Mutter hat sich mit direkten Vorwürfen ihrer übrigen Kinder auseinanderzusetzen. Bei diesen ist der Sohn „unten durch", sie halten der Mutter vor, sie habe ihn zu sehr verwöhnt, er habe es so gut (zu gut?) gehabt, habe – darin drückt sich wohl Neid aus – einen vollständigen Haushalt von der Mutter bekommen. Die Mutter wehrt sich gegenüber den Kindern. Sie weist darauf hin, daß man ihr etwas anlaste, was der Sohn getan habe und betont: „Ich habe doch bestimmt Euch alle gleich behandelt". Hier korrigiert sie sich jedoch während des Interviews dahingehend, daß dies so nun auch nicht wieder wahr sei. Sie habe den Hansel ja nun sehr viel unterstützt, denn „die anderen stehen alle gut im Leben da". Der unterstützte Sohn habe es schließlich nötig gehabt, auch schon seiner Kinder wegen (IX).

Obwohl ihre Kinder es nicht zugeben wollen, hat diese Frau festgestellt, daß diese seltener als früher zu ihr kommen. Die Enkelin z. B., die sonst gern zu Besuch anreiste („da war immer eine große Freude"), wird kaum noch von den Eltern geschickt. Ähnliches berichtet auch eine andere Mutter: Die Familie sei zwar nicht auseinandergefallen, aber die Verwandten hätten sich „ein bissel zurückgezogen“, sie blieben einfach weg und das tue im gewissen Sinne schon weh (XI).

In dieser Familie wird über den Grund des Wegbleibens nicht gesprochen, wie überhaupt das Nicht-Sprechen-Wollen leicht umschlägt in eine Strategie des Totschweigens, mit der man auf diskrete und doch unmißverständliche Weise signalisiert, daß man mit dem Sohn nichts mehr zu tun haben will:

„Schluß, der existiert für uns nicht mehr ... Nicht, daß groß geredet wurde, es wurde gar nichts gesagt, das Thema ist gestorben. Er lebt nicht mehr, er existiert praktisch nicht mehr für die ...“ (I)

Dieselbe Mutter äußert sich in der Gruppendiskussion zu dieser Thematik ausführlicher:

„Aus meiner Sicht muß ich sagen, meine Verwandtschaft, die hat sich total, also das Thema wird totgeschwiegen. Es existiert nicht, über so was spricht man wahrscheinlich nicht. Die haben das nicht so gesagt. Aber wie der Fall eingetreten ist, daß unser Sohn weg kam, irgendwie kam ihnen das doch wohl zu Ohren. Das Thema existiert nicht. Das Thema ist aus, Feierabend. Über so was spricht man nicht, über so was unterhält man sich wohl nicht. Das ist ein verlorenes Schaf oder ein gefallener Sohn. Ich finde das also richtig dumm. Auf deutsch gesagt, daß man nicht mal mehr darüber reden kann. Man müßte darüber sprechen können, den Leuten auch klarmachen, aber man kommt da irgendwie nicht an, nein, das berührt uns nicht, das geht uns nichts an, mit dem wollen wir nichts zu tun haben. Der Junge existiert praktisch nicht. Es wurde nicht einmal gefragt, was macht der. Nichts, aber auch gar nichts, absolut kein Ton, nicht einmal von seiner Großmutter, nicht einmal von seiner Tante oder Onkel oder zwei Kusinen sind da, nichts. Das Thema ist tot!“ (GD II)

Auch diese Mutter stellt fest, daß die Besuche der Verwandtschaft sehr zurückgegangen sind. Sie sagt, sie habe sich im Laufe der Zeit daran gewöhnt, das sei ihr auch lieber so. Sie habe dieses „Versteckte“ nicht mehr ertragen können. Offensichtlich bezieht sie die mit dem Verhalten der Verwandtschaft zum Ausdruck gebrachte Verachtung für den Sohn auf sich, denn sie äußert den Wunsch, sich offen gegen dieses Versteckte wehren und verteidigen zu wollen (I).

Selbst in solchen Fällen, wo die Familienmitglieder sich dem Sohn gegenüber freundlich verhalten (ihm z. B. Geld für Zigaretten schenken), geht die Mutter nur noch sehr selten zur ihren Geschwistern, wohl weil sie versteckte Vorwürfe fürchtet (VI). Eine andere

Frau gibt offen ihrer Verwunderung darüber Ausdruck, daß ihre Schwiegersöhne sich so intensiv um den Sohn bemühen. Sie hatte Angst vor ihnen, als den „besseren“ Verwandten, bezeichnet sie selbst als „ein bissel stolz“ und „ein bissel bessere Leute“. Offensichtlich hatte sie von diesen Verwandten negative Reaktionen erwartet und ist nun überrascht, daß sich ihre Befürchtungen nicht bewahrheitet haben (II).

Die Mütter bekommen die ablehnende Haltung der Verwandtschaft nicht nur selbst zu spüren (oder befürchten eine solche ablehnende Haltung), sie müssen sich außerdem mit Konflikten auseinandersetzen, die durch den direkten Umgang der Verwandten mit dem Sohn entstehen.

So wird z.B. ein junger Mann von niemandem gegrüßt, als er sich auf Urlaub aus der Haft in seinem Heimatdorf befindet. Unter denen, die ihn nicht beachten, sind auch seine Großeltern. Die Mutter versucht die Enttäuschung des Sohnes später abzumildern, kann sich aber nicht zu einem Gespräch mit den Großeltern entschließen. Stattdessen schlagen die Eltern dem Sohn vor, nach der Haftentlassung außerhalb des Ortes zu wohnen, um solchen und ähnlichen Diskriminierungen zu entgehen (XI).

Am Verhalten der Geschwister von Delinquenten ist (zumindest bei dieser Stichprobe) bemerkenswert, daß zumeist die älteren Brüder den Kontakt mit dem straffällig gewordenen Bruder abbrechen, d. h. nicht mit ihm sprechen, wenn dieser zu Hause ist oder ihn nicht in der Haftanstalt besuchen (z. B. VI, VII, XI). Jüngere Brüder, vor allem aber die Schwestern halten den Kontakt eher aufrecht (z. B. II, VI, VIII, XI). Insbesondere die Mädchen sind offensichtlich eher als die Jungen bereit, dem Inhaftierten zu verzeihen und nehmen der Mutter manche Sorgen ab.

Welche Ambivalenzen eine Mutter bei Vermittlungsversuchen zwischen Geschwistern mitunter zu balancieren hat, zeigt ein Bericht über die Reaktionen zweier Brüder eines Inhaftierten. Der ältere von beiden empörte sich und lehnte zunächst ab, mit dem Bruder zusammenzukommen oder ihm zu schreiben; die Mutter spricht von „leisen Haßgefühlen“, die sie bei ihm wahrgenommen habe. Der jüngste hingegen fand das Verhalten seines Bruders „toll“ und schnitt damit vor anderen auf. Beide Verhaltensweisen konnten der

Mutter im Interesse ihres dritten und jüngsten Sohnes nicht recht sein: Der ältere war zu ablehnend, der jüngere nicht ablehnend genug, weil er den Unrechtsgehalt der Tat des Bruders nicht begriffen hatte (VII).

Bei den bisher beschriebenen Problemlagen handelt es sich um Kränkungen des Sohnes, die die Mutter auszugleichen sucht. Schwieriger wird für sie die Situation dann, wenn das Verhalten von Angehörigen die gesamten Lebensbedingungen des straffällig Gewordenen und seiner Familie gefährdet oder unerträglich macht.

Dies ist offensichtlich der Fall bei zwei Frauen, die schwere Belastungen auf sich nehmen, um ihre Enkel vor Heimaufenthalten zu bewahren. Im ersten Fall wurde der (z. Zt. der Untersuchung inhaftierte) Enkel von den Großeltern aufgenommen, weil der zweite Ehemann ihrer Tochter diesen ablehnte. Bevor die Großeltern den Enkel zu sich nehmen konnten, ließ der Stiefvater das Kind in einem Heim unterbringen, als drei eigene Kinder kamen. Der Stiefvater hatte dem Kind schon früh prophezeit:

„Du wirst genauso wie Dein Vater, Du bist ein Verbrecher ... Der hatte seinen Vater gar nicht gekannt, dieser hier und hat immer dem Kind das vorgeworfen. Ich bin gar nicht Dein Vater, das Fressen gebe ich Dir schon, aber wenn Du nachher Geld verdienst, dann schreibe ich mir alles auf, das mußt Du mir alles zurückzahlen. Ich sage, was soll denn nun ein Kind, was noch nicht in die Schule geht, damit!" (V)

Im zweiten Fall verließ die Schwiegertochter den Mann kurz bevor dieser in Haft kam. Die Großmutter hatte die Verantwortung für drei kleine Kinder zu tragen. Obwohl sie sich stark dafür eingesetzt hat, das Sorgerecht für die Kinder, die schon bei ihr wohnten, zu bekommen, quält sie sich noch jetzt mit Selbstvorwürfen, weil sie infolge einer längeren Erkrankung die Kinder nicht bei sich zu Hause behalten und somit vor dem Heim bewahren konnte (IX).

Überhaupt erhält die Mutter eine Art Allzuständigkeit zur Bewältigung von Problemlagen; nicht selten muß sie aber der Entwicklung von Problemspiralen ohnmächtig zusehen und kann sie nicht aufhalten.

Die Großmutter, die ihre Enkel zeitweilig bei sich aufgenommen hatte, beklagt sich, daß ihre erwachsenen Kinder diese schlecht behandeln. Sie berichtet, ihr ältester Sohn habe den kleinen Neffen gar nicht beachtet, als dieser sich ihm einmal zugewandt hatte, glücklich, daß der Onkel dem abwesenden Vater so ähnlich ist. Die Großmutter sagt, das habe ihr sehr wehgetan:

„. . . Da hab ich mal gesagt, ich finde das gemein, daß ihr die Kinder da mitreinzieht. Was können die Kinder dafür. Ihr könnt doch die Kinder wenigstens nett behandeln, die entbehren nun doch schon so viel und sie lieben ihren Vater." (IX)

Der größere dieser Enkel stellte sich eines Tages hin und fragte die Großmutter, was eigentlich mit dem Vater los sei:

„Warum haben – alle Papas kommen nach Hause abends, warum kommt Papa nicht? (IX)

Die Großmutter weiß zunächst nicht, was sie machen soll, sie will das Kind nicht belügen, ihm aber auch nicht sagen, daß der Vater im Gefängnis sitzt und gestohlen hat, da sie die Reaktion des Kindes nicht abzuschätzen vermag. Sie sagt ihm schließlich, der Vater habe etwas genommen, was ihm nicht gehört und nun müsse er so lange arbeiten, bis er das wieder verdient habe, dann komme er wieder. Der Junge gab sich damit zufrieden.

Eine Frau, deren Mann wegen eines Tötungsdeliktes einsitzt, muß sich mit dem Selbstmord ihrer Mutter abfinden, die den Kummer ihres einzigen Kindes nach der Tat des Ehemannes nicht länger ertragen konnte. Außerdem hat die eigene Tochter versucht, ihrem Leben mit Schlaftabletten ein Ende zu machen. Die Mutter vermutet, sie habe es deswegen getan, weil der Freund ihrer Tochter wegen des inhaftierten Vaters die Freundschaft abbrechen wollte. Den Mut, mit der Tochter darüber zu sprechen, hat sie indessen noch nicht gefunden (IV).

4. „Nahtstellen“ zur Gesellschaft: Typische Reaktionsweisen von Nachbarn und Arbeitskollegen

Uns interessieren vor allem jene Umweltausschnitte, bei denen ein gewisses Ausmaß an Anteilnahme an den typischen „Freud- und Leid-Ereignissen“ unterstellt werden kann. Es ist also von der Nachbarschaft die Rede, vom Nachbarn als dem zunächst und in naher Umgebung Wohnenden. Dieser nachbarschaftliche Bereich konstituiert sich entlang von face-to-face-Beziehungen, die in der Regel auf der Ebene des bloßen zeremoniellen Verhaltens (z. B. des Grüßens und des Wiedergrüßens) gehalten werden, aber auch Formen des Solidaritätsverhaltens hervorbringen können. Die Tatsache, daß zumindest der Nachbar benennbar ist, erlaubt die Zurechenbarkeit (und somit soziale Verortung) allgemeiner („diffuser“) gesellschaftlicher Reaktionen auf abweichendes Verhalten. Das Verhalten des oder der Nachbarn läßt die Mütter Erfahrungen sammeln über das Ausmaß an Toleranz in dieser Gesellschaft. Insofern gehört auch der Nachbar zu den „Zuschreibungsspezialisten“.

Die Darstellung der Nachbarschaftsreaktionen beruht auf den Wahrnehmungen der betroffenen Mütter. Nachbarschaftsreaktionen, die in den Augen Nichtbetroffener als „harmlos“ erscheinen, werden von den Müttern mit „ganz anderen Augen“ wahrgenommen: als verletzend, bedrohlich und unerträglich. Die Mütter bewerten Nachbarschaftsreaktionen in der Regel als unfreundliche Akte. Selbst dann, wenn nachbarlichem Verhalten, dem gemeinten Sinn nach, der „Antwortcharakter“ fehlt, d. h. dieses Verhalten keinen direkten Bezug zu Verhaltensabläufen der „unvollständigen Familie“ (es fehlt ja der Sohn!) aufweist, interpretieren die Mütter dieser Familien auch solches nachbarliche Verhalten, dem empfundenen Sinn nach, als gegen sie gerichtet. Das Interpretationswissen beziehen diese Mütter aus der eigenen Vergangenheit. Ihre Welt war ja auch einmal in Ordnung gewesen und die „heile Welt“ verfügt ja über einen Maßstab, der den eigenen Fall und die vielen dabei zu berücksichtigenden Entschuldigungsgründe nicht zu beachten hat. Da man die Welt der ordentlichen, anständigen, der normalen Bürger von früher gut kennt – vor nicht allzu langer Zeit bewohnte man ja diese Welt noch –, verfügt man über eine „intime Gewißheit" von dem, was dort als „Makel" gilt. Man kennt die dortigen Bewertungsschablonen (und ihre sozialen Folgen) nur allzu gut und fürchtet sie. Besonders dann, wenn die Ehepartner unterschiedliche „Weltsichten" repräsentieren, den strengen, ungerechten Maßstab der heilen Welt (ungerecht auch deshalb, weil der Vater als Trinker dem eigenen Maßstab nicht genügt) und den weniger strengen, am individuellen Fall des eigenen Sohnes „geeichten" Maßstab, werden die ungerechten Bewertungsschablonen der „Gerechten" im Lande umso schmerzlicher empfunden:

„Ja, aber eines hat mich sehr bedrückt bei meinem Mann wie der Heinrich im Gefängnis war. Ich bin hingefahren, der hat nie gefragt, nie. Wenn sie so was im Fernsehen gebracht haben, hat er gesagt, so was müßte aufgehangen werden . . . Oder dem müßte ne Schippe in die Hand gedrückt werden, die müßten arbeiten, daß ihnen das Blut runterläuft . . . Wenn ich zu einer Verhandlung gefahren bin, ‚tschüss', er hat nicht einmal gesagt, ‚Laß den Heinrich grüßen', oder hat gesagt, er soll tapfer sein, das geht auch vorbei, es wird alles wieder gut, kein Wort. Das reißt mir das Herz kaputt (weint). (VI)

In der „heilen Welt" der anständigen, ordentlichen und normalen Bürger zeigt man kein Interesse für Problemlagen, mit denen man von vornherein nicht rechnet, da solche Probleme immer nur bei den anderen, den unordentlichen, asozialen Mitgliedern dieser Gesellschaft mit schöner Regelmäßigkeit vermutet werden. Bestenfalls registriert man die diesbezügliche Berichterstattung in den Zeitungen, die am Entstehen und Weiterbestehen dieses Vorurteils nicht unschuldig sind (vgl. Chibnall 1977), als Berichte aus einer anderen Welt:

„In einem normalen, wenn's Leben normal verläuft, wo befaßt man sich (mit diesen Sachen). Man hat ja so viel zu tun, und mit solchen Sachen befaßt man sich irgendwie nicht. Das ist nicht böswillig gemeint oder gar Bequemlichkeit. Vielleicht Bequemlichkeit. Oh, ja, Bequemlichkeit, kann man vielleicht sagen. Man liest's zwar in der Zeitung und man hört's im Radio oder Fernsehen und sagt „Mensch, das ist ja furchtbar". Man spricht dann auch mal drüber, aber dann ist das auch schon wieder weg. Aber wenn man selber damit zu tun hat, dann spitzt man natürlich die Ohren ganz anders. Und dann befaßt man sich auch ganz anders mit dem Thema." (I)

Dies ist die Darstellung der eigenen desinteressierten Haltung zu einem Zeitpunkt, wo man selbst noch „keinen drinnen im Gefängnis hatte". Diese Haltung wird einem nun zum Ärgernis bei den Nachbarn:

„Ja, die wollen nicht mit solch einem Problem konfrontiert werden. Die wollen das nicht. Das sind alles anrüchige Sachen. Und alles, was anrüchig ist, da geht man aus dem Weg. Das ist ja auch sehr billig sowas." (I)

Die Karikatur, die man von der „kleinkarierten" heilen Welt der Nachbarn entwirft, gelingt deshalb so gut, weil man in dieser „kleinkarierten" Welt vor nicht allzu langer Zeit selbst einmal zu Hause war (und sich dort wohl gefühlt hat; im übrigen ist es gar nicht so sicher, ob man diese Welt für immer verlassen hat, wie spätere Äußerungen der Mütter zeigen werden). Auf jeden Fall ist die Karikatur, die eine Mutter von ihren Nachbarn zeichnet, höchst instruktiv für die wechselseitig vorgenommenen Definitionsprozesse:

„Ja, die Nachbarn, die sind recht engstirnig. Und bitte, nicht mit mir und schön abgeschirmt daheim. Die heile Welt, die muß da sein. Und dann auf Tratsch aus der Familie: Wie großartig die Kinder alle sind. Die eine Tochter ist Stenotypistin am Landgericht und die andere, die lernt, und der Sohn, oh, Gott!" (I)

Wahrscheinlich zeigten die Nachbarn schon immer ein Verhalten, das das Etikett „kleinkariert" verdient, und wahrscheinlich handelte der nachbarschaftliche Tratsch schon immer dieselben Themen ab, die nunmehr bei der Mutter Ärgernis erregen. Wie sie das Verhalten der Nachbarn, nachdem sie den Status: Mutter eines Kriminellen zugewiesen bekommen hat, aus der „neuen" Sicht dieses Status' „neu" interpretiert (und dabei zu Themen Kritik äußert, an denen sie früher sicherlich nichts auszusetzen gehabt hatte), so nehmen auch die Nachbarn eine bezeichnende Uminterpretation vor, nachdem sie vom neuen Status des Sohnes erfahren haben:

„Ja, sieh Dir mal den Haschfritzen an und guck Dir an wie er aussieht! Und die Eltern, das ist ja dann die Erziehung, obwohl man uns jahrelang ja gekannt hat.

Und früher war die Erziehung gut und da war der Beruf gut und da waren die Eltern, die waren in Ordnung. Plötzlich ist ja die Familie oder die Leute, die das Problem haben, das sind dann eben, das ist Dreck!" (I)

„Die Definition einer Person als in irgendeinem Sinne deviant löst bei ihren Kontaktpersonen zweierlei Prozesse aus. Einmal wird ihr gesamtes Verhalten tendenziell auf das Stigma bezogen und von diesem her interpretiert (. . .). Die Umdefinition braucht dabei die empirischen Fakten nicht zu verletzen, da ein Großteil menschlichen Verhaltens für jeweils unterschiedliche Deutungen offen ist (vgl. Lofland 1969, 149). Zum anderen wird das bisherige Leben der Person daraufhin betrachtet, welche Ereignisse mit der gegenwärtigen Devianz übereinstimmen; es findet eine „Rekonstruktion der Biographie" statt (vgl. Schur 1971, 52 ff; Lofland 1969, 149 ff), in der diese an das Stigma angepaßt wird. Wegen der erwähnten grundlegenden Ambivalenz des Verhaltens sind derartige Bemühungen fast immer ‚erfolgreich'." (Hohmeier 1975, 13 f).

Doch auch das von den Müttern wahrgenommene nachbarschaftliche Verhalten (die „konstatierten" Nachbarschaftsreaktionen) ist für unterschiedliche Deutungen offen, zumal der Kontakt zu den Nachbarn oftmals minimal ist und sich auf das Austauschen von Höflichkeitsfloskeln beschränkt: „Ich sag ‚Grüß Gott' und ‚Guten Tag' oder ‚Das Wetter ist schön' und dann hört sich aber auch die Sache auf." (III) Oder: „Wir haben nicht sehr viel Kontakt damit. ‚Guten Morgen', ‚Guten Tag', ‚Wie geht's, wie steht's, ‚Schönes Wetter heut' und Hilfsbereitschaft, wenn Not ist" (X). Unter diesen Umständen sind die Chancen, das Bild vom „häßlichen Nachbarn" nachträglich zu korrigieren, gering einzuschätzen, wie umgekehrt diese Interpretationsschablone die Bereitschaft zu häufigeren und engeren nachbarlichen Kontakten minimiert.

Bei nachbarlichem Kontakt, der auf der Sparflamme gehalten wird, taucht der Prototyp des am Fenster lauernden und gaffenden Nachbarn auf, dessen sprachloses Gaffen dazu herausfordert, ihm jene Kommentare in den Mund zu schieben, mit denen man die Situation selbst beschreiben würde. Man setzt sich an die Stelle des Nachbarn, der die gebräuchlichsten Vorurteile „ausspricht", über die man jeweils selbst verfügt (denn ansonsten könnte man ja den gaffenden, aber stummen Nachbarn nicht zum Sprechen bringen).

Auf diese Weise kann ein neugieriger, aber harmloser „Fenstergukker“ zum „häßlichen Nachbarn“ gemacht werden; eine solche Situationsdefinition kann dann ihrerseits durchaus handfeste reale Konsequenzen haben: Man beantwortet die unerträglich begriffene Situation mit dem Koffer und zieht weg.

Für diese Interpretation sprechen die beiden ausgewählten Dialoge:

Frage: Haben die Nachbarn Ihnen konkret Vorwürfe gemacht?

Antwort: „Nein, nein, das ging dann ‚Ach, Guten Morgen‘ und dann ‚Pscht, Pscht‘. Dann ging das hinter dem Rücken los und ich mußte eine ganze Häuserzeile entlang gehen, nicht. Und morgens, wenn sie alle mit den Köpfen aus den Fenstern hängen, oder mittags, wenn ich kam, dann lauerten sie, na, kommt sie schon nach Hause. Oder was ist mit dem Jungen. Oder der Junge hat das Radio mal tagsüber laut aufgedreht oder irgendwas. Es war grausig. Es war grauenhaft. Tja, dann sind wir dann dort ausgezogen.“ (I) (. . .)

Frage: Warum sind Sie umgezogen?

Antwort: „Erst einmal war wichtig, ich mußte aus dem Viertel raus. Ich hatte derart Spießrutenlaufen. So was spricht sich ja in Windeseile rum. Also wir hielten das dort nicht mehr aus. Die Nachbarn, die waren derart gemein und gehässig und dieses Tuscheln hinterm Rücken.“

Frage: Sind Sie auch beim Kaufmann schlechter behandelt worden, z. B. beim Einkaufen?

Antwort: „Ich bin nicht mehr in kleine Kaufmannsläden dann gegangen, ich hab praktisch, im Supermarkt habe ich dann eingekauft, wo ich anonym, wo ich eine von vielen war (. . .) Ich habe bei unserem Kaufmann nicht nur eingekauft, aber wenn ich (einen) kleineren Einkauf hatte, dann bin ich dorthin gesaust, oder eben Zigaretten und Zeitungsgeschäft. Das ist ein kleiner Laden. Oder der Fleischer. Das war alles in einem kleinen Viertel bei uns. Ja, es ist nicht sehr einfach, obwohl man selbst ja gar nichts verbrochen hatte oder mit den Sachen gar nicht in Berührung kam, aber dieses Spießrutenlaufen, grausig.“

Frage: Können Sie z. B. mal erzählen, wie die Kaufleute sich dann verhalten haben?

Antwort: „Nichts, da war absolut nichts, man wurde nur mit ausgesuchter Höflichkeit behandelt.“ (I)

Antwort: „Wir wohnen mitten im Dorf und das ist das Dumme . . . Das sind für uns alle noch Fremde, weil wir noch kein ganzes Jahr da wohnen . . . Wir haben halt ein Haus gesucht und da, wo wir gewohnt haben in der Stadt, sind die Häuser zu teuer. Da haben wir halt da eins gefunden. Eigentlich haben wir mit wenig Leuten (zu tun) . . . Die Nachbarn, daß die Leute neugierig sind . . . (Die Nachbarn) sind alle nett (!) zu uns . . . Aber im allgemeinen heißt's halt, X. ist so ein Dorf für sich, die sind arg neugierig . . . Da wird alles gleich an die große Glocke gehängt. Wenn die das alles hören von uns, da heißt das, ‚Ach, Müllers, die sind so ein nettes Ehepaar, die haben zwei nette Töchter!' Wenn jetzt auf einmal unser Sohn kommt, da sagen die, da wird es aus sein mit dem netten Ehepaar. Ich weiß net . . . Ja, in Y., glaub ich, da ist es uns besser gegangen, weil das ist eine Stadt, da gucken sie nicht so auf einen. Aber da, wenn man da läuft, da drehen sie sich nach einem um und fallen bald."

Frage: Ist das passiert?

Antwort: „Aber nicht, die wissen es ja nicht. Aber wir sind neu und da fragen sie schon, was sind das für welche und die sind Hergezogene. (. . .) Manchmal mein ich, es kann ja nicht sein, die wissen's noch nicht. Aber dann denk ich wieder, einer weiß es. Vielleicht wissen's schon mehr, ich hab's mir schon öfter denkt." (II)

Auch hier läßt sich die Interpretation vom „Paradigma" des „Fensterguckers" leiten:

> „Und wenn ich (am früheren Wohnort (!)) schon gewartet hab auf den Bewährungshelfer und hab dann zum Fenster rausgeguckt, da haben andere auch schon zum Fenster rausgeguckt . . . Also, in unserer Gassen da halt, weil da seh ich's halt, net. Andere haben es schon nicht mitgekriegt. Aber unsere Nachbarn und in deren Straßen haben es schon viele gewußt . . . Untereinander werden sie vielleicht schon geschumpfen haben. Aber ich hab's net zu spüren gekriegt. Aber ich denk halt mal, ich guck raus und die gucken auch schon." (II)

Selbst zu einem Zeitpunkt, zu dem keine konkreten Reaktionen zu verzeichnen sind, haben Stigmatisierte ein „tacit knowledge" davon, was andere als ihren Makel ansehen und wie sie deshalb zu reagieren pflegen („da wird es aus sein mit dem netten Ehepaar"). Dieses Wissen wurde nicht erst an Hand der spärlichen Erfahrungen am früheren Wohnsitz erworben (die diesbezüglichen Erfahrungen besagten nur, daß es Leute gab, die aus dem Fenster guckten; dieses Faktum gibt Anlaß von diesen Leuten zu vermuten, sie seien neugierig und meinten's mit einem nicht gut („untereinander werden sie vielleicht schon geschumpfen haben"), sondern wird offensichtlich im Rahmen der Sozialisation (wo Typisierungen des „Fremden", des „Normabweichers" auch gehandelt werden) mit-vermittelt. Mit diesem Wissen im Hinterkopf und der Unterstellung, daß sich der Kriminellenstatus des Sohnes schon herumgesprochen hat, kann man sich beim Anblick von stummen „Fenstergückern" den Rest schon denken. Der „Fenstergucker" ist stumm und beschränkt sich aufs Glotzen. Daß einem dieses passive Glotzen dennoch unter die Haut gehen, daß man es zum Weglaufen unerträglich finden kann, ist eine Erfahrung der straffällig Gewordenen selbst.

„Da hat er zu meinem Mann einmal gesagt, wo ich nicht dabei bin, ‚Wenn ich einmal heimkomm, wohnt er doch nicht bei uns' . . . Wegen die Leut halt . . . Vor die Leut hätt' er Angst . . . Er will sich nicht anglotzen lassen, sagt er. ‚Meinst, i laß mi von alle anglotze. Ich geh dorthin, wo mi niemand kennt' . . . Er will sich nicht anglotze lasse, er geht fort!" (II)

Auch hier löst das bloße Glotzen bereits vorhandene Typisierungen aus, die den Umgang mit deviant sich Verhaltenden betreffen, und die, wie es scheint, vom Normabweicher selbst dann an die „Glotzer" herangetragen werden, wenn er sich sicher zu sein glaubt, daß diese von seiner kriminellen Karriere und seinem kriminellen Status gehört haben. Überhaupt läßt diese Vermutung beim Normabweicher den Eindruck entstehen, daß er von allen „angeglotzt" wird. Sobald der Normabweicher davon ausgehen kann, daß niemand von seinem kriminellen Status weiß (und diese „Gewißheit" läßt sich durch Ortswechsel herstellen („Ich geh dorthin, wo mi niemand kennt"), fühlt er sich weder „angeglotzt" noch verbindet er damit jene typisierten Einstellungs- (und Verhaltens-)muster, die uns abrufbereit zur Verfügung stehen, wenn das Stichwort „Krimineller" fällt (d. h. diese auch dem Normabweicher selbst vertrauten Einstellungs- und Verhaltensmuster (Kriminellen gegenüber) erlauben ihm die Antizipation eines erwartbaren Verhaltens, das er durch die Eingestelltheit auf dieses Verhalten, tatsächlich auch mit heraufbeschwört).

Allerdings gibt es nicht nur den am Fenster stehenden, stummen Nachbarn. Nachbarn reden auch und äußern ihre Ansichten zu dem „Fall", der ihre Gemüter erhitzt, weil es jemand aus dem Wohnquartier ist, den und dessen Familie man zu kennen glaubt. Nur ist man als Angehöriger eines straffällig Gewordenen nicht immer

Augen- und Ohrenzeuge, wenn die Nachbarn den „Fall" und das auf diesen beziehbare Geschehen kommentieren. Man hört nur davon; trotzdem ist man gezwungen, sich mit dem Zugetragenen und den Leuten, die das Zugetragene geäußert haben und die man nicht kennt, auseinanderzusetzen, weil es sich um Ereignisse handelt, die aus der „Ferne" unmittelbar auf einen einwirken und die eigenen Deutungsmuster, die man an die „Welt" heranträgt, signifikant beeinflussen.

„In Bad Y., da haben wir ja gewohnt, wie unser Sohn fortgekommen ist. Und das ist in dritter Nachbarschaft, da wohnt auch ein Polizeiwachmeister, der hat drei Söhne, einer ist so alt wie unser Sohn. Und da hat einer sich ein Rennrad gekauft. Und so eines hätte unser Sohn damals auch gern gehabt. Da war er aber erst 16. Und der Kaufmannssohn, der hat kaum, 3 Sonntage hat er's Rad gehabt, und dann ist es ihm geklaut worden. Und weil unser Sohn allerhand gedreht hat, da mit den Automaten und zum Schluß Motorrad geklaut, und da haben die laut ausposaunt, da wissen wir auch, wo unser Rennrad ist. Das hat aber unser Sohn nicht gehabt, gell, behaupten kann ich's nicht. Aber da hat sich unser Sohn nachher arg aufgeregt, weil er das gehört hat. Dann haben die schon gesagt, wir müssen alles rein, wir können nichts mehr im Hof stehen lassen, solange der Bernhard hier herumtappt. Die haben ja nicht gewußt, daß wir fortziehen wollen. Aber solange wir noch da wohnen, müssen alle Leute ihre Sachen verstecken." (Frage: Das haben die Leute auch zu Ihnen gesagt „Wir müssen alles verstecken!"?) „Also nicht direkt. Aber andere haben's gesagt, die hätten's beim Kaufmann gesagt. Wo sie eingekauft haben, da haben sie gesagt ‚Ei weh, wir wissen schon, wo unser Rennrad ist!' " (II)

Es gibt Nachbarn, die sich nicht nur aufs „Glotzen" oder „Kommentieren" beschränken, sondern aktiv werden. Der „häßliche Nachbar" will mit der ganzen Sache nichts zu tun haben, will sich seine kleine Welt „heil" erhalten. Mit der angedrohten oder praktizierten Kündigung sollen diejenigen, die die Hausgemeinschaft der anständigen Mieter nunmehr stören, aus den Augen, das Problem aus dem Sinn kommen.

– „Mir wurde gesagt, ich dürfte (meinen Sohn) nicht wieder aufnehmen, dann müßt ich ausziehen. (Von den Nachbarn) und vom Vermieter (wurde das gesagt). Da war ich entsetzlich deprimiert. Ich sagte, ‚Ich zieh nicht aus, was kann ich dafür, was mein Junge gemacht hat, ich zieh nicht aus und wenn Sie sich auf den Kopf stellen!' Nun hat sie das begriffen und mir sogar unlängst Grüße an meinen Jungen ausgerichtet. Langsam sind sie darauf vorbereitet, daß er jetzt einmal wiederkommt, und ich hoffe, daß sie mir keine Schwierigkeiten machen werden. . . . Aber irgendwie ist es doch ein komisches Gefühl, man ist praktisch nur geduldet." (GD I)

– „Ja, die Erfahrung habe ich auch gemacht. Als es rauskam, unser Junge ist bei unseren Eltern und er wollte zu uns, daß er inhaftiert war, sagte der Hauswirt gleich, ‚Wenn Sie ihn wieder aufnehmen, müssen Sie die Konsequenzen ziehen'. Das hieß ausziehen. Wir waren auch Hausmeister und brauchten dadurch keine Miete zahlen. Das war für uns eine Erleichterung. Durch die Arbeit brauchten wir keine Miete zahlen. Wir haben uns eine neue Wohnung besorgt und wohnen auch schon dort. Wir haben jetzt keine Schwierigkeiten mit der Umwelt." (GD I)

Die uns von den Müttern berichteten Fälle scheinen darauf hinzudeuten, daß der „häßliche Nachbar" dort vor allem in Aktion zu treten scheint, wo die Nachbarschaft als prägende Institution noch verhältnismäßig wirksam ist: im dörflichen Milieu. Von dort stammt auch das extremste Beispiel nachbarlicher Reaktionen, das uns in den Interviews mit den Müttern überhaupt berichtet worden ist. Im dörflichen Milieu zeigt sich der aktive „häßliche Nachbar" (der sich also nicht aufs bloße Glotzen und Kommentieren beschränkt) dadurch, daß er erst einmal inaktiv wird: durch den Entzug der nachbarschaftlichen Mindestverbundenheit auf dem Sektor Arbeit (Übernahme handwerklicher Reparaturleistungen, tatkräftige Mithilfe). Der Nachbar auf dem Dorfe hat seinem in der Stadt lebenden „Vetter" voraus, daß er mit dem Entzug von Arbeitsleistungen äußerst wirksame Sanktionen verhängen kann:

(Es handelt sich um den Fall der Bauersfrau, deren Mann im Affekt einen Totschlag begangen hatte.) „Und ich hatte ja auch so viel mit den Maschinen, das war mit der Melkmaschine, wenn die einmal kaputt war. Und da hatte ich tatsächlich nur einen, der mir, ein junger Bauer, der mir dann beigestanden hat und das zurecht gemacht hat." (Frage: Die anderen nicht mehr?) „Nein, nein. Nun ja, ich wußte ja, daß die (anderen) das nicht machen werden. Und auch mal beim Schmied, da war der Streuer kaputt und den hatte ich zur Reparatur da und der hat dauernd dagestanden und wurde nicht zurecht gemacht. Also so, für die brauch ich das ja nicht zu machen. Aber ich muß auch sagen, so einige Leute, zum Beispiel der Schlachter, das ist eine große Wurstfabrik da (. . .) und da haben wir immer die Schweine schlachten lassen so für unseren Gebrauch. Und nach dem, dann denkt man ja auch, ja kann ich da wieder hingehen und so. Und ich bin hingegangen und das waren ja bestimmt Leute, nun ja, die waren, die sagten: So Frau X, es ist alles so wie sonst. Und da hat man sich dann auch wieder so gefreut. Und die hatten ja auch ein bißchen Anstand, kann man sagen nicht!" (IV)

In der Stadt wie im Dorf ist das Verhalten, das die Nachbarn bzw. deren Kinder den jüngeren Geschwistern des straffällig Gewordenen entgegenbringen, ein verläßlicher Seismograph für die Erschütterungen im nachbarlichen Beziehungsgefüge. Da Kinder aufgrund des ihnen zugestandenen Status' „erlaubtermaßen" direkter sein dürfen, sie noch keine „Rücksichten" zu nehmen brauchen, haftet ihrem Verhalten nicht jener der Erwachsenenwelt spezifische „Doppelaspekt" an: sie sagen jeweils auch, was sie – und das heißt hier: ihre Erzieher – denken. Die Erfahrung, daß sich die Kinder die „ungeschminkte Wahrheit" sagen, scheint unter den Müttern verbreitet zu sein:

„Aber, wie gesagt, meinen Kindern, den Enkelkindern, die Schulkinder, die gingen ja da zur Schule, denen haben sie es auch nachgerufen (. . .) ‚Dein Vater sitzt im Knast!'. Ich höre das ja nicht, wohne ja auf dem anderen Ende. Aber (. . .) der Größere, der ist sehr verschlossen, der hat mir nie was gesagt, aber (. . .) der Kleinere, der sagte: ‚Den habe ich aber verhauen! Wo (ist) mein Papa, was ist denn Knast', sagt der." (IX)

Auch bei der Bauersfrau, deren Geschichte wir hier ausführlich behandeln wollen – es ist die Geschichte der Vertreibung aus dem heimatlichen Dorf mit allen nur denkbaren Komplikationen und sozialen Folgekosten – kündigt sich die Sanktionslawine der Erwachsenen (wie der Entzug nachbarlicher Solidaritätsleistungen) über spezifische Verhaltensweisen der Kinder untereinander an:

„Erstmal die Kinder, mit denen sie (die eigenen Kinder) zusammen gespielt haben, die haben sich zurückgezogen. . . Und es ist auch so, wenn sie zusammen zur Schule gegangen sind, die sind nicht mehr abgeholt worden. Und die Kinder (weint), die mochten gar nicht raus zum Einkaufen. Und den Jürgen, den haben die anderen verprügelt und das Hemd kaputtgerissen." (weint) (IV)

Den „handgreiflichen", direkten Umgangsformen der Kinder entsprechen die weniger handgreiflichen und weniger direkten der Erwachsenen; als Erwachsener vermeidet man es, sich Blößen zu geben und sich die Hände selbst „schmutzig zu machen", die adäquate Verkehrsform ist die anonyme Anzeige (wobei das angezeigte Delikt, Schwarzfahren mit dem Traktor, mit einer Notlage zusammenhing, die durch den Entzug der nachbarlichen Arbeitshilfe überhaupt erst entstanden war):

„Und nun auf einmal, das war ja im November, als (mein Mann) verhaftet wurde, da waren ja noch die Rüben einzubringen und mein Schwiegervater, der war ja alt und ich hatte noch keinen Führerschein und so hat mein Junge die Rüben reingefahren. Und da bin ich angezeigt worden und da kam die Polizei zu mir und sagte: ‚Frau X, so und so, bitte lassen Sie Ihren Jungen nicht mehr fahren'. Und da habe ich mir welche zum Helfen genommen, wo ich wußte, die würden das eventuell tun. Die haben das auch getan. Aber im allgemeinen hat sich alles sehr zurückgezogen (. . .) Die Leute haben sich alle sehr zurückgezogen und die haben mir alle nicht geholfen." (IV)

Die Verurteilung des Ehemannes erzeugte für die Daheimgebliebenen einen Problemdruck, der schließlich zur Aufgabe des bäuerlichen Betriebes zwang. Die rechtliche Sanktion löste eine Sanktionslawine aus, die die zurückgelassene Familie härter traf, als das Urteil selbst (das zunächst „lebenslänglich" gelautet hatte, dann aber in eine zeitlich befristete Strafe umgewandelt worden ist):

„Mein Mann ist ja bestraft und ich bin eigentlich ja noch mehr bestraft worden, weil ich ja allein mit den Kindern war und diesem alten Onkel von ihm (. . .). Und bevor das mit meinem Mann war, da hatten wir einen Bauernhof und den mußte ich ja verkaufen. . . Ich hatte 5 Kinder und mein Mann war erst zu lebenslänglich verurteilt und daraufhin ist das verkauft. Mein Schwiegervater hat den Hof erst mal, na, wie soll ich sagen, verpachtet und der älteste Sohn von mir, der hätte das geerbt. Aber, wie soll ich sagen, der hat mir nun auch viel helfen müssen und dadurch hat er schon gemerkt, wie schwer das ist in der Landwirtschaft. Und es hätte auch sehr viel angeschafft werden müssen, das Haus war nicht mehr so gut im Stand. Und so die Maschinen. Da hätten viele, viele Anschaffungen sein müssen und das konnten wir nicht. Da hätten wir gleich so 80 000,– DM aufnehmen müssen ungefähr, und es wäre nun besser gewesen, daß wir es verkauft haben." (IV)

Bei allen geschilderten, objektiven Schwierigkeiten, die den Verkauf des Hofes nahelegten, spielt auch eine entscheidende Rolle die durch die Nachbarschaftsreaktionen bedingte Desintegration aus dem dörflichen Verband. Die Frage, ob „es mit ein Grund war, den Hof zu verkaufen, weil auf dem Dorf das Leben zu schwer wurde", führte zu der Antwort:

„Ja, ja, ja. Denn je nachdem, wenn etwas mit den Kindern gewesen wäre und so, wäre es wieder (geheißen), ja, das ist der Jung, das kennen wir ja von denen da, da kann man ja nichts anderes erwarten. So ungefähr, ja." (IV)

Situationsdeutungen und reale Erfahrungen schaukelten sich hier gegenseitig auf und führten schließlich zu der Konsequenz, Hof und Dorf zu verlassen, in der Stadt es noch einmal von vorn zu versuchen (sah die unmittelbar betroffene Ehefrau noch die Chance für einen Neubeginn, so sah deren Mutter aus der Situation keinen anderen Ausweg mehr, als mit ihrem Selbstmord allem ein Ende zu bereiten).

Die Flucht in die Anonymität der benachbarten Großstadt führte zu der Erfahrung, daß die Vergangenheit, die man im Dorf zurücklassen wollte, zum Umzugsgut gehört. Und dabei hatte alles so gut angefangen. Mit den neuen Nachbarn in der Stadt, Angehörigen der Mittelschicht („Das sind Lehrer und beim Bund und das sind alles Eigenheime, die man so abbezahlen kann"), kam man „zunächst ganz gut zurecht", bis einer der Nachbarn aus nichtigen Anlässen Konflikte vom Zaune brach (– immer aus der Sicht der Betroffenen –) die er, hier ganz ein Vertreter der gehobenen Mittelschicht, mit rechtlichen Mitteln austrug. Wenn sich auch die Anlässe tatbestandsmäßig unter rechtliche Denkfiguren (z. B. Zustandsstörer) bisweilen subsumieren ließen, so hatte dieser Vorgang für die Betroffene mit ihrer Vergangenheit (die sie ja ständig mit sich trug) eine gänzlich andere Bedeutung: „Als wenn er denken muß, ich will sehen, daß ich Euch hier wegkriege, so ungefähr!" (IV). Die Gewißheit für die Richtigkeit dieser Interpretation entnahm die Betroffene einem Umstand, der, folgt man den Darstellungen der befragten Mütter, nicht untypisch zu sein scheint:

„Ja, muß er ja (mitgekriegt haben). Das hat ja noch von dem letzten Urteil, das hat ja in der Zeitung gestanden... Ja, der Name war ausgeschrieben... der Name war immer ausgeschrieben... Und das finde ich, das ist nicht richtig... Vielleicht wenn der Name nicht voll ausgeschrieben gewesen wäre, wäre das vielleicht in (der Stadt, dem neuen Wohnort) gar nicht so rumgekommen." (IV)

Die letzte Gewißheit für die Richtigkeit dieser Deutung erhält sie dann an der „Nachrichtenbörse des kleinen Mannes", beim Kaufmann:

„Ja, bei dem einen Kaufmann. Da war mein Mann in K. (in Haft). Ja, da war mein Mann in K. und da bin ich bei dem einen Kaufmann reingekommen, nicht weit von uns. Und da kriegte ich auch so was von ‚nach K. fahren' zu hören und das sollte ja eigentlich für mich sein. Und dann sagt auch mein Nachbar, ‚Gehen Sie mal zu Ihresgleichen. Und seien Sie mal still, was bei Ihnen alles in der Zeitung gestanden hat!" (IV)

Auch für die Kinder bestätigt sich das „Gesetz der ewigen Wiederkehr" bei dem Verlauf von Stimatisierungsprozessen:

„(Die Kinder) haben nur, wenn ich gefragt habe, dann haben sie das nur kurz wiedergegeben, aber so direkt nicht. Nur wenn ich mal zu (meiner ältesten) Tochter gesagt habe. Mein Nachbar, wir sind ja umgezogen, und der eine ist ja noch immer uns gegenüber jetzt so, wo er das irgendwie erfahren hat, warum mein Mann in Haft ist. Und da sagt sie: ‚Mutti Dir geht es nicht alleine so, wir sind auch von einigen so dumm angeguckt worden!' Und so auch ein bißchen, wie soll ich sagen, ‚Ach, ja, das sind die ja von dem', so ungefähr. ‚Wir haben gegrüßt und die haben uns nicht wieder gegrüßt!' Hab ich gesagt, versucht es noch einmal, wenn sie da nicht wieder grüßen, sagt auch nichts mehr!" (IV)

Für die Ehefrau eines Strafgefangenen besteht die „Welt" aus Nachbarn und dem Personal in der Anstalt, in der ihr Mann einsitzt. So kann es nicht überraschen, daß beide Personengruppen einem expliziten Vergleich unterzogen werden:

„Die (vom Anstaltspersonal) waren immer sehr nett und zuvorkommend. Ich habe schon gesagt, die sind besser noch als wie die Außenwelt, so wie einige Nachbarn." (IV),

ein Urteil, das umso schwerer wiegt, als die befragte Ehefrau des Strafgefangenen bereit ist, Ausnahmen anzuerkennen:

„Nein, nicht alle... Zwei Nachbarn, die halten sehr zu mir. Und die können das auch nicht verstehen, wenn andere wieder so abweisend sind. Wo sie ja auch sehen, daß wir so vernünftige und ordentliche Leute sind." (IV)

Gegenüber der Tendenz der Umwelt, das Verhalten aller Familienangehöriger auf das Stigma zu beziehen und von daher zu interpretieren, nützt die glaubhafte Selbstcharakterisierung („Wir (sind) so vernünftige und ordentliche Leute") und die Einladung, sich davon selbst ein Bild zu machen („Wo sie ja auch sehen. . ."), herzlich wenig. Nichts kennzeichnet die Situation treffender, als die erneute Bereitschaft, den Koffer wieder packen zu wollen:

„Ich dachte, wir geben das da (den Bauernhof) auf, und daß wir da (in der Stadt) mal zur Ruhe kommen. Und jetzt möchte ich eigentlich am liebsten von dort weg." (IV)

Dieser Wunsch, mal endlich „zur Ruhe zu kommen", legitimiert sich auch durch den Selbstmordversuch der ältesten Tochter.

„Ja, meine Tochter hat vor Weihnachten, also das waren nicht so direkt Schlaftabletten, aber ich hatte die von der Frauenärztin bekommen (. . .) Manchmal kann ich schlecht schlafen und da gab sie mir die Tabletten. Und davon hat sie genommen. Nun weiß ich nicht, sie hat einen Freund, ob der wegen meinem Mann Schluß machen wollte. Sie sagte noch am Abend: „Ja, Mutti, dann und dann möchte ich geweckt werden!' Und als ich morgens um 8 wekken wollte, da war sie besinnungslos (. . .) Ich habe mit dem Arzt mal darüber gesprochen, und der sagt, das hängt da alles mit zusammen." (IV)

Wenn in diesseitigen Lebenslagen auch die Hoffnung auf eine graduelle Besserung schwindet und die Aussicht, wirkliche Hilfe zu bekommen, gering eingeschätzt wird, dann findet ein solchermaßen Enttäuschter Zuflucht bei Kirche und Religion, die mit der „Theodizee des Glücks und des Leids" auf solche Problemlagen eingestellt ist. So fand nicht nur diese Bauersfrau Trost und Hilfe bei dem Pastor ihrer Kirche, auch andere Mütter versicherten, daß sie Rückhalt im Glauben fänden.

„Aber ich will einmal so sagen, wir stehen im Glauben. Wir nehmen das also, ich möcht mal so sagen, wir sagen da, wir haben die Kraft gekriegt, das jetzt zu tragen, gell." (XI)

Wenn auch die starke Hervorhebung von Glaubensaspekten nicht unerheblich auf das praktizierte Rekrutierungsverfahren zurückzuführen sein dürfte – die Mütter sind über den protestantischen Anstaltsgeistlichen für die Kur geworben worden – so weist dieses Faktum auf eine wichtige Funktion jener Religionen hin, mit denen sich die diesseitig zu schlecht Weggekommenen am ehesten identifizieren können: in der Ausbildung der Fähigkeit zur Selbstdisziplinierung. Man hat es „zu tragen", man hat es durchzustehen, man hat das einem auferlegte Kreuz auf sich zu nehmen (in Erwartung einer zukünftigen Belohnung) (vgl. Kap. 12).

Sucht man nach einem Charakteristikum, das für die Reaktionsweisen des aktiven, „häßlichen" Nachbarn typisch ist, so scheint es darin zu bestehen, daß die spezifischen „harten" Sanktionen (wie Kündigung, aber auch direkte verbale Zurechtweisungen) von einem „großen Hof" „unspezifischer Sanktionen" umgeben sind, die sich schwer faßbar über die sozialen Beziehungen ausbreiten (Popitz). In der Regel handelt es sich dabei um den Entzug der üblichen „Benefizien der Vergesellschaftung" (Popitz, 1967, 29); auch der straffällig gewordene Jugendliche bekommt diesen Entzug zu spüren. Die sozialen Beziehungen pendeln sich dann am „sozialen Gefrierpunkt" ein, die soziale Kälte draußen läßt einen dann nicht außer Haus gehen. Die Mutter eines jungen Straffälligen berichtet:

„Er wollte ja nicht rausgehen, die erste Zeit. Und wir sagten, ‚Junge, das ist Unsinn!' und er ging ja, an sich sehr ordentlich und liebenswürdig, er sieht ja gut aus, als Kopf hoch durch den Ort. Und er hat sich nicht geäußert, irgendwie hinterher, daß ihm das peinlich wäre. Er geht jetzt auch ab und zu mal aus, aber ich glaube nicht, ihm persönlich gesagt hat das keiner." (VII)

Gerade dadurch zeichnen sich „unspezifische Sanktionen" aus: sie lassen sich als Reaktion keinem bestimmten Verhaltensakt zurechnen, sondern sie „streuen" über das gesamte mißliebige Verhalten, meinen aber damit letzten Endes die mißliebige Person. Was für diese der Entzug der üblichen „Benefizien der Vergesellschaftung" bedeutet, kann sie durch einen schlichten Vergleich mit früher ermessen, wo sie noch keine „unerwünschte Person" darstellte und man ihr Aufmerksamkeit und Beachtung schenkte und freundliche Gesten hat zukommen lassen. Man wußte – ohne hierfür besondere Leistungen erbringen zu müssen – man gehörte einfach dazu. (Im dörflichen Milieu garantiert man sich dieses Dazugehören in der Regel durch den Beitritt resp. Mitgliedschaft in einem der zahlreichen Vereine. Lassen diese bei einem straffällig Gewordenen die Mitgliedschaft ruhen – nach den Berichten der Mütter, deren Söhne davon betroffen waren, erfolgt bezeichnenderweise keine direkte Reaktion* – kommt dies einer „offiziellen" „persona non grata"-Erklä-

* Typisch scheint der folgende Vorgang zu sein, den eine Mutter berichtet: „Es ist genauso wie bei unserem Sohn. Er war begeisterter Fußballspieler, hat jahrelang im Verein gespielt. Seit er natürlich in der Anstalt ist, ist es Feierabend. Nichts mehr, gar nichts mehr. Er existiert für den Verein nicht mehr. Und das hat ihn natürlich wahnsinnig getroffen. Er sagt, ‚ich hab dem

rung gleich. Ein solcher Fixierpunkt erlaubt dann einen „sichereren" Umgang mit den „unspezifischen Sanktionen" (der Gruppenöffentlichkeit): man weiß jetzt, woran man ist).

Eine andere Mutter erzählt, wie sie ihrem Sohn die Erfahrungen, die er bei einem Hafturlaub mit der „sozialen Kälte" gemacht hatte, Wort um Wort abringen mußte, da er noch unter einem gewaltigen „Schock" stand:

„Da hab ich zu ihm gesagt: ‚Hast Du Bekannte getroffen?'. Dann hat er gesagt: ‚Ja, aber es guckt mich niemand an!'. Dann hab ich gesagt: ‚Hast Oma schon gesehen?'. Dann hat er gesagt: ‚Ja!'. Dann hab ich gesagt: ‚Hat sie nichts mit Dir gesprochen?'. Dann hat er gesagt: ‚Nein'. Die einzige Frau, die mit ihm gesprochen hat, das hat er mir dann erzählt, war die Nachbarin, die also vielleicht 50 Meter weg wohnt von uns, über so Gärten rüber (. . .). Das ist selber eine Frau, die hat selber 9 Kinder gehabt, allerdings keines, was straffällig geworden ist. Aber das war die einzige, die ihn also nett angesprochen hat. Die hat ihn auch gegrüßt." (XI)

Für den straffällig gewordenen Jugendlichen, der im Hafturlaub seine Chancen, wieder Tritt zu fassen, ausloten möchte, ist die Enttäuschung über den offensichtlichen Entzug der üblichen „Benefizien der Vergesellschaftung" groß:

„Er hat dann am Tag vor seiner Abreise geweint, ja, bevor er weg ist. Ich habe ihn ins Freibad gefahren mit dem Auto. Er wollte mit dem Rad fahren. ‚Ach', hab ich gesagt, ‚ich fahr Dich mit dem Auto schnell!'. Es sind 6 Kilometer von uns weg. ‚Ich fahr Dich schnell mit dem Auto rüber, dann brauchst Du nicht mit dem Fahrrad fahren'. Und dann hab ich ihn rübergefahren und er ist ins Freibad gegangen. Und wir haben ihn dann wieder geholt, das heißt, ich habe ihn wieder geholt dann, und da ist er drüben gestanden, mutterseelenallein (!). Da hat kein Mensch mit ihm gesprochen. . . Er hat sich darüber nicht geäußert, erst als er wieder zu Hause war. Nachmittags, wir haben Kaffee getrunken, seine Schwester hat Geburtstag gehabt an dem Tag gerade, das haben wir so eingerichtet, daß er wieder mal bei einem Familienfest zu Hause ist, weil wir dann immer wieder alle zusammenkommen, wenn so etwas ist. (Es) waren alle da, und die haben ihn begrüßt und haben auch mit ihm gesprochen, versucht,

Forts. Fußnote S. 74

Verein nie geschadet, ich stand ihm jederzeit zur Verfügung. Und plötzlich existier' ich einfach nicht mehr' (. . .) Wir haben ja auch noch die Beiträge weiterbezahlt. Nichts mehr, da kam keine Reaktion, da kam nichts mehr (. . .) Auch die Kollegen vom Fußballverein, nichts. Aus. Schluß!" (GD II)

sich mit ihm zu unterhalten. Er spricht ja an und für sich nicht viel. Auf einmal ist er aufgestanden vom Kaffeetisch und ist dann ins Nebenzimmer gesessen, wo der Fernseher gelaufen ist und hat sich in einen Sessel gesetzt. Und da bin ich aufgestanden und da bin ich rüber zu ihm, hab gesagt: ‚Was hast denn, fällt Dir das Fortgehen schwer?' Und da hat er gesagt: ‚Nein'. Dann hab ich gesagt: ‚Was hast Du denn?'. Da hat er gesagt: ‚Weil niemand mit mir spricht!'. Das hat ihn eben beschäftigt, gell." (XI)

Der ansonsten schon nicht sehr redefreudige Junge ist vollends sprachlos, als er bei seinen ersten sozialen „Geh- und Kontaktversuchen" die Erfahrung machen muß, daß die seine Identität mitdefinierenden „signifikanten anderen" (jene, die für ihn von Bedeutung sind) an einem Gespräch (an einem kontinuierlichen Gespräch) desinteressiert sind. Auch hier ist der „soziale Boykott" nicht die Folge einer bewußt getroffenen Verabredung, sondern eine Folge des Entzugs der üblichen „Benefizien der Vergesellschaftung".

Der Etikettierungsprozeß, dem nicht nur der Normabweicher selbst, sondern auch seine Familienangehörigen ausgesetzt sind, erreicht gleichsam eine neue Qualität, wenn die Festlegungs- und Zuordnungsfunktionen von der nachbarlichen „Gruppenöffentlichkeit" (Geiger) auf „Amtsträger" (Agenten sozialer Kontrollinstanzen) im „Vorfeld" ihrer Amtshandlungen übergehen. Solche Amtsträger handhaben mit „Fingerspitzengefühl" (eine Folge ihrer Berufspraxis) die aus ihrer Aufgabe resultierende „verdachtsgeleitete Strategie" (Feest/Blankenburg), die die „Bauernregel" bemüht: daß dort, wo ein „schwarzes Schaf" schon einmal gegrast hat, auch ein zweites zu finden sein wird:

„(Meine Tochter) hatte einmal in der Schule ein Problem gehabt. . . Also das war so. Ich war zu Hause und (meine Tochter) kommt. Ich sage: ‚Was willst Du denn schon!'. Sie heulte. Sie sagte: ‚Ja, Mama, in der Klasse sind 100,– DM verschwunden, da hat die Lehrerin die Polizei geholt und da kamen zwei Polizisten und da haben sie da geforscht. Und wie der eine den Namen X hört, hat er gesagt: ‚Ah, ha, X. ist uns ja bekannt!'. Ja, vor allen. ‚Komm mal mit!'. Und da mußt sie mit und da haben sie sie kontrolliert. Das hat mir (meine Tochter) gesagt. Und ich bin gleich hin, vis-a-vis war ein Telephonhäusle, ich bin gleich hin, hab die Polizei angerufen und hab mir den Mann geben lassen (. . .) und habe gesagt: ‚Hören Sie mal, wie können Sie so etwas überhaupt sagen!', sage ich. ‚Wenn jetzt einer in der Familie ist, dann muß doch nicht gleich meine Tochter genauso sein!', sage ich. ‚Ha, das geht ja wirklich ein bißchen zu weit!'. Und dann hat er sich entschuldigt und sagte: ‚Frau X., so war das auch nicht gemeint, das ist Ihrer Tochter wahrscheinlich in die falsche Kehle gerutscht. Und wir mußten ja unsere Maßnahmen ergreifen'. Er hätte ja den Namen X. gar nicht zu sagen brauchen, oder! (. . .). Es ist auch, glaube ich, gar nicht rausgekommen, wo das Geld geblieben ist. Das haben die nicht einmal aufgedeckt. Wenn die es aufgedeckt hätten, wäre es ja viel besser gewesen (als) so den Verdacht auf sich ruhen lassen." (III)

Durchaus von vergleichbarer Qualität ist der Etikettierungsvorgang, wenn ein in der Nachbarschaft wohnender Amtsträger auch nach Feierabend auf dem Posten ist. Diese Transformation von der Berufs- in die zivile Rolle, von der Berufs- in die Zivilkleidung, ist selbst ein höchst bemerkenswerter Vorgang: Für den bzw. die Betroffenen bleibt der Polizist auch in Zivil Polizist, der Polizist selbst verschafft sich durch sein Auftreten in Zivil die Möglichkeit, Äußerungen machen zu können, die in der Berufsrolle nicht erlaubt wären. Macht sich der Polizist dadurch weniger angreifbar, so bleiben für den bzw. die Betroffenen die Folgen dieselben.

„Eigentlich von der Polizei direkt im Amt sind wir nicht schlecht behandelt worden. Könnte ich nicht sagen. Aber jetzt zu Hause, wir wohnen ja bei der Polizei (. . .), da sind zwei (. . .). der andere wieder hat (meinen 14-jährigen Sohn) ein paarmal im Wald getroffen mit einem Mädchen und noch einem Jungen dabei, und da sagt er: ‚X. Du kriegst nächstesmal kein Nummernschild für Dein Mofa!'. ‚Du', hat er gesagt zu dem anderen, ‚halt Euch ja entfernt von dem, weil das ist ein ganz Schlechter!'. Und das hat mein Sohn mir erzählt. Und die anderen haben gelacht. Dann sagt er: ‚Willst genau wie der Heinrich werden, wie Dein Bruder!'. Sagt mein Sohn: ‚Wenn einer schlecht ist, brauchen wir ja nicht alle schlecht sein'. Das Schlimmste, was mich treffen kann (. . .). Die wollen den blamieren vor den anderen Kindern. Und ich meine, als Polizist, da muß ich doch wissen, daß ich so was gar nicht sagen darf. Ich muß, ich soll einem Menschen helfen." (VI)

Richtet sich hier die „verdachtsgeleitete Strategie" auf einen Bruder des straffällig Gewordenen, so ist beim nächsten Fall dieser selbst das „Opfer" dieser Strategie. Mit dieser alltagstheoretischen Strategie im Hinterkopf, die auf die Bedürfnisse der Kontrollinstanzen und ihres Personals nach Verwaltung und Kontrolle ihrer Zielgruppe zugeschnitten ist, wird die Helferrolle (wie sie von der oben zitierten Mutter erwartet wird) desavouiert, unbeschadet des Umstandes, daß Kontrollinstanzen das Image des „Freund und Helfers" propagieren.

„Bei mir in der Nachbarschaft (hat man es mich nicht spüren lassen, daß mein Sohn verurteilt worden ist). Bloß wir haben da eben einen Polizisten, das ist ein ganz gemeiner Hund, das sagt aber auch jeder. Wenn der (...) meine Schwiegertochter gesehen hat (...), sagte er: ‚Na, Ihren Mann, den holen wir auch bald wieder ab. Der landet doch wieder, wo er war!‘ (IX)

Die Erwartung des Polizisten konstituiert den Mechanismus der „self-fulfilling-prophecy“ (Merton): aus dem erwarteten Verhalten wird schließlich ein faktisches Verhalten. Dieser Mechanismus kann mit dem folgenden Beispiel deshalb so gut transparent gemacht werden, weil Jugendliche aus der Nachbarschaft in Antizipation dieser Erwartungshaltung zu einem Zeitpunkt Straftaten (Automatenaufbrüche) begehen, zu dem derjenige, dem diese Erwartungshaltung entgegengebracht wird, im Dorf seinen Hafturlaub verbringt, um so den Verdacht von sich auf den (u. a. wegen gleicher Delikte) Vorbestraften zu lenken, der – und hierauf kommt es an – ein Alibi vorweisen kann.

„Beim letzten Urlaub. Mein Jung kommt nicht nach Haus (...). Und da bin ich nachts losgegangen und habe ihn gesucht. Und da kommt er morgens an (...), ganz aufgeregt und zerstört. Er sagt: ‚Mutti, das war vielleicht was, die ganze Nacht haben sie mich auf dem Posten da festgehalten und haben mich verhört. Da sind wieder verschiedene Automaten aufgebrochen!‘. Und wie der Morgen ist, stellt sich heraus, daß es der Sohn von unserem Nachbar gegenüber (...) gemacht hat. Und der hat mich auch gefragt: ‚Ist Hansl heute abend da?‘. Ich sage: ‚Nö‘. ‚Wo ist er denn?‘. ‚Ja‘, sage ich, ‚das weiß ich nicht!‘. Ich sage immer, das weiß ich nicht. Wen geht das was an. Und der hat dann unter Hansels Namen diese Einbrüche verübt (...). Und da haben sie natürlich gleich gesagt, der Hansl ist da, das hat Hansl gemacht. Und dieser (Polizist, von dem oben die Rede war), dieser Hund, der hat ihn mit Handschellen da rausgeholt (aus der Gaststätte) (...). Und denn hat auch noch dieser junge Bengel, der jetzt auch in der Haftanstalt sitzt, den haben sie losgeschickt mit einer Plastiktasche voll Kleingeld zur Bank. Und da haben die gesagt, ja, das soll der einwechseln, für Hansl soll er das einwechseln. Und dann ging das gleich los (...). Nun konnte er ja beweisen, daß er überhaupt nicht weggewesen ist (aus der Gaststätte). Und sie hatten ja auch leicht raus, daß es der Junge bei uns gegenüber war. Nun mußten sie sich ja so quasi entschuldigen.“ (IX)

Es gibt aber nicht nur den „häßlichen Nachbarn“. Es gibt eine ganze Reihe von Äußerungen – von denen wir einige typische zusammengestellt haben – die den freundlichen und verständnisvollen Nachbarn zeichnen:

- „Ach, ich muß sagen, die Nachbarn begegnen uns ganz neutral und zuvorkommend, und immer nett wie vorher. Weil sie uns ja auch schon länger kennen, die Leute, dadurch, daß wir da auch arbeiten (es handelt sich hier um ein Hausmeisterehepaar) (. . .). Ich bin auch bei verschiedenen freundschaftlich so in die Wohnung gekommen, nicht direkt verkehrt, aber zwischendurch mal, wenn's kalt war. ‚Ach, kommen Sie rein, wärmen Sie sich mal auf!' und auf dieser Basis (. . .) Die (Nachbarn) sind gleichbleibend freundlich geblieben. Ich habe mich von mir aus ein bissel zurückgezogen (!). Und immer, wenn ich denen begegne im Haus oder draußen bei der Wäschespinne, immer ‚Guten Tag, Frau X.!'. Und gleich ein Gespräch angefangen. Die ließen es gar nicht aufkommen, daß es mir könnte peinlich sein. Die waren sehr, sehr nett, die Leute zu mir!" (V)
- „Jeder hat Verständnis dafür (. . .) Durch die Bank (. . .). Ich spreche nicht darüber, also ich werde nicht angesprochen und spreche auch nicht darüber. Wenn sie (die Nachbarn) sprechen würden, würde ich auch antworten (. . .) Wir sprechen zusammen, aber nicht über unseren Sohn. Nein, ich meine, die Nachbarn sind so rücksichtsvoll. Ach, muß man wieder (daran) erinnern! Und es sieht so neugierig aus, da spricht man lieber gar nicht." (X)
- „Ja, was soll ich von meinen Nachbarn sagen. Ich muß sagen, ich habe sehr nette Nachbarn, hilfsbereit und freundlich, und keiner hat mich das fühlen lassen, daß mein Junge straffällig geworden ist. Wir wollen das Kind ruhig beim Namen nennen (. . .) (Die Nachbarn) sagen: ‚Nun hören Sie doch mal auf, Sie müssen das nun auch mal wieder vergessen. Kein Mensch trägt Ihnen was nach!'. Und das tun die auch nicht. Im Gegenteil, sie möchten mir alle gern helfen. Und wenn ich dann mal 1 oder 2 Tage nicht draußen bin, dann klingelt schon unten einer. Oder meine Nachbarin drüben sagt: ‚Mutti X. habe ich heute noch gar nicht gesehen, die ist doch nicht krank!'. Nein, das darf ich sagen, ich habe wirklich nette Nachbarn da (. . .) Wie gesagt, sie geben alle Karin die Schuld, seiner Frau. Aber es war ja auch zu sehen." (IX)
- „Die Nachbarn, die sagen auch nichts. Die sagen alle, mein Mann ist schuld (. . .) Die sind ganz nett. Also, die sagen auch, 100 %, dem Heinrich muß wieder geholfen werden, sonst steckt er wieder in die Latschen (. . .). Ich kann auch mit allen darüber sprechen, mit den Nachbarn also. Die halten alle eigentlich zum Heinrich. Und die mögen eigentlich den Heinrich sehr gern, alle (. . .). Die Leute kennen mich alle, kennen meine Kinder alle. Ich wohn jetzt schon 17 Jahre da. . . Aber ich kann mir nie schlechte Menschen vorstellen, komisch. Also, ich bin ein Mensch, ich komme mit allen Menschen aus, auch bei uns da in der Nähe." (VI)

Was den freundlichen vom häßlichen Nachbarn in erster Linie unterscheidet ist der banale, jedoch folgenreiche Umstand, daß dieser die üblichen „Benefizien der Vergesellschaftung" nicht entzieht, die sozialen Kontakte nicht einfrieren läßt. Er grüßt freundlich wie bisher, er läßt sich auf einen nachbarlichen Plausch (im Stehen) ein, kurzum, man beläßt es bei den eingespielten Kommunikations- und Interaktionsformen, die allerdings um das Verhaltensrepertoire einer „beziehungslosen Beziehungsroutine" oszillieren. Dieser Nicht-Entzug der üblichen „Benefizien der Vergesellschaftung" bedeutet deshalb schon so viel, weil dadurch der Anstrich des Normalen, des Immer-schon-so-Gewesenen, garantiert wird und man auf diese Weise im Gespräch bleibt mit jenen, die für die Abstützung des Selbstbildes wichtig sind. Und doch ist die Aufrechterhaltung dieses nachbarlichen Beziehungszeremoniells des Sich-Grüßens, zur momentanen Befindlichkeit (Wie geht's!), des Austausches von Freundlichkeiten und kleinen Gefälligkeiten fragil, worauf allein schon der Umstand hindeutet, daß sich die Kommunikation eingefahrener Redewendungen bedient, bereitwillig bereitliegende Sprachhülsen aufgreift, um die Kommunikation überhaupt in Gang zu setzen bzw. aufrecht zu erhalten. Die routinehafte Handhabung abgegriffener Redefloskeln vermittelt das Erlebnis von „Im-Gespräch-Stehen", ohne dabei über die „Sache" selbst reden zu müssen („Und gleich ein Gespräch angefangen, die ließen es gar nicht aufkommen, daß es mir könnte peinlich sein!"): andererseits impliziert gerade dieser Unterhaltungsstil für beide Seiten Orientierungsunsicherheit. Sollte nämlich von seiten der Angehörigen des Strafgefangenen mehr Anteilnahme, die Gelegenheit zu einem „echten" Gespräch erwartet werden, bereitet der praktizierte Kommunikationsstil Enttäuschung, bietet sich umgekehrt der Nachbar von sich aus als ernster Gesprächspartner an, weil er mit dem gepflegten Kommunikationsstil unzufrieden ist und auch Unzufriedenheit auf der anderen Seite unterstellt, kann sein Entgegenkommen, das Hilfsbereitschaft signalisieren möchte, in bloße Neugierde uminterpretiert werden, keine wohlwollende Interpretation, zumal der „neugierige Nachbar" und der „glotzende Nachbar" Vettern sind („. . . Es sieht so neugierig aus, da spricht man lieber gar nicht!"). Solchen Orientierungsunsicherheiten geht man – im wahrsten Sinn des Wortes – dann lieber aus dem Weg: man zieht sich von sich aus ein bissel zurück (wie es eine der befragten Mütter formuliert hat).

In der Regel scheinen die meisten Mütter sich mit dem Austausch stereotyper Redewendungen, der ihnen die Gewißheit des Dazugehörens vermittelt, zufrieden zu geben. Sie müssen sich damit zufrieden geben, solange sie es sich nicht zumuten (und infolge der „objektiven" Bedingungen nicht zumuten können) mit dem diskriminierenden Status des Straftäters identifiziert zu werden. Es bleibt dann nur die alternative Strategie des sozialen Rückzugs und/oder der Verheimlichung:

„Das will ich Ihnen ehrlich sagen. Ich habe gelogen. Und zwar habe ich ja für meinen Sohn mitgewaschen, bevor er fortkam. Und da hatten die, wir hatten ja einen Trockenraum, weil es ja so ein Block ist, auch gemerkt, daß ich (jetzt) Hemden mitwasche und so. Da sage ich: ‚Das sind die Hemden von meinem Sohn'. Und zwei Tage, bevor Detlev heimkommen sollte, frug mich eine Frau: ‚Ja, wo ist den eigentlich Ihr Detlev?!' ‚Ach', sage ich, ‚der ist in Berlin in irgendeiner Diskothek (als Plattenaufleger), aber der kommt demnächst wieder, er will wieder ein bißchen Fuß fassen'. Und da habe ich gelogen, ich binde den Leuten nicht alles auf die Nase. Warum sollte ich denn auch!" (III)

Von dieser Strategie der Verheimlichung wird nur dann abgesehen, wenn sie als zu durchsichtig erscheint:

„Ich meine, es wäre schon schöner, wenn man sagen könnte, er ist auf Montage. Aber das hätte mir sowieso niemand geglaubt, da sie ja gesehen haben, daß man seine Sachen abgeholt hat. Und als sie gesehen haben, daß die Polizei ihn wieder gebracht haben, das hätten die Leute so oder so nicht geglaubt (. . .). Mir wäre es angenehmer ja (. . .). Irgendwie ist das, wenn man hört ‚im Knast', das. . ., wie soll ich sagen, bedrückt mich immer." (VI)

Überhaupt fällt auf, daß die Versicherung, freundliche Nachbarn zu haben, in nicht wenigen Fällen mit dem Tatbestand korreliert, daß Mutter und Nachbarn in der Schuldfrage übereinstimmen: beide stimmen sie darin überein, daß der „Junge nur in schlechte Gesellschaft" geraten ist, daß einwandfrei „der Mann schuld ist" bzw. die Ehefrau. Dieser Konsens verschafft Gewißheit im Umgang miteinander: den stereotypen Redewendungen der Fußmattengespräche werden gleichlautende Erklärungsschablonen angehängt, die das Gespräch zwar nicht bereichern, aber weniger leicht abbrechen lassen.

Der Konsens für eine von Mutter und Nachbarn gemeinsam betriebene „Rekonstruktion" der Kriminalitätsentwicklung des Sohnes ist dann zu wenig „dicht", wenn zwischen Mutter und Nachbarn ein Statusgefälle herrscht bzw. ein solches wahrgenommen wird. Dies zeigt deutlich der Fall jener Mutter, die sich als Lehrerin (an der Dorfschule) einen höheren Status zuschreibt und infolgedessen zum „Rest" der Gemeinde eine Kommunikationsschranke errichtet („Ich hatte an sich persönlichen Kontakt in der Gemeinde nie (. . .) Wir verkehren praktisch nur im Kollegium miteinander") hat:

„Weil ich ja nun Lehrerin bin, da sind sie (die Nachbarn) ja sehr vorsichtig. Ich habe ja die Kinder in der Schule und ich merkte Neugierde und auch . . . ein bißchen Schadenfreude, aber im allgemeinen Mitgefühl (. . .). Vor allem, sie scheuten sich ja, mit mir darüber zu sprechen. Man ist ja irgendwie eine Person, für die Leute ist man noch etwas. Na, die Lehrerin ist eben doch noch die Stellung von anno dazumal." (VII)

Vermutlich ist es eher die eigene Scheu, die höher eingeschätzte soziale Stellung, die ein Gespräch mit den sozial niedriger stehenden Nachbarn nicht aufkommen läßt. Und jene Nachbarin im Hause, die sich nicht scheut, darüber zu sprechen, erhält das Etikett „sehr neugierig" zugesprochen:

„Also, im Hause die Dame ist sehr nett gewesen, natürlich auch sehr neugierig. Und, aber einen Menschen mußte ich ja haben mit dem ich sprechen konnte. . ." (VII).

In einem wie diesem gelagerten Fall scheint das Bedürfnis verbreiteter zu sein, in den Nachbarn das Publikum zu sehen, vor dem man sich zu rechtfertigen hat:

„Die Öffentlichkeit hat mich auch bewegt, zumal unsere Leute ja an sich ziemlich schadenfreudig sind. Wir sind an sich eine Familie, die im Dorf einmalig ist. Zwei Lehrer mit Doppelgehalt, das gefällt der Bevölkerung an sich nicht. Aber man ist an sich ja beliebt als Lehrer, mein Mann, auch ich. Da war mir das natürlich nicht ganz wunderbar, daß ich sagen konnte, uns passiert das. Aber andererseits sage ich mir, es ist kein Kriminalfall (es handelt sich um Drogendelikte und Fahnenflucht). Es ist ein menschliches Vergehen, was ja nicht bloß mich, sondern vielleicht auch alle anderen treffen könnte. Ich meine, die Öffentlichkeit hat das auch nicht als besonders, na, das ist ja ein ganz schlimmer Versager angesehen oder Krimineller. Das ist keine Kriminalität, meines Erachtens." (VII)

Die passende Rechtfertigungslegende (vgl. Kap. 11) ist schnell gestrickt: „Es kann schließlich alle treffen" (insb. dann, wenn es sich um eine „Zeiterscheinung" handelt) und im übrigen ist „Kriminalität" für das Verhalten des Sohnes das falsche Etikett. Und da mit der „höheren Bildung" auch die Phantasie im Erfinden von Rechtfertigungslegenden zuzunehmen scheint, hat die Lehrerin die dem Erzieher als Vorbildfigur angemessene Legende der „guten Tat" parat:

„Die (Nachbarn) sagten, ‚na, wissen Sie, wenn Sie schon das durchmachen, dann brauchen wir, wo wir ja nun nicht so gebildet sind und meinetwegen auch nicht die Erfahrung haben, uns gar nicht mehr so viel grämen, wenn uns das passiert'. Hier im Dorf sind ja auch schon Fälle passiert, wo Jugendliche Einbrüche gemacht haben, und dann fällt das Dorf natürlich sehr abfällig über diese Familie her. Aber sie waren an sich verständnisinnig (!) und sagten, ‚na, wenn Ihr es schon habt, dann brauchen wir uns ja gar nicht so grämen'. Das ist ja denn auch schon eine Zeiterscheinung, sozusagen." (VII)

Nicht nur der Wohn- bzw. Nachbarschaftsbereich, sondern auch der *Arbeitsbereich* stellen in unserer Gesellschaft typische „Nahtstellen" zur Gesellschaft dar, soziale Orte, die Chancen zur mehr oder weniger kontinuierlichen Vergesellschaftung mit anderen eröffnen, womit auch die Chancen steigen, soziale Reaktionen (Anerkennung wie Mißbilligung) „am eigenen Leibe" zu erfahren. Möchte man also in Erfahrung bringen, wie unsere Gesellschaft auf abweichendes Verhalten reagiert, hat man jene oben bezeichneten „Nahtstellen" zur Gesellschaft aufzusuchen, jene sozialen Orte, wo konkret benennbare Individuen: der Nachbar, der Arbeitskollege usw., die alle zusammen „Gesellschaft" repräsentieren, agieren bzw. interagieren.

Fast alle der interviewten Frauen berichten über Schwierigkeiten, die sie selbst oder Familienangehörige am Arbeitsplatz hatten (bzw. noch haben). Schwierigkeiten bezeichnet hier sowohl konkret erfahrene negative Reaktionen, die die Mütter dem empfundenen Sinn nach auf den Makel des abweichenden Verhaltens (eines ihrer Kinder) beziehen, als auch Befürchtungen, Ängste und Zweifel, die sie selbst an ihre soziale Umwelt herantragen, da sie nicht einzuschätzen vermögen, wie diese das abweichende Verhalten bewertet. So fragt sich beispielsweise eine der Mütter, ob eine ausgesprochene Entlassung tatsächlich auf Arbeitsmangel – eine naheliegende Annahme, da die Mutter in der Automobilbranche beschäftigt war, die zum damaligen Zeitpunkt in eine Absatzkrise geraten war, auf die sie

u. a. mit Entlassung reagierte – und nicht etwa auf die Kriminalität des Sohnes zurückzuführen ist (V). Überhaupt ist die Angst vor der Entlassung eine gar nicht so selten anzutreffende Situationsdefinition. Diese Situationsdefinition ist sicherlich nicht nur auf Ängste vor negativer Beurteilung zurückzuführen, sondern auch auf die Beobachtung nachlassender eigener Leistungsfähigkeit, was auch von den Arbeitskollegen wahrgenommen wird:

„Die haben sich natürlich nur gewundert, daß ich so fürchterlich abgebaut habe. Auch hier im Köpfchen abgebaut habe, meine Gedanken waren ja nicht mehr da" (I).

Auch die wechselseitigen sozialen Beziehungen mit den Arbeitskollegen sind mit jenen typischen Orientierungsunsicherheiten behaftet, wie sie bei den nachbarlichen Sozialkontakten aufgezeigt worden sind.

Wie bei den meisten nachbarlichen Sozialkontakten sind die Kontakte zu den Arbeitskollegen bei den uns berichteten Fällen nicht besonders intensiv, sie bewegen sich auf dem Niveau einer „beziehungslosen Beziehungsroutine". Wie beziehungslos diese Beziehungsroutine gehandhabt wird, veranschaulicht exemplarisch die Reaktionsweise jener Arbeitskollegen, die die Zeitungsberichterstattung über die Gerichtsverhandlung rot umrandet der jeweiligen Mutter des Verurteilten (ihrer Arbeitskollegin) auf den Arbeitsplatz bzw. Schreibtisch legten. Dieser „stumme Vorfall", der uns immerhin von drei Müttern (I, IX, XI) berichtet wurde, ist offen für jedes Interpretationsangebot. Er kann bloße, durchaus freundlich gemeinte Aufmerksamkeit demonstrieren, er kann aber auch als unfreundlicher, hämischer Akt ausgelegt werden, eine Interpretation, die sich dann den Betroffenen aufdrängt, wenn diese von der Kriminalität des Sohnes selbst höchst verunsichert worden sind, was auf beinahe alle befragten Mütter, die ja die Normalität ihrer bisherigen Lebenswelt betonen, zutrifft. Gerade deshalb, weil diese Mütter sich selbst bislang als normal definierten, besitzen sie ein „tacit knowledge" davon, was von denjenigen, die sich zu der Gruppe der Normalen und Anständigen zählen (ihre Familien sind ja bislang von Kriminalität verschont geblieben, ein Umstand, den sie sich als Verdienst zurechnen) als Makel angesehen wird, so daß sie den „stummen"

Hinweis mit dem Zeitungsausschnitt als Provokation empfinden. Merkwürdig ist bei dieser Art der „Kommunikation" über symbolische Handlungen, daß sie sprachlos bleibt, daß die provozierten Mütter den Vorfall weder zu Erläuterungen noch zu Rechtfertigungen benutzen. Man klappt die Zeitung zu und geht zur Tagesordnung über. In einer solchen Situation des distanzierten sprachlosen Umgangs miteinander und der Tabuisierung des heiklen Themas Kriminalität liegt eine Deutung nahe, die das (der Mutter bekannte) Merkmal: „kriminell" als Auslöser für weitgehende Zuschreibungen benutzt, d. h. das normale „Tratschverhalten" der Arbeitskollegen in einen Zusammenhang mit diesem Merkmal bringt, obwohl diesbezügliche inhaltliche Äußerungen fehlen bzw. nicht bekannt sind. Gerade die sprachliche Wiedergabe dieser Situation signalisiert das Dilemma besonders gut; präzise Angaben sind hier nicht möglich: „Man" „munkelt" entweder oder das „Munkeln" verflüchtigt sich noch mehr zu einem inhaltslosen „Pscht, pscht":

„Man hat wohl in der Dienststelle bei mir irgendwie gemunkelt oder hat (. . .) gemerkt, daß mit meinem Sohn irgendwas nicht stimmt. . . Ja, natürlich, und dann: pscht, pscht. Irgendwas mußte ja da nicht stimmen. Man wußte ja (zunächst) nicht, was nicht stimmt. . ."

(Frage: Haben Sie deswegen Nachteile gehabt?) „Nein, Nachteile oder irgendwie, daß ich bin schlechter behandelt worden oder blöd angesehen worden oder dumm angeredet worden, das nicht. Nur eben das stand in der Zeitung. . . (gemeint ist die Berichterstattung über die Gerichtsverhandlung des Sohnes). Wenn ich dann, wie ich am nächsten Tag in die Dienststelle kam, lag die Zeitung bei mir auf dem Schreibtisch. Und aufgeschlagen mit diesem Artikel, das passiert das ganze Jahr nicht. Nein, da lag die Zeitung. . . Ich habe die Zeitung zugeklappt, ich habe gefragt, habt Ihr schon die Zeitung gelesen und die Zeitung wanderte weg." (I)

Diese Äußerung vermittelt eine Vorstellung von den alltäglichen Orientierungsunsicherheiten, die u. a. davon herrühren, daß die Mütter den sozialen Makel, der mit abweichendem Verhalten in unserer Gesellschaft allgemein verbunden ist, bei ihren Interaktionen stets präsent haben, d. h. in jedem Interaktionspartner zunächst einen Repräsentanten dieses gesellschaftlichen Verdikts vermuten, so daß sie auch jene von Arbeitskollegen gemachten Bemerkungen, die in einem ganz anderen Kontext stehen, im stillen doch auf sich beziehen („Ich mein, ich bin nicht dumm angeguckt worden, und mein

Mann auch nicht, aber manchmal sind dann Aussprüche da von irgend jemand, die man dann im stillen doch auf sich bezieht, gell" (XI).

Auch positive Anteilnahme von Arbeitskollegen, die von der Kriminalität des Sohnes erfahren haben, scheint nicht über die eigenen Hemmungen hinwegzuhelfen. Eine Mutter berichtet, daß sie sich prima über ihre Probleme mit einer Kollegin unterhalten könne, diese frage aus „Anteilnahme, nicht aus Neugier". Obwohl alle übrigen Arbeitskollegen Bescheid wissen und sich nie negativ geäußert haben, möchte diese Frau doch mit niemand anderem darüber sprechen; die anderen „fragen (auch nicht) und ich will sie damit nicht belasten". Sie vermutet, daß die anderen Arbeitskollegen sie auch deshalb mit Fragen verschonen, weil „sie mir auch das Peinliche ersparen (wollen), evtl. von ihrer Sicht das Peinliche ersparen (wollen)." (V).

Einer anderen Mutter ist es lieber, daß die Kollegen, die über den Sohn informiert sind, von sich aus das Thema nicht ansprechen, sie akzeptiert allerdings die offene Anteilnahme ihres Abteilungsleiters. Im übrigen ist sie der Meinung, daß die Leute das gar nichts angehe. Sie sagt sich, das sei ihre Angelegenheit und jeder solle vor seiner eigenen Tür kehren, „denn überall wird was sein" (III). Sie sieht keinen Sinn darin, immer wieder die Öffentlichkeit damit „vollzumachen", immer wieder „drin rumzuwühlen" und niemals damit aufzuhören.

Es ist offensichtlich, daß beide Seiten das Thema „Kriminalität des Sohnes" tabuisieren, daß sie ein Gespräch darüber als peinlich empfinden, wie es eine Mutter formuliert hat. Aus diesem Grund finden Gespräche über dieses Thema mit Arbeitskollegen selten statt. Doch selbst dann, wenn ein Gespräch zu dieser Frage aufkommt, schlägt die Tabuisierung dieses heiklen Themas in einer spezifischen Weise auf die Gesprächsführung selbst durch, so daß eine solche Unterhaltung immer auf der „Sparflamme" geführt wird, also leicht und unvermittelt abbrechen kann. Dies hängt damit zusammen, daß das, was die Mütter und Arbeitskollegen in den von ihnen geführten Gesprächen tatsächlich sagen, infolge der Tabuisierung der jeweils angesprochenen Inhalte abgehoben ist von dem, worüber sie eigentlich sprechen. Eine derartige Gesprächsführung stellt an die Gesprächspartner einen hohen Leistungsanspruch, so daß einem dabei leicht der „Gesprächsstoff" ausgehen kann.

In Situationen, wo Gespräche offensichtlich nicht zustande kommen können, wo man lieber mit symbolischen Gesten (wie rot umrandeten Zeitungsausschnitten) miteinander verkehrt, ergibt es sich wie von selbst, nicht nur das Gespräch, sondern auch die potentiellen Gesprächspartner zu meiden. Man zieht sich von den Kollegen allmählich zurück, so wie jene Lehrerin, die Veranstaltungen und Kollegentreffs mied („Ich blieb immer eine Stunde, und wenn's fröhlich wurde, ging ich fort" (VII)).

Diese Lehrerin hat ihren sozialen Rückzug selbst eingeleitet, sagt sie doch selbst, daß sich das Kollegium „ganz einwandfrei" verhalten habe und die Kollegen „an sich" sehr nett gewesen seien, nachdem sie sich „offenbart" habe. Wie sehr eigene Unsicherheit die Partizipationschancen am sozialen Geschehen einengen kann, veranschaulicht das Verhalten dieser Lehrerin ebenfalls, bei der ja infolge der beruflichen Stellung und dem damit verbundenen sozialen Status eine größere Selbstsicherheit vermutet werden könnte. Wie sie erzählt, hat sie es nicht fertiggebracht, den Schulrat um die Genehmigung zur Teilnahme an der Kur zu bitten, die Heimleiterin des Müttergenesungswerks hat dies für sie erledigt (VII).

Am wenigsten problematisch scheint der Umgang mit den Arbeitskollegen dann zu sein, wenn die Mutter mit diesen in der Verurteilung der Straftat des Sohnes übereinstimmt. Eine Mutter, die nach eigenen Aussagen am Arbeitsplatz keine Schwierigkeiten gehabt hat, erzählt:

„... Die haben uns höchstens bemitleidet. Daß sie gesagt haben, ‚ach Gott, Frau M., das haben Sie auch nicht verdient'. Weil die wissen alle, unser Bernhard hat alles gehabt, was andere auch gehabt haben. Wir haben ihn da nie kurzgehalten. Aber verhätschelt kann man auch nicht sagen. Aber zu tun, wie er's jetzt uns dankt, also da ist es ihm viel zu gut gegangen bei uns." (II)

Die gemeinsame Kritik am Sohn erleichtert hier die Annäherung an die Arbeitskollegen und macht einen Dialog mit ihnen möglich, der deshalb auch leichter zustande kommt, weil der Beziehungsaspekt der Kommunikation (Watzlawick) thematisiert wird, d. h. die persönliche Stellungnahme zum Gesprächspartner (wie hier i. S. einer wohlwollenden Freundlichkeit) dominiert und der Inhaltsaspekt der

Kommunikation an Bedeutung verliert. Dies scheint für problematische Beziehungen typisch zu sein (Watzlawick et al. 1969, 55). Auch die folgende Äußerung einer Mutter, die ebenfalls ihr gutes Verhältnis zu den Arbeitskollegen betont, ist nicht von ungefähr in der Form des Beziehungskommentars gehalten:

„. . . Jeder sagt, ‚ach, wie furchtbar, wie traurig, hoffentlich passiert uns das nicht'. Und die Arbeitskollegen erkundigen sich, ‚wie weit ist es nun, und wann kommt Ihr Sohn! Was haben Sie vor, oder können Sie das nicht so machen. Wenn wir helfen können, sagen Sie doch'. Volles Verständnis." (X)

Es zeigt sich, daß die sozialen Beziehungen zum Nachbarn und zum Arbeitskollegen den gleichen „Gesetzmäßigkeiten" gehorchen, die dieselben Muster möglicher Verhaltensweisen hervorbringen. Nachbar und Arbeitskollege sind in der Regel als soziale Verhaltenstypen austauschbar, nicht nur weil sie über das gleiche Repertoire an Reaktionsweisen verfügen, sondern vor allem auch, weil die Mütter durch den mehr oder weniger plötzlichen Verlust jener Orientierungshilfen, die von einer heilen und „normalen" Welt gewährt werden, in höchstem Grad verunsichert worden sind und aus dieser Unsicherheit heraus jene typischen Verhaltensweisen mitproduzieren, die den sozialen Außenseiter auszeichnen.

5. Mutterpflichten: Über aufreibende Versuche, die kriminelle Karriere des Sohnes aufzuhalten

Die (hier befragten) Mütter sind von dem Wunsch beseelt, ihren Söhnen helfen zu wollen; sie betreiben gewissermaßen einen „Ein-Mann-Resozialisierungs-Betrieb", der den Sohn davon abhalten soll, vollends auf „die schiefe Bahn" zu geraten, an deren Ende die „Überweisungs-Zeremonie" der Gerichtsverhandlung (Erikson 1978, 25) steht, die den Statuswechsel vom akzeptierten Mitglied der Gesellschaft zum gemiedenen Abweichler markiert, mit geringen Chancen, das mit der Überweisungs-Zeremonie auferlegte Stigma tilgen zu können. Bei ihren Bemühungen, die kriminelle Karriere des Sohnes aufhalten zu wollen, sehen sich die Mütter unerwarteten Anforderungen gegenüber, die über das im Mutter-Sohn-Verhältnis übliche Maß an zumutbaren Belastungen weit hinausgehen und bei den Müttern zu einem völligen Verzicht auf die Wahrnehmung eigener Bedürfnisse führen können.

Bei ihren Integrationsbemühungen zeigen die Mütter ein breites Verhaltensspektrum. Dieses beginnt bei endloser Geduld. So versichert die Großmutter trotz großer Enttäuschung über ihren Enkel, daß sie sich jetzt erst recht frage, wie sie ihm helfen könne. „Und ich glaub', wenn er noch mal was macht, ich könnt ihn gar nicht fallen lassen, ich komme von dem Jungen nicht los" (V). Am anderen Ende des Verhaltensspektrums steht die Meldung bei Instanzen sozialer Kontrolle – dem Jugendamt, der Fürsorge, der Staatsanwaltschaft oder der Polizei – mit der die mütterliche Verantwortung an andere Institutionen delegiert und das Scheitern der eigenen Bemühungen eingestanden wird.

Die von den Müttern ergriffenen Maßnahmen zur Abwendung von Nachteilen für den Sohn lassen sich danach unterscheiden, ob sie am augenblicklichen Wunsch bzw. der augenblicklichen Interessenlage des Sohnes orientiert sind oder sich im Interesse anderer Ziele deutlich gegen ihn stellen. Die zuerst genannte Vorgehensweise könnte man als kurzfristige Integrationshilfe, die zuletzt genannte als kontrollierende Maßnahme bezeichnen. Sicherlich sind die meisten Mütter davon überzeugt, daß auch die kontrollierenden Maßnahmen für den Sohn von Vorteil sind. Bei einigen Müttern wird das Entscheidungsdilemma deutlich, in dem sie sich befinden, wieweit sie nämlich unterstützend eingreifen, ab wann sie kontrollierend tätig werden sollen. Dabei klingen auch, wenn auch erstaunlich selten, eigene Bedürfnisse an, die Grenzen der Bereitschaft zur bedingungslosen Unterstützung werden deutlich. Daß eine Entscheidung „gegen" den Sohn nicht ohne Belastungen für die Mutter abgeht, läßt sich daran ablesen, daß die Mütter bei der Schilderung offensichtlich stärker kontrollierend als integrierend ausgerichteter Maßnahmen ein starkes Legitimationsbedürfnis bekunden.

Den Wunsch des Sohnes um Hilfe kann die Mutter als Akzeptieren der mit der Mutterrolle verbundenen „Pflichten" bewerten und daraus die Kraft schöpfen, auch schwerste Belastungen durchzustehen. Nicht immer fügen sich die Frauen dem Wunsch des Sohnes gern. Der Bericht einer Mutter spiegelt ihre ablehnende Haltung deutlich wider. Sie gibt an, ihr Sohn sei „keinen Tag zu lang drin" gewesen. Sie scheint mit dieser Bemerkung andeuten zu wollen, daß der Sohn nicht lang genug im Gefängnis gewesen sei, weil er die ihm von den Eltern eingeräumten Hilfen nicht genutzt habe:

„Ja, unser Sohn war keinen Tag zu lang drin. Und wenn... der Staatsanwalt M. hätte gesagt, zwei Jahre... Ich hätte das für gerechtfertigt gehalten, weil er nicht gefolgt ist. Er hatte die Chance, wir hatten ihn zwischendurch heimgeholt, die hatten gefragt, ob wir ihn wieder nehmen wollen, wir haben ihn wieder genommen und er hat die Chance nicht genutzt..." (VIII)

Zwei andere Beispiele vermitteln einen Eindruck davon, welche beinahe übermenschlichen Leistungen manche Mütter hingegen „selbstlos" vollbringen:

Die ältere Witwe wurde von ihrem Sohn und seiner Familie um Hilfe gebeten, als diesem eine fristlose Kündigung der Wohnung bevorstand. Damit die Kinder des Sohnes Weihnachten nicht auf der Straße sitzen, hat diese Mutter dann „alles, alles" mobilisiert, um die Einweisung des Sohnes in ein Notquartier zu verhindern. Vielleicht war ihr Engagement in dieser Angelegenheit deshalb besonders groß, weil für sie die Einweisung in das Notquartier ein erster und kaum wieder rückgängig zu machender Schritt ins gesellschaftliche Abseits, in ein Ghetto ohne Mauern, bedeutet. Beiläufig erwähnt sie, daß sie sich zu dieser Zeit im Krankenhaus befunden und vom Krankenbett aus diese Maßnahmen unternommen habe. Dieser erste Einsatz war vergeblich, der Sohn wurde trotzdem in die „Baracke" eingewiesen, weil er die Mahnungen der Wohnungsbehörde zu lange unbeantwortet gelassen hatte. Die Mutter ging nach ihren eigenen Worten „auf die Barrikaden", als sie die Unterkunft gesehen hatte. Sie schrieb an die Bild-Zeitung (von der sie keine Antwort erhielt), drohte „denen auf der Gemeinde", durch einen Fotografen festhalten zu lassen, wie schmutzig es in diesen Baracken ist. „Es ist menschenunwürdig, Tiere leben besser wie die da. . ." (IX). Obwohl sie über das Notquartier entsetzt ist, hindern sie vorangegangene Erfahrungen mit dem Sohn, diesen wieder bei sich im Hause aufzunehmen. Dabei ist sie allerdings unsicher. Das zeigt sich daran, daß sie die Weigerung, den Sohn erneut bei sich zu Hause aufzunehmen, mit den von ihren anderen Kindern ausgesprochenen Warnungen rechtfertigt:

„Und ehrlich gesagt, meine älteren Kinder sagten, ‚Mutti, Du tust es nicht. Dann stehst Du wieder vor allem alleine da. Du mußt wieder Licht und Gas und Kartoffeln und alles bezahlen'. Sie verließen sich ja ganz und gar auf mich. Na, nun haben sie eine Zeit da (im Notquartier) gewohnt und haben eine Zeit wieder gearbeitet. Aber Karin hatte am Montag Geld, am Dienstag war's alle. Und schon ging es wieder los, ‚Mutti, gib Geld, Mutti, hast Du nichts!' Und Mutti hat immer gegeben, solange sie konnte." (IX)

Die Mutter des Drogenabhängigen macht die „Clique" des Sohnes für dessen Unfähigkeit verantwortlich, nicht mehr vom Rauschgift loszukommen. Deshalb versucht sie, den Sohn aus der Clique fernzuhalten. Trotzdem kam der Sohn nicht aus den „Krallen und Fängen" der Clique los:

„Es war hier praktisch nichts mehr zu machen. Die Clique hat auf ihn gewartet. Da standen immer welche, wenn er dann gearbeitet hat. . . Es war immer, ein paar Mann waren immer da, die ständig um ihn herum waren, die ihn ständig beschattet haben, die ihn nie mehr rausgelassen haben." (I)

Auf dem Höhepunkt einer Krise bat der Sohn seine Mutter, ihn einzusperren, um von der Clique los- und vom Rauschgift wegzukommen. Die Mutter nahm sich Urlaub und wollte dem Sohn beim Entzug zu Hause helfen. Dieser bat, keinesfalls nachzugeben, auch wenn er die Wohnungseinrichtung zertrümmern sollte. Aber beide hielten nur einen Tag lang durch, dann „war's aus, entweder hätte er sich selber umgebracht. . ." (I) – die Alternative läßt die Mutter offen.

Die Entwicklung eskaliert, der Sohn verschwindet und meldet sich aus Berlin, wohin er gefahren war, um sich der Einberufung zur Bundeswehr zu entziehen:

„Und das wurde natürlich nichts. Er rief natürlich um Hilfe, ‚um Gottes willen, Mutti, schicke mir Geld, daß ich sofort nach Hause komme, ich habe kein Dach über dem Kopf, ich bin am Verhungern, ich bin so fertig'. Ich habe gesagt, ‚ich schicke Dir nur das Geld für den Flug, mehr Geld bekommst Du nicht. Kommst Du nicht mit dem nächsten Flugzeug zurück, lasse ich Dich in Berlin suchen'. Das war natürlich einen Schuß vor den Bug und er war wirklich so fertig, so ganz fürchterlich fertig wie er ankam. Er hat natürlich seinen Vater ganz kleinlaut gebeten, ‚bitte, darf ich wieder rein?' Sagt der, ‚gut, die Tür steht offen für Dich!" (I)

Einer von der Hausärztin, die ebenfalls von der Mutter eingeschaltet worden war, dringend anempfohlenen Entziehungskur widersetzt sich der Sohn, obwohl man „mit ihm gesprochen (hat) wie mit einem kranken Pferd": Er gehe „doch nicht in eine Verrücktenanstalt!" Auf die fällige Einberufung zur Bundeswehr reagiert er mit einem völligen Zusammenbruch. „Er kam fürchterlich gegen morgen nach Hause. In einem fürchterlichen Zustand. Ich habe gedacht, nun ist Feierabend, nun ist Schluß. Nun geht er mir weg. Nun schnappt er mir über, oder er stirbt. . . Ja, er war kein Mensch mehr, er guckte derart irre, er sprach nicht mehr, er röchelte bloß" (I). Wiederum ist es die Mutter, die den Arzt verständigt und die mit den zuständigen Stellen der Bundeswehr ein Arrangement trifft, d. h. dafür Sorge trägt, daß der Sohn in ein Lazarett eingewiesen wird.

Immer wieder hat diese Mutter mit ihrem Sohn die Hausärztin aufgesucht, von der sie sagt, diese habe ihr sehr geholfen. Wie diese Mutter haben auch andere Mütter immer dann Experten hinzugezogen, wenn sie sich nicht mehr anders zu helfen wußten.

Obwohl in solchen Situationen der Experte nicht auf den ausdrücklichen Wunsch des Sohnes bemüht wurde, fügte sich dieser widerspruchslos der mütterlichen Maßnahme und unterwarf sich der Begutachtung durch Dritte. Der Gang zum Experten erfolgt jedoch nicht nur, um dort Rat zu erbitten, sondern stellt gewissermaßen den Versuch dar, die dem Experten verliehene Definitionsmacht zu aktivieren, um auf diese Weise den Sohn vor dem Etikett „kriminell" zu bewahren. Da sich der Experte jedoch im „Vorhof" der Kontrollinstanzen aufhält und bei der fortgeschrittenen Professionalisierung und Verwissenschaftlichung sozialer Kontrolle als „gate-keeper" eine eigentümlich ambivalente Rolle einnimmt, kann er mit seiner Definitionsmacht einerseits vor dem Zugriff der Kontrollinstanzen Schutz gewähren, andererseits ihnen aber auch direkt zuarbeiten.

Mit der Einschaltung des Experten liegt eine triadische Konstellation vor, die nicht ausschließlich auf Vermittlung hin angelegt ist, sondern auch einen Konflikt stiften kann, dann nämlich, wenn der hinzugezogene Dritte eindeutig Partei ergreift. Richtet sich diese Parteinahme eindeutig gegen die Mutter, kann sie, wie im vorliegenden Fall, dem Konflikt dadurch aus dem Wege gehen, daß sie dem Experten aus dem Wege geht:

„(Der Psychologe) hat mich gefragt, der hat den Rainer gefragt, und als wir da rausgingen, da sag' ich zum Rainer: ‚Du gehst jetzt heim', und da sagt der glatt zu mir im Rainer sein Beisein, ‚na, in welchem Ton sprechen Sie denn auch mit Ihrem Sohn!' Also, da bin ich nicht mehr hin. Hören Sie mal. . . Nein, denk ich, so'nen Psychologen brauch ich nicht." (VIII)

Das Verhalten dieser Mutter macht auf ein zusätzliches wichtiges Motiv aufmerksam, das bei der Hinzuziehung eines Experten eine nicht unbedeutende Rolle zu spielen scheint. Die Fachautorität des Experten soll die Autorität der Mutter stärken, die vom Experten vorgeschlagenen Maßnahmen sollen ihr Entlastung verschaffen, selbst wenn diese nur darin besteht, sich später nicht vorwerfen zu müssen, nichts unversucht gelassen zu haben.

Die Entlastung durch Experten hat jedoch ihre Grenzen. Die Hauptlast der Betreuung liegt bei der Herkunftsfamilie, und das heißt immer bei der Mutter (so auch Katschnig 1977, bes. 97 ff. u. 186 ff., allerdings Mütter betreffend, die einen Patienten zu Hause haben, der als „schizophren" diagnostiziert wurde), wie das Beispiel der Drogenmutter (I) eindrucksvoll zeigt. In der Zeit bevor ihr Sohn in Haft genommen wurde, hat sie sich fast jede Nacht aufgemacht, um den Sohn zu suchen, in den „übelsten Spelunken, den fiesesten Lokalen". Als ihr Mann Einwände dagegen erhebt, sagt sie ihm, man könne den Sohn nicht verkommen lassen. Wenn man sich nicht mehr um ihn kümmere, dann sei Feierabend, dann sei Schluß:

„Man hat bei uns geklingelt und hat ihn wie so einen nassen Sack vor die Tür geschmissen. Wirklich, also das ist kein Mensch mehr. Nur noch geröchelt, also er war überhaupt nicht mehr da." (I)

Schließlich macht der Sohn eine Entziehungskur in einer entfernt gelegenen Klinik, aus der er aber wegen bestimmter Vorfälle vorzeitig entlassen wird. Man wendet sich wiederum an die Mutter und fordert sie telefonisch auf, den Sohn abzuholen. Weswegen man den Sohn entlassen müsse, könne man ihr erst an Ort und Stelle sagen. Der Mutter bleibt hier keine Wahl, als der Aufforderung nachzukommen und sie ist „natürlich wieder zittrig nach Schleswig da raufgefahren" (I).

Auch wenn sich die kurzfristigen Integrationshilfen in erster Linie an der Interessenlage des Sohnes ausrichten, haftet ihnen in der Regel dennoch ein Moment versteckter „sanfter Kontrolle" an, insofern nämlich, als die Mütter ihr Engagement mit der Bereitschaft ihrer Söhne zum Wohlverhalten gerne belohnt sehen, wie umgekehrt offene kontrollierende Maßnahmen, die für die Mütter ebenso aufreibend sind wie die kurzfristigen Integrationshilfen, von ihnen als Hilfeleistungen wahrgenommen werden, deren Erbringung zu den mehr oder weniger selbstverständlichen Pflichten einer Mutter gehört, die für ihren Sohn immer nur das Beste will. Die Mutter umsorgt und beschützt ihren nunmehr erwachsenen Sohn so wie sie ihn als Kind umsorgt und beschützt hatte. Wie sie seine ersten Schritte ins Leben begleitet hat, so möchte sie ihn auch jetzt begleiten, wohin er auch immer seine Schritte lenkt. So begleitet beispielsweise die Lehrerin ihren Sohn auf der Bahnfahrt zur Kaserne, als dieser zur Bundeswehr eingezogen wird, weil sie ganz sicher gehen will, daß dieser seinen Dienst bei der Bundeswehr auch tatsächlich antritt. Beim ersten Mal schickt der Sohn seine Mutter auf halber Strecke zurück: „Ach, Du brauchst nicht, ich fahre allein hin!".

Nach Aussage der Mutter wurde er dann auf dem letzten Drittel der Reise von Kriegsdienstverweigerern angesprochen, die ihn veranlaßt hätten, der Bundeswehr „ade" zu sagen. Nach drei Tagen kehrt der Sohn zurück, die Mutter beschließt, ihn erneut bei seiner Dienstantrittsreise zu begleiten, diesmal direkt bis an den Standort der Einheit, bei der er sich zu melden hat. Unterwegs reißt der Sohn jedoch beim Umsteigen aus. Daraufhin fährt die Mutter selbst in die Kaserne und „stellte sich als Mama. Ich bin da, mein Sohn ist abhanden gekommen!" (VII)

Diese recht eigenartige Verhaltensweise der Mutter deutet darauf hin, daß sie selbst ihr Verhalten weniger als kontrollierend denn als Ausführung des „eigentlichen Willens" des Sohnes begreift. Wer für den Sohn das Beste will, handelt auch am besten gleich für ihn. Sie sagt, zwar habe der Sohn ihr übelgenommen, daß sie nach seinem zweiten Ausrücken und ihrer Rückkehr nach Hause die Militärpolizei benachrichtigt habe: „Aber ich konnte nicht anders handeln. Er wollte ja eigentlich gehen" (VII). Ihr Verhalten könnte man als „overprotective", als übertrieben beschützend, bezeichnen. Für diese Annahme spricht auch, daß sie betont, der Sohn sei nach jedem Verschwinden „schwer krank, sehr krank" nach Hause gekommen, gleichzeitig aber berichtet, der Kompaniefeldwebel habe ihr, nachdem der Sohn von zu Hause abgeholt und in die Kaserne bzw. von dort ins Lazarett gebracht worden sei, mitgeteilt, dem Sohn fehle nichts.

Kontrolliert in diesem Fall die Mutter ihren Sohn in dem Maße wie sie ihn bemuttert, wobei es ihr sicherlich auch dabei darauf ankommt, den Sohn von der Begehung neuer Straftaten abzuhalten, so rechtfertigt jene Mutter, die den Spaziergang – überhaupt eine der unauffälligsten Gepflogenheiten, nach dem Rechten zu sehen – zum Kontrollgang umfunktioniert, ihre Verhaltensweise ausschließlich mit der „guten" Absicht, präventiv wirken zu wollen:

„Also, was ist jetzt wahr, erst hat er gesagt, ich tu ihm leid und dort am Gericht hat er gesagt, weil meine Mutter mir dauernd nachspioniert hat. Ich habe nicht nachspioniert. Aber ich habe gewußt, daß er was anstellt immer und da hab ich immer Angst gehabt (und) da bin ich auch als fortgegangen und habe geguckt, wo er hingeht. Und da sind sie halt immer drauß in die Bahnhofswirtschaft gehockt und da bin ich oft mit unserem Hund spaziert, daß ich sehe, was da jetzt wird. Da sind sie gekommen mit den Motorrädern, unser Bernhard raus, und dann sind sie fort. Und wenn er dann gekommen ist, da hab ich halt mal gesagt ‚Bernhard, wo wart ihr denn schon wieder?' Und da hat er gemerkt, daß ich da gelauert hab. Sagt er, ‚Du gehst mir nachspionieren und wehe, wenn ich Dich noch einmal erwisch! Dann vergeß ich mich!', hat er gesagt. Ich bin ja nur, weil ich verhüten hab wollen, daß er nicht was anstellt." (II)

Da diese Mutter faktisch keine Sanktionsmacht besitzt, kommt ihrem Kontroll-Spaziergang nur symbolische Bedeutung zu. Durch ihre Präsenz soll der Sohn ein schlechtes Gewissen bekommen, ihre Anwesenheit ist der stille Vorwurf der mater dolorosa: „Mein Sohn, was tust Du mir an!".

Bereits dieses Beispiel macht deutlich, daß mit der „Privatisierung" der Kontrollfunktion hohe Belastungen verbunden sind. Das Ausmaß an Belastung nimmt erheblich zu, wenn auch die Funktion der Konfliktregelung – wenigstens eine zeitlang – von den Eltern selbst wahrgenommen wird, die durch eine Politik der Wiedergutmachung dafür sorgen, daß sich die staatlichen Kontrollinstanzen mit dem Fall nicht beschäftigen müssen. Bei dem vorliegenden Beispiel haben die Eltern zunächst große Geduld mit dem Sohn gezeigt und immer wieder versucht, den von ihm angerichteten Schaden wiedergutzumachen. „Wir haben also immer wieder, geldlich versucht. . . das in Ordnung zu bringen. . . Es hat sich dann immer so angesammelt, es ist immer mehr geworden, immer mehr" (XI).

Diese „private" Politik der Wiedergutmachung (mit einer finanziellen Entschädigung wird von den Opfern der Verzicht auf eine Anzeige erkauft) funktioniert jedoch nur unter der Bedingung, daß die vom Sohn begangenen Straftaten dem Bereich der Bagatellkriminalität zugehören und eine gewisse Häufigkeit nicht übersteigen. Sind diese Bedingungen nicht bzw. nicht mehr gegeben – so wie bei dem vorliegenden Beispiel, bei dem der Sohn schließlich einen Raubüberfall geplant und auch ausgeführt hat – erfolgt die Einschaltung der staatlichen Kontrollinstanzen durch die überforderten Eltern. Im vorliegenden Fall benachrichtigen die Eltern die Polizei; diese legte sich im elterlichen Keller auf die Lauer, um den Sohn abzufangen, der dort die für seine geplante Flucht benötigten Gegenstände aufbewahrt hatte (XI).

Nicht gerade selten wenden sich die Mütter auch unmittelbar an staatliche Instanzen, von deren kontrollierenden Maßnahmen sie sich eine abschreckende Wirkung auf den Sohn erhoffen. Diese Mütter scheinen mit den staatlichen Kontrollinstanzen die Überzeugung zu teilen, daß staatliches Strafen allein imstande ist, den Sohn davon abzuhalten, weitere Straftaten zu begehen. Eine solche Position vertritt ganz offenkundig jene bereits zitierte Mutter, die darauf hinweist, daß es „lediglich ein Schutz für unseren Sohn (war), daß wir ihn haben in den Knast sperren lassen, ehrlich, ja" (VIII) und in diesem Zusammenhang außerdem zu berichten weiß, daß sie und ihr Mann beim ersten Rückfall nach der Entlassung des Sohnes aus der Strafanstalt darauf gedrungen hätten, daß dieser „sofort wieder geholt wird, sofort, damit er nicht noch tiefer reinkommt" (VIII).

Diese Mutter handelt so, weil sie an die offiziell verbreitete Darstellung von der abschreckenden Wirkung der Strafe glaubt; aus diesem Grund kann sie auch mit großer Überzeugung von sich behaupten, sie stehe ganz auf der „Seite der Gerechtigkeit".

Handelt diese Mutter als „Überzeugungstäterin", so handelt jene Mutter gewissermaßen „fahrlässig", die ihren Sohn aus einer Situation der Ratlosigkeit und Verärgerung heraus anzeigt. Im Gegensatz zur „Überzeugungstäterin" bereut sie rückblickend ihre damalige Handlungsweise sehr:

„Der Detlev ist ja bei mir gewesen und hat mir dann ab und zu Geld genommen, was ja mit sein eigen war (der Sohn hatte das Geld, das er verdiente, bei der Mutter zur Bestreitung der gemeinsamen Lebensunterhaltungskosten abzugeben), und ich brauchte ja das Geld. Und da bin ich aufs Jugendamt und dort zur Erziehungsberatungsstelle und hab mir dort Rat geholt, was ich da machen soll. ‚Der Junge nimmt mir dauernd Geld', sage ich. Ja und da hat man eben mit ihm gesprochen und halt versucht. Und eines Tages hat er mir einen Scheck gefälscht mit 100,– DM. Da war ich also außer mir. Heute tät ich's auch nicht mehr, ich geb's zu. Da bin ich aufs Jugendamt und habe gesagt, ‚Also, ich kann das nicht mehr'. Dann hat man ihn in ein Erziehungsheim nach X. gebracht. Detlev ist kein Mensch, wo man einsperren kann, das geb ich zu." (III)

Ihr damaliges Fehlverhalten – so ihre eigene Einschätzung – will diese Mutter bei einer späteren Gelegenheit, als der Sohn von der Polizei zu Hause abgeholt werden sollte, wiedergutmachen:

„Jetzt kommt Detlev vor Pfingsten. Ich sage ihm, ‚Detlev verschwind, die Polizei sucht Dich'. Ich hab gedacht, gibst ihm einen Wink. ‚Hau ab', sage ich, ‚die buchten Dich ein'. Weil ich wollte ja auch nicht, daß er einsitzen muß. Ich wollte ja mein Kind nicht ins Gefängnis liefern." (III)

Verrät die Handlungsweise dieser Mutter eine skeptische bis mißtrauische Einstellung gegenüber den staatlichen Kontrollinstanzen, so wird beim folgenden Fall eine völlig ungebrochene (und deshalb „naiv" zu nennende) Einstellung zum Recht und zum staatlichen Strafen sichtbar, die die Passivität der Instanzen sozialer Kontrolle (im Fall des hier Relevanz besitzenden Familiendiebstahls ausdrücklich zugesichert) nicht zum Vorteil des Sohnes (der Schecks auf den Namen seines älteren Bruders gefälscht und diesen insgesamt um 800,– DM geschädigt hatte) zu nutzen und die negativen, kaum rückgängig zu machenden Auswirkungen staatlichen Strafens nicht abzuschätzen vermag. Im übrigen sind die Konsequenzen der Anzeige dieselben, gleichgültig, ob diese wie bei der „Überzeugungstäterin" aus einer „gesinnungsethischen" Haltung oder wie beim vorliegenden Beispiel aus einer „naiven" Haltung heraus erfolgt.

„Die Bank kam zu uns und hat gesagt, ob wir nichts unternehmen möchten. Mein (ältester) Sohn kriegt das Geld von der Bank nicht zurück. Und er hat ja Familie. . . Und da habe ich gesagt (zu meinem Mann): ‚Wir müssen jetzt was machen', hab ich gesagt. ‚Wir können das nicht so lassen, der Heinrich leidet später selbst daran, bestimmt!'. Und dann haben wir auch Anzeige gemacht. . . Ich hab's gemacht, ja, weil ich konnt's von meinem Mann nicht mehr aushalten." (VI)

Zugleich zeigt dieses Beispiel ganz deutlich, daß die Mobilisierung des Strafrechts per Anzeige ein Indiz für gestörte (und nur in äußerst seltenen Fällen reparierbare) Sozialbeziehungen ist. Das Hinzuziehen einer staatlichen Instanz hat zur Folge, daß der Konflikt eine Intimitätsschwelle überschreitet – ein Schritt, der die Sozialbeziehungen mehr gefährdet als der Konflikt selbst (Blankenburg 1979, 15), da die Aktivierung des Strafrechts Sanktionen herbeiführt, deren Folgen für alle Beteiligten unangenehm sind, weil sie (die Folgen) in der Regel zu einer unerträglichen Belastung der Sozialbeziehungen führen. Für viele Sozialbeziehungen bedeutet nämlich die Mobilisierung von Recht zugleich auch ihr Ende.

6. Mutterpflichten: Besuche beim „verlorenen Sohn" in der Strafanstalt

Die von den Müttern gegebenen Äußerungen legen die Interpretation nahe, daß der Aufenthalt des Sohnes in der Strafanstalt von ihnen als Entlastung empfunden wird: Unerwartete Geschehnisse und neue Straftaten können kaum vorkommen, die vorher drückende Verantwortung ist auf eine offizielle Instanz übergegangen. Jedoch ergeben sich auch in dieser verhältnismäßig ruhigen Zeit neue Belastungen. Zum einen erfordert die Organisation des Kontaktes zum Sohn Zeit und Geld, bei Besuchen bedrücken die unbekannte Realität der Haftanstalt und die Sorge um schädliche Auswirkungen der Haft, zum anderen werden durch Besuche die verdrängten Sorgen wieder aktualisiert.

Es ist noch einmal daran zu erinnern, daß nur solche Mütter interviewt wurden, die noch Kontakte zum Sohn (bzw. Enkel) halten. Einerseits sind die Mütter die zuverlässigsten Besucher (Brodsky 1975), andererseits haben nur wenig Inhaftierte überhaupt Kontakt zur Außenwelt. Die hier Befragten halten alle regelmäßigen Kontakt zum Sohn, nach eigenen Angaben sogar häufigen, sofern die Strafanstalt nicht zu weit vom Wohnort entfernt ist. Allerdings ist die Kontaktaufnahme nicht allen leicht gefallen; so sagt beispielsweise eine Mutter:

„. . .Ich dachte, also das hab' ich nicht verdient, gell. . . Und ich habe ihm bloß zweimal in den acht Monaten geschrieben, und zweimal habe ich ihn auch besucht. . . Das ist ganz richtig, der soll merken, daß er mir auch weh getan hat." (III)

Ein Inhaftierter wünscht den Besuch seiner Mutter nicht, weil sich durch ihre Anwesenheit offensichtlich die Situation für ihn verschlimmert: „Oh, vor der Mama hab' i Angst, wenn die Mama anfängt zu heulen, da hat er gesagt, dann heult er vielleicht auch. . ."

(II). Diese Mutter fühlt sich deshalb etwas verletzt, nimmt sich aber vor, sich zu beherrschen und besucht den Sohn doch dann und wann.

Einige Frauen berichten, wie schwer es war, den Kontakt zum Sohn überhaupt wieder herzustellen, d. h. festzustellen, ob und wo dieser inhaftiert war: „. . .Zum Kuckuck noch mal, haben die ihn festgenommen oder nicht, ich wußte nicht Bescheid“ (VI). Suchaktionen der Frauen umfaßten unzählige Telefonate und Besuche bei der Kriminalpolizei. Daß diese der Mutter Bescheid gibt – wie im folgenden Fall – scheint eher die Ausnahme zu sein. Auch dann stellen sich noch eine Menge Probleme:

„Einen Tag vor Muttertag kam die Polizei zu mir in die Schule und sagte mir, wir haben Ihren Sohn in Düsseldorf inhaftiert. Da war ich selig. Nun haben wir telefoniert. Es war überhaupt nichts möglich, wir haben überhaupt kein Telefonat zustande bekommen. . .“(VII)

Über einen befreundeten Rechtsanwalt gelang es schließlich, eine Sprechgenehmigung für einen Besuch einzuholen. Als die Eltern jedoch am betreffenden Tag in der zuletzt genannten Haftanstalt eintrafen, war der Sohn bereits in eine andere Anstalt abtransportiert – in welche, konnte ihnen nicht mitgeteilt werden. Nun versuchten die Eltern erneut, den Sohn ausfindig zu machen:

„Und dann haben wir auch nur durch Zufall, durch den freundlichen, verbindlichen Ton meines Mannes einen Herrn am Apparat gehabt auf dem Amtsgericht in L., der uns dann sagte, daß unser Sohn dort inhaftiert ist. . . Das war sehr schwierig und wir standen dem ganzen Problem ja so hilflos gegenüber, ja man wußte ja gar nicht, was man machen soll.“ (VII)

Mittel des Kontakts während der Haft sind Briefe, Pakete, Besuche der Angehörigen und nach angemessener Frist auch Urlaub des Insassen nach Hause. Die meisten der Befragten gaben an, sie schrieben regelmäßig und schickten, sofern die Bestimmungen der Anstalt dies erlaubten, Pakete, meist zu Ostern, Weihnachten und am Geburtstag. Die Belastungen, die sich aus dem Briefeschreiben und Paketeschicken ergeben, werden in den Interviews nicht so recht deutlich. Beispielsweise schreiben viele Häftlinge sehr oft. Da sie viel Zeit haben, sich allein fühlen, schreiben sie lange Briefe mit vielen Fragen und sind enttäuscht, wenn die Empfänger sich nicht damit auseinandersetzen und Klagen über das Anstaltsleben nicht nachvollziehen können und deshalb, aus ihrer Sicht wenigstens, falsche Ratschläge geben (Brodsky 1975). Pakete dürfen nur bei Erfüllung bestimmter Auflagen hinsichtlich des Termins, der Verpackung und des Inhalts in Empfang genommen werden, Spezialwünsche des Häftlings (z. B. Kanarienvogelfutter) können nur mit großem Zeitaufwand befriedigt werden. Nur in einem Fall wird berichtet, daß ein Paket nicht ausgeliefert wurde, weil der Häftling bereits vorher verlegt worden war und somit beträchtliche Geldausgaben umsonst erfolgt waren (IX).

Ausführlich wurde dagegen in den Interviews auf Besuche in den Haftanstalten eingegangen, von deren Ablauf und den dabei auftretenden Schwierigkeiten im folgenden ein Eindruck vermittelt werden soll.

Alle Frauen erzählen von negativen Gefühlen anläßlich ihrer Besuche in der Strafanstalt:

„Furchtbar niederdrückend war das da und deprimierend fast, kann man sagen. Ich war dann jedesmal so fertig. Ich bin halt oft außen im Auto gesessen und habe geweint, weil mich das so aufgeregt hat und ich einfach so fertig war." (XI)

Eine andere Mutter zeigt bei den Besuchen auffallende somatische Reaktionen:

„Also mein Herz hat mir angefangen, schon unten am Tor, wo man die Glocke drückt und wie der uns hat reingelassen, mit Ketten und was man da alles gehört hat. Und mein Sohn hat zu mir gesagt, ‚Mama, jetzt bist Du zum ersten Mal im Gefängnis'. Da hab' ich gesagt: ‚Ja'. . . Also zum ersten Mal hab' i wenig geschwätzt, da hab' i gar nicht schwätzen können. . . Ich hab' gezittert, ich weiß net. I hab' nix rausgebracht." (II)

Sieht die Mutter des Drogenabhängigen das Gefängnistor, fängt sie ebenfalls das „Schlottern" an, ist nicht in der Lage, den Klingelknopf zu drücken, so daß ihr mittlerweile der Pförtner selbst öffnet: „Halt, da ist ja die, die nie auf den Klingelknopf drücken kann. . ." (I). Befindet sie sich einmal innerhalb der Anstaltsmauern, ebbt die Nervosität ein wenig ab. Sie sagt sich dann: „Ich gehe meinen Sohn besuchen, ich gehe ja nicht das ganze Gefängnis besuchen. . . Ich will ihn sehen, wir wollen uns mit ihm unterhalten" (I).

Zum Schock durch die Konfrontation mit der ungewohnten Anstaltsrealität und der möglicherweise dadurch in Erinnerung gebrachten Delinquenz des Sohnes kommen äußere Umstände des Besuches belastend hinzu. Besuche verlangen finanzielle Opfer, der Termin muß lange im voraus festgelegt und eingehalten werden, die Anreise geht manchmal über weite Entfernungen, im extremsten Fall bis zu neun Stunden Bahnfahrt. (Die Kosten betrugen hier 200,– DM, zwei Tage Urlaub mußten geopfert werden für eine Viertelstunde Sprechzeit mit dem Sohn (VII)).

In fast allen Fällen beträgt die Sprechzeit zwischen 20 Minuten und max. 45 Minuten; in dieser relativ kurzen Zeit kumulieren sich die beiderseitigen Erwartungen. Mutter und Sohn stehen unter einem starken Druck, diese knappe Zeit auch zu nutzen. Einige Frauen kritisieren deshalb auch die Sprechzeit als zu kurz bemessen:

„Ja, es war alles zu knapp und er war irgendwie doch etwas eingeschüchtert. . ." (VII).

„Ich persönlich würde ihn viel mehr besuchen, erstens, weil ich's gern tue, zweitens, weil das Durchzusprechen etwas helfen kann, ich weiß, er freut sich. Und die Zeit ist eben ein bißchen knapp. Also ich würde gern Geld opfern und auch Zeit opfern, wenn ich mehr könnte." (X)

Ungewohnt ist die Überwachung des Gesprächs durch einen Beamten der Anstalt: In dem Moment „wo Ihr Sohn oder Mann. . . zum Besuch vorgeführt wird in das Besuchszimmer, dann sitzt der Beamte dabei. Dann guckt er auf die Uhr, nun geht's los. So wie beim Start" (I). In großen Besuchsräumen mit viel Tischen sitzen einige Beamte entfernter von den Sprechenden, da „hat man das Empfinden, die sind gar nicht da ..." (V).

Das Empfinden einer Kontrolle aber bleibt trotzdem: „Der sitzt nicht bei uns, der sitzt ganz weit weg von uns, der beobachtet uns. Aber der hört gar nix" (II). In kleineren Sprechzellen scheinen sich die Mütter eher an die Gegenwart des Beamten zu gewöhnen, wenn man ihre sprachlichen Formulierungen als Indikator hierfür gelten läßt:

„Also, Sie können sich in Gegenwart eines Beamten allein (!) mit ihm (dem Sohn) unterhalten. . ." (I)

„Allein (!) in einem Zimmer mit einem Wachtmeister. . ." (VII)

Eine Frau betont, im Beisein des Beamten sogar mit dem Sohn über die Straftat gesprochen zu haben: „Die haben sich ja nicht beteiligt, wenn man sie nicht angesprochen hat. . . Die haben nur zugehorcht." (XI). Echt gestört fühlt sich nur eine Frau:

„Also, da saß einer hier, der Heinrich saß so und ich saß so. . . Man kann ja überhaupt nicht irgendwie über das sprechen, was man wirklich will. Man ist verklemmt. Man traut sich einfach nicht. Sagst jetzt was richtig oder falsch, das ist das." (VI)

Während der Sprechstunden erhalten die Mütter auch einen Eindruck von den in einer Strafanstalt geltenden Verhaltensvorschriften. Frühere Selbstverständlichkeiten im Umgang mit dem Sohn sind ihnen verboten, etwa „sich um den Hals zu drücken" (VI) oder einen kleinen Rosenstrauß zum Geburtstag zu überreichen („den mußte ich wieder mitnehmen, das fand ich auch nicht nett. . ." (VII)). Gerade dann, wenn eine Mutter infolge der häufigen Verlegung ihres Sohnes mehrere Anstalten mit unterschiedlicher Ausgestaltung und Handhabung der Anstaltsvorschriften kennengelernt hat, kann sie sich des Eindrucks von Willkür nicht erwehren, zumal dann, wenn es sich um die Regelung unbedeutender Angelegenheiten handelt, wie z. B. die Handhabung des Rauchens während der Sprechstunde. So darf in einigen Anstalten der Insasse nur so viele Zigaretten rauchen, wie er während der Sprechzeit schafft, in anderen darf er die angebrochene Schachtel mit in die Zelle nehmen. (In manchen Anstalten darf nach der Sprechstunde ein sogenannter „Automatenzug" erfolgen: Der Insasse darf sich vom mitgebrachten abgezählten Geld der Besucher aus einem anstaltsinternen Automaten Zigaretten ziehen).

Wie verunsichernd solche Gebote bzw. Verbote wirken, zeigt der Bericht der älteren Witwe:

„Der Wärter sitzt hinten in der Ecke , der liest ne Zeitung oder guckt nicht zu. Zuerst also, wenn ich Zigaretten mitbrachte, immer gefragt, ‚darf ich. . . ein paar hier lassen?' Ja, dann muß er sagen: ‚Nein'. Er darf's ja nicht, nicht. Dann sagte er (der Sohn) dann zu mir neulich: ‚Mutti, Du mußt nicht fragen, gib mir mal die Zigaretten, ich stecke sie ein, dann ist es gut.' Er (der Wärter) sagt auch nichts, aber wenn Du fragst! So kann er sagen, er hat es nicht gesehen'. Wenn ich ihn aber nun extra frage – aber ich bin nun immer so ehrlich und so aufrichtig, denke, er könnte womöglich Ärger davon haben. Jetzt frage ich nicht mehr lange. Jetzt lange ich ihm eine Zigarette und dann ‚steck die Packung weg'."

Besonders hinderlich für ein positiv erlebtes Gespräch wirkt sich offensichtlich die (recht merkwürdige) Erlaubnis aus, dem Gefangenen so viel Eßwaren mitzubringen, wie er während der Sprechstunde verzehren kann. Auf die Frage, was denn so während der Sprechstunde geredet werde, antwortet eine Mutter:

„Ja, erstmal na ‚guten Tag' und ‚wie geht's, wie steht's!' ‚Was macht die Gesundheit' und dieses Übliche erst. Es ist ja auch so, wenn man reinkommt – überhaupt junge Leute und so – oder auch Erwachsene, die warten ja drauf, nun kriegst du ordentlich mal was Schönes zu essen von draußen. Dann sehe ich schon zu, daß, also wir können mitbringen in die Strafanstalt etwas zu essen, was der Anstaltsangehörige in den zwanzig Minuten verfuttern kann. Entweder stellt er einen Rekord auf und futtert, futtert, futtert und sagt überhaupt nichts. . ."(I)

Auch eine andere Mutter kritisiert, dieses „Futtern" halte das Gespräch auf (VII). Keine von beiden äußert jedoch Kritik an dieser Regelung, sondern sieht darin nur einen Vorteil für den Sohn (der auch leicht auf andere Weise zu erlangen wäre).

Nun darf aber der Einfluß von anstaltsbedingten Störungen auf das Gespräch nicht zu hoch veranschlagt werden. Kommunikationsstörungen durch äußere Umstände sind nur dann richtig einzuschätzen, wenn auch die Struktur früherer Gespräche zwischen den Kommunikationspartnern bekannt ist. Die Aussage z. B., der Sohn sei verbockt oder verbohrt gewesen, die Mutter habe jedes Wort aus ihm herausziehen müssen (XI), sagt allein wenig. Einige Berichte lassen auf bereits seit langem bestehende Kommunikationsprobleme zwischen Müttern und Söhnen schließen:

„Für mich, für mich ist (die Zeit) zu kurz. Aber der Ingo, ich weiß nicht. Er ist überhaupt nicht sehr gesprächig, von jeher nicht gewesen. . . Er kann keine Unterhaltung leiten. Und mir fällt's auch ein bißchen schwer, weil wir immer wieder zu kurz mit ihm zusammen gewesen sind. Man verliert immer wieder den Kontakt mit ihm, weil er immer wieder weg ist dann, weg war." (V)

„Und meist, wenn wir dort sind, verzählt unser Sohn. Seine Zelle, er hat eine Einzelzelle, ist renoviert und arg schön. Er hat zwei Wellensittiche und zwei Kanarienvögel. . . Also das eine, unser Sohn fragt gar nicht nach unserem eigenen Haus. Also wo wir da jetzt wohnen, der will von da gar nichts wissen. Ich weiß net, er hat noch nie gefragt, ist's schön bei uns oder wie sieht das Haus aus!" (II)

Daß Kommunikationsschwierigkeiten nicht nur vom Sohn ausgehen, zeigen zwei andere Berichte. So gibt die Lehrerin zu verstehen, daß in der Sprechstunde zwischen ihr und ihrem Sohn ein „wirklicher", konzentriert geführter Dialog zustande käme, ihre Äußerungen „verraten" jedoch, daß das Gespräch von ihr asymmetrisch geführt wird. Die Themenliste auf ihrem Gesprächszettel ist so umfangreich, daß der Sohn dabei nicht zu Wort kommt:

„Ja, er hatte Geburtstag. . . Und da fuhr ich hin und bekam eine halbe Stunde Sprechzeit. Das war natürlich eine wunderbare Sache und ich kam auch mit Geschenken dort an und einem Blumenstrauß. Und ich hatte mir meinen Zettel dahin gelegt und da wurde Thema für Thema durchgesprochen. Genau! Rechtsanwalt und was er braucht und so weiter und so fort. Und trotzdem war die Zeit, war zu kurz. Ich merkte noch, daß der Junge sich auch äussern wollte und aß dabei, aß, auch ein bißchen was er sonst nicht kriegt, und das hielt natürlich auch das Gespräch auf." (VII)

Eine asymmetrische Gesprächsführung stellt sich in der Sprechstunde auch dann ein, wenn die Mutter den Versuch unternimmt, die Zukunft des Sohnes thematisieren zu wollen. Selbst wenn der Sohn dies wünscht und immer wieder von sich aus die Rede darauf bringt, wird das Gespräch einseitig oder bricht völlig zusammen, wenn die Mutter zu viele Vorhaltungen macht:

„. . . Und immer: ‚Du mußt arbeiten, Du mußt einer geregelten Arbeit nachgehen!' Also, irgendwie einimpfen wollte ich das. Aber, dann sehe ich, dann kam wieder die Mauer und dann erzähle ich, ‚Der hat sich verlobt und der hat umgeschult und der hat Segeln gelernt' und Allgemeines besprochen, nicht.

Aber trotzdem mein Ziel war immer, ‚Du mußt jetzt überlegen, wie Dein späteres Leben weitergehen soll und was man jetzt schon tun könnte, daß Du wieder auf die rechte Bahn kommst. . .!' Er sagt, er möchte ja was lernen und, ‚ich weiß, ich muß was lernen und ich will mich nicht erniedrigen.' , Ich laß mich auch nicht erniedrigen', sagt er denn. Ich sage, ‚ja Jung, Du hast Dich ja selbst erniedrigt'. Das kriegt er gar nicht mit." (X)

Vermutlich werden in der isolierten Gesprächssituation des Anstaltsbesuchs Störungen in der Beziehung eher gravierender wahrgenommen als draußen, was sich auf die Gesprächsführung zusätzlich negativ auswirken könnte.

In einem Fall hinterläßt die Schilderung einer Mutter, die ein nach ihrer Meinung für beide Seiten zufriedenstellend verlaufenes Gespräch wiedergibt, einen etwas befremdlichen Eindruck. In der Sprechstunde unterhielte man sich richtig:

„. . . Was er so drin macht und erlebt hat und wie er mit seinen Kumpels da auskommt. Wie er mit seinem Hausbeamten auskommt, was der Herr Z. gesagt hat, also wir haben richtig mit ihm gelebt, wie seine Zelle aussieht. . .“ (VIII)

Diese harmonieorientierte Darstellung verweist auf ein zusätzliches Kriterium, das bei der Bewertung dieser Gespräche heranzuziehen ist, nämlich die Einstellung der erzählenden Mutter zur Haft des Sohnes. Die so positiv berichtende Mutter ist z. B. der Ansicht, ihr Sohn sei keinen Tag zu lang dringewesen, habe die Strafe verdient und aus der Anstalt, in der er sitze, könne jeder als gesunder Mensch an Leib, Seele und Geist herausgehen, weil es eine moderne, ganz neue Strafanstalt sei, die Jugend dort allerhand lernen könne, der Sohn dort seinen schönen Einkauf habe, seelsorgerisch sehr gut betreut werde und mit den Hausbeamten ein freundschaftliches Verhältnis habe.

Um ein Bild zu gewinnen, wie die Mütter die Haftsituation einschätzen, wurde danach gefragt, welchen Sinn sie der Strafe beimessen; außerdem wurde nach den Auswirkungen der Haft bzw. deren schädliche Folgen für den Sohn gefragt. Dabei zeigte sich, daß in der Vorstellung der Mütter die Realität der strafenden Instanzen reproduziert wird, d. h. abstrakte Strafforderungen unverbunden neben den tatsächlichen Bedingungen ihrer Vollziehung und deren Unzulänglichkeiten belassen werden.

Die oben zitierte, positiv eingestellte Mutter ist eine der wenigen, die eine durchgängige Haltung zu diesen Fragen vertritt. Außer ihr ist nur noch eine Mutter konsequent, allerdings in ihrer Ablehnung der Haftstrafe und der Kritik der Anstaltsrealität, die in ihren Augen für eine Besserung des Sohnes völlig ungeeignet ist. Sie hält die Strafe nicht für gerecht („Es war, als hätt' mir einer das Herz durchstochen. So was Schreckliches hab' ich mir nie vorstellen können . . .“ (VI)). Sie ist der Auffassung, die Anstalt könne niemandem helfen:

„Solchen Menschen bestimmt nicht, das ist ja eine Krankheit. Denen könnte eher geholfen werden, wenn man sagen möcht', halt, die sind alle krank. Die müßten kuriert werden, die müssen ärztlich kuriert werden. So die was haschen und die was trunksüchtig sind. Es ist ja bestätigt worden, daß er nur im Suff das gemacht hat. Überall, auch auf der Sparkasse." (VI)

Es ist nicht ungewöhnlich, daß einander sich widersprechende Aussagen über Sinn und Folgen der Strafe unverbunden nebeneinander stehen bleiben. Eine Mutter (die zu ihrem Sohn nach der Inhaftierung zunächst den Kontakt abgebrochen hatte) hält seine Strafe für gerecht, irgendwie müsse er ja „ne Strafe kriegen". Dieses abstrakte Gerechtigkeitspostulat steht unvermittelt neben einer massiven Kritik der Haftfolgen:

„Nein, die werden schlimmer. Es kommt keiner besser raus, wie er reingekommen ist. Die kommen eher alle viel schlimmer. Und er hat auch im Erziehungsheim nichts Gutes gelernt, das will ich dazu sagen" (III).

Daneben zeigt sie eine relativ ungebrochene Solidarität mit ihrem Sohn, die sich in der Schilderung eines Ausbruchsversuchs des Sohnes dokumentiert:

„Weil sie zu dritt, mit ner Feile haben sie da so einen Stab aufgesägt und wollten abhauen. Unglücklicherweise war Detlev der letzte, oder glücklicherweise, wie Sie's nennen wollen, und den haben die noch erwischt und zwei sind ab." (III)

Davon wieder völlig losgelöst stehen ihre Befürchtungen, ob der Sohn die nach der Entlassung zu erwartenden Diskriminierungen durchsteht („Hoffentlich schafft er's. Daß ihn nicht irgend jemand angreift, weil er ja vom Gefängnis rauskommt".(III)).

Von allen Befragten äußert sich die Lehrerin insgesamt am widersprüchlichsten. Zunächst stellt sie fest, die Haft, die ihr Sohn durchgemacht habe, sei nützlich für ihn gewesen:

„Also in dem Fall, daß er nun ein gerade vom Rauschgift angehauchter Knabe war, jetzt nichts mehr bekam und auch keinen Unfug mehr anstellen konnte, nicht mehr den wilden Mann markieren konnte, und auch sozusagen niemand ärgern und belästigen konnte und ‚nu geh' in Dich, mein Sohn'. . ." (VII).

Auffällige Verhaltensweisen ihres Sohnes begreift sie indes nicht als Folge der Haftsituation:

„Er saß nur noch auf dem Stuhl und er sitzt auch heute noch. Er sitzt und kann, er kann nicht. Er sagt, ich habe ein halbes Jahr lang gesessen, ich kann jetzt nicht aufstehen. Und wenn es heißt, hole Apfelsaft aus dem Keller, ‚ich kann gar nicht aufstehen, ich kann nicht'. Ich sage dann, ‚Menschenskind, nun raff Dich doch mal auf'. Also, er hat keinen Antrieb. . . Vollkommen apathisch, abgestumpft bis ins letzte". (VII).

Selbst auf Befragen verneint sie einen Zusammenhang mit anstaltsbedingten Entwöhnungsprozessen, weist im Gegenteil darauf hin, daß der Sohn in der Anstalt nicht so apathisch gewesen sei, sogar Netze geknüpft habe, was eine Wohltat (!) für ihn gewesen sei. Sie hält den Sohn vermutlich für charakterschwach. Es wäre wohl überall dasselbe mit ihm gewesen. Allerdings räumt sie ein, daß die Betreuung im Gefängnis dermaßen lückenhaft sei, „da ist so ein sensibler Mensch verraten und vergessen" (VII). Niemand sei dort, um mit den Jugendlichen einmal zu sprechen (schließlich hatte ihr Sohn immerhin Selbstmordabsichten geäußert und sie selbst hatte ihm einen Rechtsanwalt zur „Betreuung" besorgt).

Diesen Aspekt der mangelhaften Ausstattung der sozialen Dienste in den Anstalten betont insb. auch die Mutter des Drogenabhängigen. Wohl in Erinnerung an ihre eigenen schwierigen Versuche, mit dem Sohn allein den Entzug vom Rauschgift zu erreichen, ist sie froh, daß ihr Sohn „einfach wieder da" ist (I), und daß er bei seinem ersten Urlaub aus der Haft keinerlei Rauschgift zu sich genommen hat. Trotzdem verkennt sie nicht die Probleme, die sich für den Sohn in der ersten Zeit der Haft gestellt haben. Der Bemerkung eines Beamten, ihr Sohn sei in der ersten Zeit „in seiner Zelle rumgerannt wie ein Tiger im Käfig", man habe aber hier kein Sanatorium, bringt sie einerseits Verständnis entgegen, andererseits gibt sie sich damit nicht zufrieden, sondern will wissen, was denn der Arzt dazu sage. Mit dessen, ihr berichtetem Rat, man müsse ihn austoben lassen, will sie sich nicht zufriedengeben, aber „der Arzt ist nie zu erreichen, ich kriege den Arzt nie zu fassen, nichts zu machen" (I).

Ihre Beschwerde bei der Anstaltsleiterin, von der sie als der „berühmten" Chefin spricht, wird mit der lapidaren Auskunft abgetan, der Arzt sei wahnsinnig überlastet. Dafür bekundet sie wiederum Verständnis: „Ein Arzt in der Anstalt, also es ist – von dem Standpunkt verstehe ich das auch . . ." (I). Wiederholt betont sie während des Interviews, man bemühe sich wohl um die Besserung der jungen Leute, sie so wieder hinzukriegen, daß sie später straffrei leben könnten, aber es sei ja so, daß zu wenig Personal da sei. Hier erstaunt, daß sie, die sich sonst so sehr für ihren Sohn einsetzt, sich mit dem Hinweis auf Personalmangel bescheidet, keine Kritik an übergeordneten Instanzen wegen der unzureichenden Ausstattung der Anstalten übt und solche Verbesserungen fordert.

Sie kann sich von allen Befragten am stärksten in die Realität und Probleme der Strafanstalt hineindenken. Ihre Kritik ist, obwohl sehr verhalten, die ausführlichste. Sie kann sich bei vom Sohn geschilderten Konflikten, die dieser z. B. bei der Arbeit in der Anstalt hat, hineindenken, Spannungen von Insassen und Personal nachvollziehen, wenn es auch letztlich auf ein Besänftigen des Sohnes hinausläuft. Bei den übrigen Frauen vermißt man hingegen solche Hinweise auf anstaltsinterne Konflikte. Wahrscheinlich ist dies auch einfach darauf zurückzuführen, daß der Sohn über solche Konflikte nicht berichtet, oder solche Konflikte nicht so polarisiert wahrgenommen hat wie der kritische Drogenabhängige.

Auffallend ist vielmehr eine ausgesprochen positive Einstellung der Mütter zum Gefängnispersonal, d. h. zu denjenigen Beamten, mit denen sie bei den Besuchen in Berührung kommen. Mit Ausnahme einer Mutter, die dem Personal ein korrektes, aber unpersönliches Verhalten bescheinigt, äußern sich alle Mütter positiv, wenn nicht gar überschwenglich über das Anstaltspersonal:

„Einmalig, höflich, freundlich, zuvorkommend . . . Nur Gutes kann ich berichten." (VIII)

‚Sehr großzügig, also ganz korrekt, ich kann überhaupt nicht klagen. Man kann schon sagen, ich bin begeistert." (X)

Diese unerwarteten Reaktionen finden eine einfache Erklärung, die in ausführlich gehaltenen Ausführungen anderer Frauen deutlich zum Ausdruck kommt. Offenbar gehen die Mütter mit der Erwartung in die Anstalt, schlecht behandelt zu werden und sind dann angenehm überrascht, wenn diese Befürchtung nicht eintrifft. So betont die Mutter des Drogenabhängigen, sie sei anständig behandelt worden, „wirklich anständig, wie sich das gehört, nicht irgendwie, ach Gott nee, jetzt kommen sie einen besuchen" (I). Eine andere Frau sagt, die Beamten seien „durchschnittlich freundlich" gewesen, man könne ja wegen einem nicht alle über einen Kamm scheren (III). Besonders gelobt werden Beamte, die sich freundlich über den Inhaftierten äußern:

„Es war mal einer da, der war sehr nett, und habe ich dann gefragt, ‚wie macht er sich?' ‚Ach, der Ingo ist in Ordnung' und so. Die sind halt verschieden. Da sagt der Ingo auch, mit dem ist halt gut auskommen. Mit dem kannst Du Pferde stehlen gehn . . ." (V)

Die Lehrerin spricht davon, man sei in der Strafanstalt zu ihr sehr freundlich gewesen. Die Männer, die sie in der Haftanstalt „begleiteten", waren nach ihrer Aussage „wirklich sehr nette Kerle". Sie führt dies allerdings zum großen Teil auf ihr eigenes Verhalten („ach, das ist so meine Art, ich mach' das eben so, daß sie alle nett sind") und das Wohlverhalten ihres Sohnes im Gefängnis zurück. Sie lobt, daß die Wachmänner im Gefängnis sich mit dem Sohn auch schon mal unterhielten. Daraus gewinnt sie das „ruhige Gefühl, ganz so schlimm sei doch alles nicht" (VII). In dieser Schilderung kommt zum Ausdruck, daß die mit der Strafanstalt ursprünglich verbundenen Erwartungen der Mutter negativ waren und nun von ihr der Versuch gemacht wird, diese Erwartungen umzudeuten. Diese Mutter begegnet ihren Vorurteilen, die sie zunächst den Beamten in der Strafanstalt entgegenbringt, mit betont freundlichem Verhalten, um den Beamten und insb. sich selbst eine Chance zu geben, ihre Vor-Urteile als vorläufige Urteile betrachten und dementsprechend eine Korrektur vornehmen zu können. Darüber hinaus verstrickt sie Angehörige des Gefängnispersonals in den Problemfall, mit dem Auftrag, doch ab und zu mal nach dem Sohn zu gucken. Dafür nimmt sie sogar eine Koalition mit den Beamten in Kauf, die möglicherweise gegen die Interessen (bzw. Wünsche) des Sohnes gerichtet sein kann. Der Grund mag darin liegen, daß diese Mutter Angst davor hat, mit der Kriminalität des Sohnes identifiziert oder dafür verantwortlich gemacht zu werden. Zum anderen mögen auch frühere schlechte Erfahrungen mit Diskriminierungen eine Rolle spielen, wie dies bei einer anderen Mutter der Fall ist, die die Zuvorkommenheit und Höflichkeit der Beamten heraushebt: „Ich habe schon gesagt, die sind besser als wie die Außenwelt, so wie einige Nachbarn" (IV).

In anderen Fällen sind die restriktiven Anstaltsvorschriften „Maßstab" für das den Beamten gezollte Lob. Jene Beamte, die bei kleinlichen Vorschriften großzügig sind, werden besonders gelobt, weil solche „Illegalität" „brauchbar" bzw. nützlich ist.

„Nun habe ich aber, bin ich hingewesen und habe Farben gekauft, ich kann sie denn da lassen, ich muß sie bloß unten in der Verwaltung abgeben. Nun hatte ich sie mit raufgenommen und gefragt, ob das die richtigen sind, denn es sind ja besondere Farben . . ., die er so braucht. Nun, manche Aufseher sind ja sehr nett. Sagt Hansel, ‚komm, die nehme ich gleich mit', und steckte sie in die Tasche, sagte der andere, ‚nee, nee, die müssen erst unten durch die Kontrolle gehen'. Ich sage, ‚nee, da kann er sich doch nicht vergiften und Waffen sind da auch nicht drin'. Dreht er sich um und hat getan, als wenn er nichts mehr sieht" (IX).

Diese Mutter macht auf diese Weise Bekanntschaft mit jenem Disziplinaranstalten kennzeichnenden „doppelten Organisationssystem": Was kleinliche und ins Detail gehende Vorschriften (zur Kategorie des Details vgl. Foucault 1977, 178 ff.) an Rigidität erzeugen, wird oft durch informelles Aushandeln ausgeglichen. Jene Strategien der „brauchbaren Illegalität" (Luhmann) kommen aber auch dem Wachpersonal zugute, das sich auf diese Weise die „Mitarbeit" der Gefangenen sichert. In der Regel stärken diese Strategien den Sanktionsmechanismus dadurch, daß sie eine Kreditbeziehung institutionalisieren. Dies geschieht dadurch, daß das Übersehen des Regelverstosses zugleich als ein Akt der Vergünstigung dargestellt wird und der von dieser Vergünstigung Betroffene dazu animiert werden soll, diese in anderen Situationen, die als bedeutend definiert sind (weil sich in ihnen das Selbstverständnis der Organisation manifestiert) mit regelkonformem Verhalten zurückzuzahlen. Allerdings kann sich diese Strategie auch gegen ihre Anwender wenden: Dann nämlich, wenn es der Insassenelite gelingt, die mit der Anwendung der „brauchbaren Illegalität" verbundenen Vorteile ausschließlich für sich zu monopolisieren (womit eine Tendenz zur „Korruption der Autorität" (Sykes) verbunden ist).

Schädlicher Einfluß wird weniger von den allgemeinen Anstalts- bzw. Haftbedingungen als von dem schlechten Vorbild der anderen inhaftierten Jugendlichen erwartet. Alle Befragten bejahen die Frage nach dem schlechten Einfluß der Mithäftlinge:

„Denn es sind viele da, was der eine nicht weiß, weiß der andere ..." (XI)
„Wenn Du das hörst, was die dann noch alles hinterher drehen wollen!" (I)
„Die negativen Einflüsse, die sind natürlich da schon sehr groß ..." (I)
„Weil was hört man denn da! Weiber, Saufen und den nächsten Einbruch ..." (V)

Daß vom eigenen Sohn ebenfalls solche Einflüsse ausgehen könnten, darauf kommt keine Mutter zu sprechen. Vielmehr thematisieren sie die Anfälligkeit des eigenen Sohnes gegenüber diesen negativen Einflüssen. Hierzu werden die unterschiedlichsten Ansichten vorgetragen. Die Großmutter meint, es käme auf den Menschen selber an, wie er das in sich aufnehme (V). Die Mutter des Drogenabhängigen warnt dagegen ihren Sohn, diese Ansteckungsgefahr nicht zu verniedlichen und witzig abzutun. Sie rät ihm, die Ohren auf „Durchzug" zu stellen (I). Eine andere Mutter verneint eine mögliche „Ansteckungsgefahr" ihres Sohnes mit dem Hinweis, dieser habe ja Einzelhaft (IX).

Von Einzelhaft erhoffen sich mehrere Mütter Schutz vor „krimineller Ansteckung": „Am liebsten hätten sie nur Einzelzellen da, und daß schon gar nicht einer mit dem anderen in Berührung kommt" (X). Hinter dieser Vorstellung steckt noch das Bild vom absoluten Verwahrvollzug, von den vielfältigen Möglichkeiten des Kontaktes außerhalb des Einschlusses wissen die meisten dieser Mütter offensichtlich nichts. Einige von ihnen berichten, der Sohn sei auf Antrag aus einer Gemeinschaftszelle in eine Einzelzelle verlegt worden, was sie billigen (II, VII).

Da macht den Müttern nun wieder Sorge, daß der Sohn zu viel allein ist:

„I mein, durch das, wo unser Sohn so allein ist, ich mein, das ist arg schlimm, wenn er vielleicht in einer Dreimannzelle wär', da könnt er wenigstens schwätze mit denen. Aber so ist er allein, Schaffen, und dann kommt er wieder in seine Zelle. Er ist halt immer allein, und daß er da vielleicht durchdreht." (II)

Die jeweiligen Vor- und Nachteile von Einzel- und Gemeinschaftszelle können von Mutter und Sohn unterschiedlich gesehen bzw. bewertet werden, wie im vorliegenden Fall, bei dem die Mutter aus Furcht vor „krimineller Ansteckung" den Sohn weiterhin gerne in der Einzelzelle wüßte, dieser aber in eine Gemeinschaftszelle verlegt werden möchte, weil er das ewige Alleinsein nicht mehr aushält:

„Aber von der Sicht meines Jungen aus, sagt er, er ist doch lieber mit jemandem anders zusammen als wie allein. Das ist fürchterlich. Das ist nicht zu ertragen, ‚hier werde ich wahnsinnig, hier werde ich verrückt, das halte ich nicht durch, hier werde ich ganz kaputt gemacht, das schaffe ich nicht.' " (X)

Den Müttern, die alle einen Blick hinter die Gefängnismauer werfen konnten, gelingt es nicht, die dort eingefangenen Eindrücke zu einem geschlossenen Bild vom Strafvollzug zu verdichten. Dies mag auch daran liegen, daß das Besuchszimmer nur einen schmalen Auschnitt der Gesamtorganisation präsentiert, d. h. eine, wenn auch brüchige Fassade errichtet, hinter der sich der Gefängnisalltag immer noch verstecken kann. Die Mütter tragen „Empiriesplitter" zusammen, die sich zu einer Gesamtansicht des Strafvollzugs nicht aufaddieren; jene Mütter – es sind nur wenige – die dennoch über eine solche Gesamtansicht verfügen,haben sich diese schon immer zurechtgelegt gehabt, als eine Vorstellung, die Informationslücken kompensiert und verdeckt.

7. Entlassung: Was nun?

„Der härteste Augenblick im deutschen Strafvollzug ist der, wo der Entlassene wieder vor dem Zuchthaus steht, dessen Tore sich langsam von innen verschlossen haben. Was nun?"
(Kurt Tucholsky)

Die Entlassung aus der Haft ist nicht nur ein markantes Datum für den Verurteilten selbst, sondern auch für seine Angehörigen (sofern zu ihnen mehr als nur ein loser Kontakt besteht). Das Näherrücken dieses Termins läßt die latent immer vorhandenen Sorgen zunehmend manifest werden. Mit dem Näherrücken dieses Datums kann man einer ganzen Reihe von Fragen, die einen schon immer bewegt haben, nicht mehr einfach davonlaufen: ob die durch die Haft „stillgelegten" innerfamiliären Konflikte wieder aufbrechen (was die Vermittlungs- und Schlichtungsfunktion der Mutter beansprucht), ob der Sohn nach verbüßter Strafe seine kriminelle Karriere beendet hat oder ob sie jetzt erst eigentlich beginnt, inwieweit überhaupt durch die rechtliche Sanktion eine ganze Sanktionslawine ausgelöst wird, die ein straffreies Leben erschwert, wenn nicht sogar unmöglich macht. Diesen allgemeinen Problemfragen nähern sich die Mütter von der praktischen Seite der nunmehr auf sie zukommenden und eine baldige Entscheidung fordernden, jeweils ganz konkreten Aufgaben: ob der Sohn zu Hause wohnen soll oder nicht, wo der Sohn Arbeit finden kann und wie bei der Arbeitssuche am besten vorzugehen ist, von welchen Institutionen man wirksame Hilfe bei den vielen alltäglichen Problemen, in die die „Resozialisierung" zerfällt, erwarten und erhalten kann.

Wie es scheint, vollzieht sich die Annäherung an die konkret zu lösenden Aufgaben für die meisten Mütter recht mühsam. Die Aufgabe, das zu lösende Problem, ist zwar benannt, konkrete Maßnahmen sind jedoch in den allerwenigsten Fällen eingeleitet worden, selbst wenn der Entlassungstermin unmittelbar bevorstand. Das verbale Durchdeklamieren der Lösungsmöglichkeiten, die im Interview beredt angeboten wurden, schien die Funktion zu haben, sich selbst Hoffnung einzureden angesichts einer Aufgabe, bei deren Bewältigung auch die Institutionen, auf die man so viel Hoffnung gesetzt hatte (erinnert sei hier nur an die von den meisten Müttern wahrgenommene entlastende Funktion der Institutionen), zu versagen schienen; solche Zweifel machten sich zunehmend bei den Müttern bemerkbar, nicht zuletzt aufgrund der während des Kuraufenthaltes vermittelten Informationen (z. B. über die Arbeit der Bewährungshelfer, über die Berufsmöglichkeiten für Entlassene etc.).

Dem näherrückenden Tag der Entlassung sehen die meisten Mütter mit gemischten Gefühlen entgegen; Freude und Angst halten sich die Waage.

„Mit Angst, ja. Freuen, aber da ist mehr Angst dabei wie Freude. Und ich freue mich . . . Der Tag, der ist der Schlimmste, wo mein Sohn kommt . . . Ich weiß net. Ist auch a Freud dabei, große Freud. Und doch ist es, da weiß man nicht, wie man sich da ausdrücken soll. Ich freu mich heut schon auf Unseren, wenn er im Juni kommt. Und Angst ist immer dabei. Und ich weiß nicht, was größer ist, die Angst oder die Freud." (II)

Oder in der Formulierung einer anderen Mutter:

„Natürlich freuen wir uns, wenn er rauskommt, das ist ganz klar. Aber auf der anderen Seite ist ja immer so ein bißchen gemischtes Gefühl noch dabei. Hoffentlich geht alles gut. Das steht immer da hinter uns." (I)

Der naheliegenden Frage, warum gerade mit dem näherrückenden Entlassungstermin der Wunsch, daß „hoffentlich alles gut gehen" möge, besonders virulent wird, ist im folgenden nachzugehen.

Das „Laufbahnkonzept" (Becker) erweist seine Brauchbarkeit nicht nur für die Analyse der Definitionsprozesse, denen der „Abweicher" ausgesetzt ist, auch auf die unmittelbaren Familienangehörigen (hier: auf die Mutter) läßt sich diese Betrachtungsweise anwenden. Parallel zu den Erfahrungen des delinquent gewordenen Jugendlichen beim Umgang mit den verschiedenen Instanzen sozialer Kontrolle, die seine kriminelle Karriere begleiten und auch „fördern", sind die Erfahrungen der Mütter zu sehen. Jede einzelne Laufbahnstufe (Polizei, Gericht, Haftanstalt etc.) konfrontiert nicht nur den Normabweicher mit instanzenspezifischen Bewertungen der Tat und seiner Person, die schließlich zu dem Urteil: „Krimineller" führen, auch den Müttern werden diese Bewertungen vermittelt, durch die Instanzen selbst, aber auch durch die nähere und weitere soziale Umwelt (z. B. durch die „Zuschreibungsspezialisten" der Nachbarschaft), die das Vorrücken auf der kriminellen Laufbahn ebenfalls registriert. Da den meisten Müttern unterstellt werden kann, daß sie bis zur Tat bzw. Verurteilung ihrer Söhne die Bewertungskriterien von Nachbarschaft und Instanzen teilten, geraten die meisten von ihnen nach der Tat bzw. Verurteilung ihrer Söhne in eine konflikthafte Situation, der sie mit verschiedenen Strategien (vgl. Kap. 11) begegnen.

Betrachtet man die Äußerungen der Mütter zur „Lebensgeschichte" ihrer Söhne unter dem analytischen Raster des „Laufbahnkonzepts", so erhält – jedenfalls aus der Sicht der Mütter – die Phase (bzw. Stufe) der Haft die Bedeutung einer „Erholungspause" zugeschrieben. Zwar verbinden sich mit dem ersten Besuch in der Strafanstalt spezifisch neue Erfahrungen, die als zusätzliche Belastungen empfunden werden. Es handelt sich hierbei (vgl. Kap. 6 u. 8) um die Verarbeitung jener Eindrücke, die der Blick hinter die Mauer vermittelt (auf der unfreiwilligen Reise in die eigene Gesellschaft): die Konfrontation mit dem nun verurteilten („schuldig gesprochenen") Sohn in ungewohnter Umgebung (Besuchszimmer, Kommunikation von normalerweise der Intimsphäre zurechenbaren Inhalten unter Aufsicht etc.), das Fertigwerden-Müssen mit der neuen, aufgezwungenen Rolle (Identität) als Mutter eines Sohnes, dem mit dem Einsitzen in der Strafanstalt der Status des Kriminellen sichtbar anhaftet (d. h. sie kommt nicht als schlichte Besucherin in die Strafanstalt und verläßt diese auch nicht als schlichte Besucherin), der sich (allerdings nur bei wenigen Müttern) mit dem Blick hinter die Fassade einstellende Verdacht, daß die „totale Institution" der Strafanstalt bei ihrem Resozialisierungsauftrag total versagt. Die Phase der Haft wird dennoch von den meisten Müttern als „Erholungspause" erfahren, da die kriminelle Karriere des Sohnes in dieser Zeit stagniert, die häuslichen, familiären Konflikte durch die Abwesenheit des Sohnes bis zu einem gewissen Grad stillgelegt sind und die Probleme, die sich nach der Haftentlassung im Rahmen der vielbeschworenen „Wiedereingliederung" stellen, einen Aufschub erfahren.

All dies verleiht den Müttern das Gefühl der Sicherheit. Was momentan zählt, ist die sichere und sicher machende Gewißheit, daß der Sohn in einem überschaubaren Aktionsfeld festgehalten wird. Daß dies per Zwang geschieht, belastet zwar einerseits – wie die Äußerungen deutlich belegen, die sich auf die Verarbeitung der Haftsituation (Besuche) beziehen – andererseits findet gerade dadurch eine gewisse Entlastung statt: die Verantwortung für den Sohn ist für die Zeit seines „Verschlusses" delegiert.

„Ich muß eigentlich sagen, ich bin, seitdem ich weiß, daß der (Junge) in Sicherheit (= in Haft) ist, ich bin freier geworden, obwohl er ist an keinem schönen Platz. Aber, ich hab's ja nicht gemacht, teils vielleicht schon, nicht, daß ich schuld dran bin, aber der Ausführende war er nun, nicht. Aber er ist jetzt in Sicherheit. Er hat das gemacht, er muß die Strafe absitzen. Und das beruhigt mich, daß ich nicht jetzt aufpassen muß, wo er ist." (V)

Die eigene Freiheit – wobei Freiheit hier immer bedeutet: frei von Sorgen zu sein – wird mit der Unfreiheit des Sohnes erkauft. Mit dem näherrückenden Entlassungstermin ist diese „Freiheit" und die relative Überschaubarkeit und Handhabbarkeit der Haftsituation (der sichernde und sicher machende Vollzug!) gefährdet. Der Wunsch, daß „alles gut gehen möge", hat sowohl einen vergangenheitsorientierten wie zukunftsorientierten Aspekt. Einerseits werden Erinnerungen an zurückliegende familiäre Konflikte wachgerufen, andererseits rücken eine ganze Reihe zu lösender Probleme, die die Zukunft des Sohnes betreffen, ins Bewußtsein. Dabei nimmt die Suche nach Arbeit einen besonderen Stellenwert ein. Der Ausspruch, „es möge alles gut gehen", spiegelt aber auch eine passive, reaktive Haltung den zu lösenden Problemen gegenüber wider (wobei nicht immer auszumachen ist, ob diese Haltung bereits Resultat von Enttäuschungsverarbeitungsprozessen ist oder ob sich darin ein schichtspezifischer Zug manifestiert).

Zuallererst muß entschieden werden, ob der Sohn nach seiner Entlassung zu Hause wohnt oder nicht (selbst bei diesem unverfänglichen Thema ist nicht immer auszumachen, ob die Mutter in die von ihr wiedergegebenen Äußerungen ihre eigenen Vorstellungen und Wünsche hineinprojiziert):

„(Unser Sohn) möchte natürlich, er will gern zu uns nach Hause zurückkommen. Er kommt gern auf Besuch und er läßt sich dann auch gern mal blicken, nicht nur zur vorgeschriebenen Zeit (. . .). Wir haben ihm angeboten, Dieter, wenn Du nach Hause kommst, Du weißt, die Tür steht auf, die Tür steht jederzeit für Dich auf. Er hat gesagt, ‚Das ist sehr nett von Euch und da danke ich auch schön, aber ich möchte, wenn ich aus der Anstalt komm, möchte ich doch meine eigenen vier Wände haben. Denn ich weiß, es gibt wieder Aufregungen und Ärger . . . Also ich möchte gern meine eigenen vier Wände haben, wo ich machen kann, was ich will. Wo ich mir auch mal ein verrücktes Bild hinhängen kann, ohne daß jemand sagt, ‚Mensch, das ist wieder ein Bild!' '. Also, das kann er dann nicht ab. Und wenn's auch im lächerlichen Ton gesagt ist, ‚Also, das ist ja wieder ein Ding, was Du Dir wieder an die Wand gepappt hast!'. ‚Ich will auch mal meine Stereoanlage in Betrieb setzen'. Ich sage, ‚Ja, Du weißt, auch wenn Du Deine eigenen vier Wände hast, Du hast nicht nur Rechte, Du hast auch Pflichten. Du hast auch Pflichten gegenüber dem Nachbarn und was so an Kleinigkeiten auf Dich zukommt. Du glaubst gar nicht, wie viele . . .' " (I)

Womit wir schon mitten in den Problemen stecken, die sich hinter der Wohnfrage verbergen. Es ist die Frage, inwieweit der Sohn bereit ist, sich einer Verhaltenskontrolle auszusetzen. (Aus der Sicht einer Mutter: „. . . was kannst du vorarbeiten, ohne daß die Angehörigen das merken. Sie wollen ja nicht gegängelt werden. Das muß so irgendwie, mit sanfter Gewalt muß so etwas geschehen." (I)) Mit der Verhaltenskontrolle gekoppelt ist der elterliche Anspruch, ein „Erziehungsprogramm" gegenüber dem Sohn aufziehen zu wollen. Der „gute" Geschmack der Eltern (der für die Bilder des Sohnes nur das Etikett „verrückt" übrig hat) soll an den Sohn weitergegeben werden. Im Mittelpunkt des „Erziehungsprogramms" steht aber der Pflichtenkatalog der „vielen Kleinigkeiten", stehen jene „Sekundärtugenden", die im Sozialisationsprozeß eine große Rolle spielen, weil ihre Verinnerlichung das Rollen-Spielen-Können ermöglicht bzw. erleichtert. Da die Durchsetzung des „kleinlichen" Pflichtenkatalogs der „vielen Kleinigkeiten" immer Mühen bereitet und unangenehm ist, versucht sich der Erzieher Entlastung zu verschaffen (dies sei nur am Rande bemerkt: die bedeutendste Entlastung stellen in diesem Zusammenhang verbale Sanktionen dar (worauf Spittler 1967, 112 ff. hingewiesen hat)). Auch die hier zitierte Mutter verschafft sich durch eine alte „Erzieherstrategie" Entlastung: sie stellt sich ihrem Sohn gegenüber als selbst unter starkem Druck stehend dar (Steinert/Treiber 1974, 113 f.) und manövriert sich mit der Benennung des Nachbarn aus der Position des Normsenders heraus. Als Sender und Benefiziar normativer Verhaltensanforderungen erscheint nunmehr der Nachbar, der mit der eigenen Familie ja nichts zu tun hat. In Wirklichkeit fungiert der (externe) Nachbar nur stellvertretend für die Mutter und deren Verhaltensforderungen, die sie dem Sohn gegenüber gern durchgesetzt wissen möchte. Lob und Tadel, Anreiz und Strafe sind die beiden „bewährten" erzieherischen Mittel zur Umsetzung des Pflichtenkatalogs der „vielen Kleinigkeiten", von dem unterstellt wird, daß seine Beachtung auch die Fähigkeit, „Verantwortung tragen zu können" vermittelt. Auch die Entscheidung über die Wohnfrage selbst läßt sich zum Bestandteil einer Sanktionsstrategie machen: zeigt der Sohn Wohlverhalten, darf er zu Hause wohnen, zeigt er sich uneinsichtig, wird ihm das Haus verwehrt.

Doch auch die Söhne scheinen zu wissen, daß die Gewährung von Hilfe durch die Eltern immer auch Abhängigkeit bedeutet, daß mit dem Ausmaß an Zuwendungen und Hilfsangeboten auch das Ausmaß der Abhängigkeit steigt (auch der emotionalen). Der Sohn sieht die Mutter als „gespaltene Persönlichkeit": als freundliche, hilfsbereite und verzeihende Mutter (die ihn am Tag der Entlassung mit einem selbst gebackenen Kuchen empfängt) und als „sanfte Kontrolleurin", die sich nicht scheut, bei der nächsten Gelegenheit den von Generation auf Generation tradierten topos elterlicher Erziehungsgewalt zu zitieren: „Solange Du die Beine unter meinen Tisch stellst, habe ich hier das Sagen!". Die folgenden Ausführungen einer Mutter zeigen, wie die „sanfte Kontrolle" funktioniert:

„Also, was hat's Unserer so schön. Der ist heimgekommen und da hat ein Kuchen dagestanden. ‚Herzlich willkommen, wir sind glücklich, daß Du wieder da bist und Du bist trotz allem unser lieber Sohn!'. Aber die anderen, die tun mir wirklich leid. Da gibt's Familien, wo sie sie gar nicht mehr wollen, nicht heimdürfen, und so mit Abstand empfangen werden. Aber unser Sohn kann jederzeit ausziehen, das weiß er (. . .). Ich war mit unserem Sohn ja 14 Tage allein und er wurde eines Abends richtig aggressiv und ungezogen. Wir saßen vor dem Fernseher und es war irgendwas und gleich war er wieder obendrauf. Ich sage: ‚Einen Moment mal, hier bestimme ich ein für alle mal. Wenn Du heute eine Wohnung hast, bestimmst Du bei Dir. Und wenn es Dir nicht paßt, Du weißt, wir halten Dich nicht. Du kannst gehen, suche Dir ein Zimmer!'.

Und das will er nicht. Er möchte eine Wohnung, wissen Sie, wenn er Geld dazu hätte. Nun haben wir ja ein bißchen was gespart, aber das haben wir für 7 Jahre festgelegt für ihn. Ich sage: ‚Da kannst Du vorerst nicht dran!'. Wir könnten's, wenn wir wollten, wir wollen es aber nicht. Ich finde, es ist besser, er bleibt zu Hause, trägt seine Schulden ab und dann kann er gehen. Dann kriegt er auch von uns was. Aber er muß erst zeigen, daß er jetzt gerade läuft. Oder meinen Sie, ich stecke jeden Pfennig da rein und dann geht er wieder in den Knast. Nein, erst will ich mal was sehen und dann kann er was haben . . . er wird jetzt 21 Jahre alt und soll einmal einen Mann geben und Verantwortung tragen." (VIII)

Zum „Wesen" der „sanften Kontrolle" gehört auch, daß sie scheinbar echte Alternativen anbietet („Du weißt, wir halten Dich nicht. Du kannst gehen, suche Dir ein Zimmer"); diese Großzügigkeit basiert auf dem Wissen, daß der Sohn angesichts seiner finanziellen Situation von diesem Angebot nie Gebrauch machen kann.

Die Wohnfrage ist dann bereits entschieden, wenn dem Entlassenen – beispielsweise bei der Gelegenheit eines Hafturlaubs – klar ge- (macht) worden ist, daß er in seinem Wohnort nunmehr als „unerwünschte Person" gilt. Dann tritt er die Flucht an: entweder an den Ort, wo man ihn am besten kennt, also nach Hause oder an den Ort, wo ihn niemand kennt, in eine fremde Stadt.

Die erste Äußerung steht für die erste Alternative:

„(Unser Sohn) wohnt bei uns . . . Das will er sogar selber. Wir haben ihm den Vorschlag gemacht, ob er außerhalb wohnen will, weil wie er zu Hause war, die 5 Tage, hat ihn kein Mensch gegrüßt im Ort, auch nicht seine Großeltern, also meinem Mann seine Eltern . . . (Auch seine Freunde am Ort), die haben sich auch abgesetzt . . . Ja, das hat er gemerkt, gell. Nachdem wir gewußt haben, daß er jetzt rauskommt, haben wir ihm den Vorschlag gemacht, ob er vielleicht außerhalb ein Zimmer will oder so. Mir dann nur die Wäsche bringt und am Wochenende nur heimkommt. Da hat er gesagt: ‚Nein, er möchte bei uns wohnen!' " (XI)

Der Sohn einer anderen Mutter will die zweite Alternative wählen:

„Da hat er zu meinem Mann a mal gesagt (. . .), wenn i a mal heimkomm, wohnt er doch nicht bei uns . . . Wegen die Leut halt . . . Ja, vor die Leut hätt er Angst. (Aber) er will sich nicht anglotze lassen, sagt er. ‚Meinst, i laß mi von allen anglotze. Ich geh dorthin, wo mi niemand kennt (. . .)' Er will sich nicht anglotze lasse, er geht fort. Da hat er schon mal was gesagt, nach Hamburg do ruf, do ruf geht er dann." (II)

Die Entscheidung über die Wohnfrage des Sohnes kann für eine Mutter aber auch zu einer existentiellen Frage werden, dann nämlich, wenn sie in der gegebenen Familiensituation bzw. im Verhalten ihres Mannes die Ursache für die Kriminalität ihres Sohnes sieht. Die Wohnungsfrage provoziert dann die konsequenzenreiche Entscheidung für den Sohn (bzw. für die Kinder) und gegen den Ehemann oder für den Ehemann, was die Aufrechterhaltung der Ehe und der mit ihr verbundenen unerträglichen Familiensituation (mit all ihren Folgen) bedeutet:

„Mein Mann ist Trinker und durch das ist mein Sohn so geworden . . . Aber ich habe mir gedacht, wenn der Junge nach Hause kommt und es fängt von vorne an, da hat das ja keinen Zweck. Und der eine ist auch seelisch krank, mein 14-jähriger, durch den Krach immer. Und mit dem Kleinen war ich auch schon beim Nervenarzt, mit dem 12-jährigen. Und ich bin von Kriminologen oder Psychologen, ich weiß nicht wie man das ausspricht, bin ich beraten worden, ich soll mich scheiden lassen (. . .).

Also von meinem Mann aus (soll er nicht nach Hause kommen), aber unser Heinrich, der möcht nach Hause. Der hängt an mir und an seinen Geschwistern unwahrscheinlich . . . Ich hab gesagt, wenn er einverstanden ist, ja, ich koch, ich wasche, nur wenn dann hier Krach ist, kann er sagen: ‚Halt, Ihr könnt mich gern haben, ich geh jetzt in meine Wohnung!' . . . Ja, und da habe ich mir auch schon drüber Kopfschmerzen gemacht . . . (Aber) bei uns vermietet niemand. Erstens dürfen die nicht vermieten durch . . . die Baugesellschaft. Und was Eigenheime haben, die sagen, na, so was nehme ich doch nicht (. . .).

‚Ich will ja auch nichts wissen', sagt (mein Mann) . . . Und auch so, er spricht überhaupt nichts mit mir . . . Überhaupt nichts, gar nichts, er sagt nichts. Er will nur nicht, daß er nach Hause kommt. Das will er nicht. Und ich habe gesagt: ‚Du weißt ganz genau, wenn der Junge nach Hause will, kommt er auch nach Hause, und wenn ich dann gehe!'. ‚Ja', sagt er, ‚dann soll ich doch gehen!'. Dann soll ich gehen. Auch so, wenn er getrunken hat." (VI)

Erinnert die Wohnungsfrage in der Regel eher an alte Konflikte (innerhalb der Familie), so bedeutet die mit dem Entlassungstermin fällig werdende Suche nach einem Arbeitsplatz (resp. Ausbildungsplatz) die Konfrontation mit eher neuartigen Problemen. Natürlich gibt es auch Mütter – es sind aber nur wenige – die bereits über konkrete Erfahrungen bei der Suche nach einem Arbeitsplatz verfügen und die „Gretchenfrage" eines jeden potentiellen Arbeitgebers kennen:

„Nun war er eine ganze Zeit zu Haus. Aber denn hat er auch nur gebummelt. Denn wo er kam, auf der Arbeit, sagten sie denn, ‚Wo waren Sie denn die letzte (Zeit)', das letzte Dreivierteljahr war ja nicht geklebt. Und wenn ihn das einer frug, dann kehrte er gleich wieder um. Schon war er wieder zu Hause und so ist er mächtig wieder hineingeschlittert." (IX)

Die Schwierigkeiten, die mit der Arbeitssuche verbunden sind, beginnen bereits bei der Frage, ob man dem potentiellen Arbeitgeber die Wahrheit sagen oder besser verschweigen soll. (Eine Rückkehr zum alten Lehrverhältnis bzw. zum früheren Arbeitsplatz wurde von den meisten Müttern als eine unrealistische Alternative angesehen und mit ähnlichen oder gleichlautenden Worten kommentiert: „Da braucht er gar nicht mehr hin zu kommen. Ich glaub, im Leben nicht!" (VIII)) Die meisten Mütter, die sich überhaupt zu diesem Problem äußerten, verfügten allerdings noch über keine konkreten Erfahrungen; sie waren der festen Überzeugung, daß die „bürgerliche" Tugend, stets auch die Wahrheit zu sagen, entsprechend honoriert werde. Typisch hierfür sind die folgenden Äußerungen:

„Ich glaube, es ist doch richtig, wenn man es sagen würde. Und viele würden das ja auch akzeptieren, nicht, daß man es gleich sagt, als wenn die es irgendwie dann mal zu hören bekommen. Und ich finde auch, wenn er dann eingestellt wird und vielleicht auf Probe oder so und dann sehen sie ja auch – und erst mal denken sie, ja, den nehmen und wenn sie wissen warum – aber nachdem sie sehen, daß er vernünftig und ordentlich ist und zuverlässig und daß sie dann Vorurteile fallen lassen. So würde ich das sagen." (IV)

„Verschweigen! Also davon halte ich nichts. Wir sind alle der Meinung, daß man derartige Dinge nie verschweigen kann. Das ist keine Basis. Man kann nicht mit dem bösen Gewissen anfangen und dann schließlich immer mit der Angst leben, wenn das jetzt rauskommt, dann bist du geliefert. Ich bin auch für reinen Wein einschenken. Mein Mann sagt allerdings, bei der Bewerbung bei meinem Sohn, man muß das nicht erwähnen, man kann das geschickt umschreiben." (VII)

„Nein, das würde ich nicht (verschweigen). Ich will Ihnen mal sagen, wenn's nicht unbedingt sein muß. Ich kann von meinem christlichen Standpunkt aus schon niemand belügen. Ich muß sagen, ich bin mit der Wahrheit immer am besten gefahren!" (VIII)

Die Mütter, die diese Äußerungen gemacht haben, sind gutgläubig. Die eine ist guten Glaubens, weil sie an das Gute glaubt, sich den guten Ausgang der Bewerbung („dann lassen sie Vorurteile fallen!") einredet, die anderen beiden glauben an die Macht von Alltagsweisheiten, daß nämlich ein totaler Neubeginn nicht gleich mit einer „Lebenslüge" beginnen darf und daß man mit der Wahrheit immer am besten fährt. Ganz anders die Erfahrungen und also auch die Empfehlungen des Sozialarbeiters (resp. eines Vertreters des Arbeitsamtes), die auf der Kur zu den Müttern sprachen:

„Das besprach ich auch mit dem Herrn, der hier war. Und sag, ob er (der Sohn) sich nicht strafbar macht, wenn er es verschweigt. ‚Nein', sagt er, ‚er kann ihm (dem Arbeitgeber) erzählen, er ist auf Reisen gewesen!'. Er hat nicht nötig, ihm das zu erzählen." (IX)

Eine Mutter, die schon die Reaktion auf ihre und ihres Mannes Liebe zur Wahrheit erfahren hat, weiß zu berichten:

„Meistens heißt es, ‚ja, also, im Moment ist die Arbeitslage so schlecht, wir können niemand gebrauchen, wir stellen niemanden ein jetzt, wir müssen sehen, daß wir unsere Leute halten können'. Oder: ‚wir haben Entlassungen auch. Da können wir nicht auf der einen Seite entlassen und auf der anderen Seite Leute einstellen, gell'. Jetzt hat mein Mann (. . .) bei mir in der Firma vorgesprochen beim Personalchef. Der hat ihm keine ablehnende Antwort gegeben, aber auch keine Zusage. Er hat nur gesagt (. . .), er würde (als ehrenamtlicher Helfer) die Probleme kennen, und er war froh, daß wir ihm dies mal gesagt haben." (XI)

Diejenigen Mütter, die von sich aus aktiv geworden sind und bei potentiellen Arbeitgebern bzw. beim Arbeitsamt nach einer Stelle für ihren Sohn nachgefragt hatten – eine Minderheit unter den Befragten, denn wie es scheint, provoziert der unter ihnen verbreitete Typ der „mater dolorosa" (vgl. Kap. 12) eher eine reaktive, abwartende Einstellung – berichten in der Regel von Enttäuschung bereitenden Erfahrungen. Eine von ihnen drückt dies so aus:

„Ja, wir versuchen halt, daß wir Arbeit finden für ihn, und auch der Bewährungshelfer. Wir haben ein bissle vorgefühlt. Das war negativ bis jetzt (. . .). Wir waren bereits auf dem Arbeitsamt und die haben uns gesagt, sie haben keinen Arbeitsplatz. Gerade der Herr, der zuständig ist für Strafgefangene, der hat gesagt, sie haben keinen Arbeitsplatz. Und auch der Bewährungshelfer, mit dem habe ich mich auch bereits in Verbindung gesetzt, und der hat auch gesagt, er hätte niemanden, er hätte noch mehr, die keinen Arbeitsplatz haben." (XI)

Eine der Mütter weist darauf hin, daß der „Schwarze Peter" immer bei der Partei liegt, die um Arbeit nachsucht:

„Ich meine halt, man sollt's lieber gleich sagen, weil, wenn sie es nachher erfahren, sonst ist's ja auch wieder schlecht, die haben's vertuschelt, nicht. Weil erfahren tun sie's doch." (II)

Die Mütter nehmen bei dieser Angelegenheit eine zwiespältige Haltung ein, die möglicherweise fürs „Überleben" funktional ist. Einerseits nehmen sie die objektiven Schwierigkeiten, die mit der Arbeitssuche verbunden sind, durchaus wahr, Schwierigkeiten, die sie entweder bereits selbst erfahren oder von denen sie wenigstens gehört haben. Andererseits hoffen sie gerade in ihrem konkreten Fall auf einen guten Ausgang. Diese Hoffnung richtet sich entweder auf ihnen „mächtig" erscheinende Institutionen (Bewährungshelfer bzw. Arbeitsamt als institutionalisierte „Nothelfer") oder die Mütter machen sich dadurch selbst Hoffnung, daß sie ihren Fall als „atypisch" interpretieren: der Sohn hat dann deshalb gute Chancen, weil er kein „wirklicher Krimineller" ist oder weil der soziale Status des Mannes und die damit verbundene Reputation außergewöhnlich ist. Bezeichnend hierfür ist die folgende Gesprächspassage:

Frage: Glauben Sie, daß man auf Anhieb eine Stelle finden könnte?

Antwort: „Nein, ausgeschlossen. Also, ein Arbeitsplatz für die Kinder, die jetzt hier rauskommen aus Haftanstalten, das ist, glaube ich, das ganz große Problem."

Frage: Das haben Sie von anderen gehört?

Antwort: „Von allen, und ich glaube es auch bei uns."

Frage: Haben Sie schon selbst (etwas unternommen)?

Antwort: „Na, wir haben ja noch nichts versuchen können. Also, mein Mann, der hat ja nun an sich einen sehr guten Ruf und wo er hinkommt, der erreicht auch immer alles, was er will. Und Bundeswehr ist ja an sich keine Straftat in dem Sinne, daß man da die Nase rümpfen müßte (es handelt sich um Fahnenflucht in Verbindung mit Drogendelikten). Es gibt ja so viele andere Verweigerer. Und ich glaube, das würde dem Wolfgang an sich nicht allzu viel schlimm anhängen, nehme ich an, denn es ist ja keine Straftat in dem Sinne, als wenn ich da nun ein Verbrechen begangen habe, nicht? Aber im allgemeinen ist ja jetzt der Arbeitsmarkt doch sehr schwierig, weil ja viele entlassen werden und die Stellen jetzt durch die Abgänge besetzt sind und gesichert sind, so daß für den Jungen keine großen Chancen bestehen."

Frage: Und hier bei den Unterhaltungen (der Mütter untereinander) scheint herausgekommen zu sein, daß dies das große Problem ist!

Antwort: „Ja, die kriegen keine Stellen. Die Leiterin (von der Bewährungshilfe) hier aus N., die hat uns auch gesagt, sie hat sich auch schon so vielfältig bemüht, und die hat wirklich allerhand Kraft, das zu tun, aber sie hat nichts erreicht, überhaupt nichts." (VII)

Dieser „Doppelaskpekt": Resignation und Angst auf der einen Seite, Hoffnung und Naivität auf der anderen Seite (dies immer dann, wenn es um den „atypischen" eigenen Fall geht), haftet auch den beiden folgenden Antworten an:

„Ja, da habe ich Angst . . . Also, wegen der Arbeit hat er (der Bewährungshelfer) gesagt, ‚das werden wir mit dem Heinrich schon schaffen, weil der Heinrich ist nicht schlecht', hat er gesagt. Er gibt viel auf den Heinrich. Also, er hat schon ein paarmal mit ihm gesprochen, eben nicht nur einmal, vielleicht vier- oder fünfmal . . . Unser Heinrich meinte auch, ‚Mutti, was meint mein Bewährungshelfer dabei!'. Sag ich, ‚Heinrich, er hat gesagt, wenn Du rauskommst . . ., dann kommt er und dann geht er wegen Arbeit', hat er gesagt und wird auch gucken." (VI)

„Es gibt große Schwierigkeiten, es gibt große Schwierigkeiten. Es gibt in K. (= Herkunftsgemeinde) doch etliche Firmen, ich weiß nicht welche Firma, das weiß ich im Moment nicht zu sagen, die doch sagen, gut, ich nehme einen Strafgefangenen mit auf. Ich meine, es gibt ja Chefs, die sagen, gut, der eine hat die Dummheit gemacht, der andere hat die Dummheit gemacht. Deshalb müssen ja nicht alle Verbrecher sein. Das hat damit nichts zu tun. Ich nehme die Leute auf. Natürlich, das wissen nur die Gerichte oder die Bewährungshelfer, wo sie sich hinwenden können." (I)

Auch dies eher ein Beispiel dafür, wie man sich selbst Hoffnung einredet, wie man den Chef, der vorbehaltlos Strafgefangene einstellt, (weil er den Standpunkt der Mutter teilt: „Der eine hat die Dummheit gemacht, der andere hat die Dummheit gemacht. Deshalb müssen ja nicht alle Verbrecher sein!"), herbeiredet – einen gänzlich „anonymen" Chef, der bei den zuständigen Instanzen „geführt" wird, deren Vertreter allerdings (im Rahmen einer zum Kurprogramm gehörenden Vortragsreihe) berichtet hatten, (worüber dieselbe Mutter weiter unten berichtet!), daß die Vermittlung von Arbeitsplätzen bzw. Ausbildungsstellen auch ihnen größte Schwierigkeiten bereite.

Bei den Müttern ist die Erwartung verbreitet, nicht nur zur Bewältigung dieser konkreten Problemlage, sondern auch zur Bewältigung aller übrigen mit der Haftentlassung verbundenen Probleme von den „helfenden" Instanzen „rezeptartige" Handlungsanleitungen angeboten zu bekommen. Diese Erwartungshaltung scheint dafür verantwortlich gemacht werden zu können, daß Amtsvertreter dann sämtliche (auch sich wechselseitig ausschließende) Verhaltensstrategien (vom „Verschweigen" bis zum „Wahrheit-Sagen") benennen, so daß guter Rat dann wirklich teuer ist und sich die betroffene Mutter den guten Ausgang der Geschichte selbst wieder ausdenken muß:

„Es wurde hier auch das Thema aufgeworfen, ja, wie ist es denn, wenn unsere Kinder dann wieder aus der Anstalt rauskommen und sie gehen, müssen ja wieder zur Arbeit gehen. Wie sieht die Sache aus, wenn der Arbeitgeber fragt, ‚wo haben Sie die letzte Zeit denn gearbeitet? Hier steht ja nichts oder hier ist nichts vermerkt.' Sollen wir sagen, die Kinder sagen, wir waren im Knast! Also Knast, das ist ja ein Kurzwort, da weiß dann jeder Bescheid. Wir saßen in der Anstalt, oder soundso viel Jahre waren wir im Knast, oder sollen wir sagen, wir waren im Moment nicht da oder wir waren auf Reisen (. . .). (Der Jugendrichter) hat gesagt: ‚Sie sind nicht verpflichtet, dem Arbeitgeber zu sagen, wo Sie gewesen sind. Das geht ihn nichts an.' Er sagte, ‚Natürlich, wenn der dann weiterbohrt, da sieht ja die Sache dann schon wieder anders aus. Sie können ihm das natürlich auf sehr feine und anständige Art und Weise dann sagen: ‚Passen Sie auf, das und das Problem habe ich gehabt, ich habe dafür eine Jugendstrafe verbüßt und ich will mich natürlich bemühen, daß es nie mehr, es passiert bei mir nicht mehr.' Oder: ‚Versuchen Sie mich bitte einzustellen." Oder die Leute werden, wenn es durch die Bewährungshilfe geht, oder am Arbeitsamt sind ja auch Leute, die wissen, die Leute kommen vom Strafvollzug, wir vermitteln die dort und dorthin. Dann wird das Thema von Chefs Seite überhaupt nicht mehr aufgeworfen. Die Leute werden eingestellt, auch die Arbeitskollegen bekommen nichts zu hören (. . .). Wenn natürlich darüber gesprochen wird, (das fällt dann) unter Verleumdung oder üble Nachrede. Das fällt unter üble Nachrede dann." (I)

Nur wenige Mütter versuchen noch während der Haft den Sohn mit den Anforderungen, die das „Leben in Freiheit" stellt, d. h. mit dem Zwang, der von der „Sozialdisziplinierung" ausgeht, zu konfrontieren. Hinter dem Problem der Arbeitssuche versteckt sich nämlich der „gesellschaftliche Zwang zum Selbstzwang" (Elias), der sich vor allem als „Zeitdisziplin", im Einhalten geregelter Arbeitszeiten, äußert:

„Ja, meistens kam er immer wieder darauf zurück, so ungefähr, was wird. Und wie können es wir machen. Und immer: ‚Du mußt arbeiten, Du mußt einer geregelten Arbeit nachgehen!'. Also irgendwie einimpfen wollte ich das. Aber, dann sehe ich, dann kam wieder die Mauer und dann erzähle ich, ‚Der hat sich verlobt und der hat umgeschult und der hat segeln gelernt', und Allgemeines besprochen, nicht. Aber, trotzdem, mein Ziel war immer, Du mußt jetzt überlegen, wie Dein späteres Leben weitergehen soll, und was man jetzt schon tun könnte, daß Du wieder auf die rechte Bahn kommst." (X)

Diese Äußerung vermittelt nicht nur einen Eindruck von der schwierigen Doppelrolle der Mütter – sie sind diejenigen, die den Kontakt zum Sohn aufrecht erhalten und ihm ihre Hilfe anbieten, sie sind aber auch zugleich diejenigen, die ihn mit den Pflichten, die er nach seiner Haftentlassung auferlegt bekommt, konfrontieren, sie ihm beizeiten „einimpfen" wollen – dieses Zitat macht aber auch deutlich, daß die Suche nach Arbeit womöglich deshalb auch so schwierig ist, weil sie die „Außer-Tritt-Gekommenen" mit der Vorstellung einer „regelmäßigen Lebensführung" konfrontiert, gegen die sie sich möglicherweise schon immer gewehrt haben.

Und es ist ja gerade der Arbeitssektor, der das höchste Ausmaß an „Regelmäßigkeiten und Regelhaftigkeiten" aufweist. Das Problem verschärft sich dadurch, daß im allgemeinen unterstellt wird, die in der „Totalen Institution" der Strafanstalt durch einen genau geregelten Tagesablauf und andere Disziplinierungstechniken erzeugte „Disziplin in der Lebensführung" würde sich auch außerhalb der Anstalt „bewähren" (innerhalb der Anstalt bilden diese Techniken eine der wichtigsten Voraussetzungen dafür, daß wenige (Anstaltspersonal) über viele (Insassen) herrschen können.) Allerdings sehen nur ganz wenige Mütter einen unmittelbaren Zusammenhang zwischen bestimmten Merkmalen der „Totalen Institution" (geregelter Tagesablauf, bis ins Detail geregelte Aktivitäten bei viel „Leerlauf") und dem Phänomen, daß ihre Söhne während der Haftphase „die ganze Selbständigkeit verlieren" (X):

„Nun, ja, erst ja, wie soll ich sagen, sie haben dort (in der herkömmlichen Strafanstalt) ja nun keine Verantwortung. Und das dauert doch ja ein bißchen, so bis er (hier: der Ehemann) sich wieder eingelebt hat und so. Wie soll ich das nun formulieren. Er muß ja auch wieder, daß er Verantwortung kriegt, so das Verantwortungsgefühl, das ist so ein bißchen weg." (IV)

„. . . ganz schrecklich finde ich, daß man den Jugendlichen, ob es nun Jugendliche sind oder noch jüngere Menschen, daß man denen überhaupt keine Gelegenheit gibt, daß sie mal über etwas nachdenken, zum Denken mal gezwungen werden oder keine Anregungen ihnen gibt. Daß sie dann nur stur und steif in ihren Zellen sitzen, oft noch in Einzelzellen und monatelang da sitzen und sich dann aus Verzweiflung anfangen, ihre Arme zu tätowieren oder sonst was machen, bloß damit sie von ihrer Untätigkeit abkommen und damit sie nicht ganz verblöden. Daß man ihnen keine Lektüre anbietet, mit ihnen keine Gespräche führt, daß man ihnen nicht irgend etwas nachlernen läßt, was vielleicht fehlt. Und das kann man doch schon in der Strafanstalt machen. Also, das ist doch jetzt die größte Verdummung und Verblödung, die es überhaupt gibt, wenn sie da monatelang sitzen und stur und steif in ihrer Zelle sitzen und nur ihr Essen reingeschoben kriegen. Also da hab ich einfach kein Verständnis dafür. Man kann jetzt solche Menschen nicht umerziehen, die treffen sich dann höchstens beim Kirchgang oder bei irgendeiner anderen Sache, bei einer halben Stunde Rauslaufen oder beim Sport. Dann können sie sich alles Mögliche zuflüstern, und dann werden sie wieder eingesperrt. Und dann werden sie mit diesen Gedanken, die sie da aufgegriffen haben, da werden sie dann wieder alleine gelassen. Und das kann ja gar nichts einbringen, möcht ich sagen.“ (GD, 3)

„Ja für mich ist das ja ganz neu. Mein Sohn sitzt ja das erste Mal dieses Jahr ab. Aber er hat eben eine Woche Urlaub gehabt. Wenn ich ihn dann spreche oder besuche, bin ich jedesmal schockiert, wie er sich nicht zu seinem Vorteil geändert hat. Er ist nicht gerade schlechter geworden, aber von einer Erziehung im Strafvollzug, davon kann ja gar nicht die Rede sein. Das ist keine Erziehung, jemand morgens um 6 zu wecken, rechtzeitig sein Frühstück einzunehmen und seine Zelle saubermachen, das ist für mich keine Erziehung.“ (GD, 3)

Die Suche nach einem Arbeitsplatz stößt dann auf besondere Schwierigkeiten, wenn sich der vor der Entlassung stehende Sohn mit erheblichen finanziellen Forderungen (der von ihm Geschädigten) konfrontiert sieht. Aus der Sicht der Mütter hört sich das so an:

„Er sagt, ‚Mutti, was soll ich denn, ich bin ja gezwungen, da zu bleiben‘, sagt er. ‚Wenn ich rauskomme, stehe ich mit dem Rücken an der Wand. Dann kommen sie alle auf mich zu. Jeder will Geld haben‘. Da verzagt er. Das schafft er nicht. . . Stellen Sie sich vor, wenn er jetzt Lohn kriegt, und die sagen gleich, ja, den Mindestsatz dürfen Sie behalten, das andere geht für die Schulden weg, da schnappt er doch durch. Dann dreht er durch, dann ist wieder dasselbe Theater. Dann geht das von vorne wieder. . . Der (Bewährungshelfer) hat sich eigentlich sehr viel Mühe gegeben. Der hat (ihm) mehrere Arbeitsstellen nachgewiesen. Aber sie sind auch so lustlos, die haben auch keinen Mut, weil sie sich ja auch so gehemmt fühlen. Er hat ja gar keinen Mut mehr, irgend etwas anzufangen. Den hätte man zur Arbeit prügeln müssen." (IX)

„Ja freilich, aber weil wir jetzt wissen, das viele Geld, das da noch kommt (=Geldforderungen). Jetzt haben wir Angst. Sonst ham wir immer gesagt, wenn er hamkommt, mir gehen schon vorher aufs Arbeitsamt, bevor er da ist. Er geniert sich vielleicht mit uns, gell. Allein geniert er sich auch, da machen wir das schon alles. Wir haben ihm das auch schon gesagt. ‚Wir suchen Dir scho a Geschäft oder gehen aufs Arbeitsamt, so daß der Anfang schon da ist'. ‚Das braucht Ihr alles net mache', hat er gesagt, ‚wenn ich hamkomm, ich such mir schon a Geschäft'... Noch immer halten wir zu ihm und möchten ihm helfen. Nur jetzt habe ich die Angst, daß wir ihm nicht mehr helfen können. Drum sag ich, leb ich in der Angst, daß ich ihm nicht mehr helfen kann... Das viele Geld. Und weil er sagt, wenn er schafft, hat er nichts mehr, da nehmen sie ihm das Geld weg. Und wenn er schon keine Arbeit gar nicht kriegt, na, das ist ja auch nichts. Er will nur nicht schaffen, er ist nicht fleißig. Aber von uns möcht er jetzt auch nicht direkt, daß er jetzt bei uns hockt und als „Jetzt gebt mir ein Brot", nicht!" (II)

In nicht wenigen Fällen geht es um die Beschaffung eines Ausbildungsplatzes. Zu den Schwierigkeiten, die allein die Suche eines solchen Ausbildungsplatzes mit sich bringt, gesellt sich das Problem, daß sich der Sohn gegenüber einer Lehre resp. Berufsausbildung desinteressiert zeigt, so daß sich auf diese Weise Konflikte aus der „Auffälligkeitsphase" wiederholen (Abbruch der Berufsausbildung):

„Ja, also eine Lehre will mein Sohn nicht mehr durchmachen. Dazu fühlt er sich schon zu erwachsen und zu alt. Er ist ja an sich schon uralt, wie er sagt, das ist auch schon typisch, nicht. ‚Ich bin uralt!'. Wir wollen ihn als Anlernling irgendwo unterbringen. Ob er nun das Richtige finden wird, ist auch sehr fraglich, denn seine Interessen zeigen sich überhaupt gar nicht. Man weiß gar nicht, wo man anfangen soll. Er ist zutiefst verschlossen. Aber mein Mann schrieb mir jetzt, vielleicht, er hätte jetzt einen Ausweg, er wüßte jetzt vielleicht schon etwas mit ihm anzufangen. Aber ich sehe der ganzen Sache noch sehr skeptisch entgegen..." (VII)

Auch bei dieser Äußerung fällt wiederum auf die „Gemengenlage" aus realistischen Einschätzungen der Lage und „unrealistischen Annahmen", die die Vision eines „Auswegs" eröffnet. Solange sich die Familienangehörigen wechselseitig mit derartigen Visionen vertraut machen, scheint ihre eigene Lage noch nicht auswegslos bzw. hoffnungslos zu sein.

Die konkreten, in der Regel Enttäuschung bereitenden Erfahrungen gerade bei der Arbeitssuche werden von den Müttern zu dem Befund verallgemeinert, daß man von keiner Seite „echte Hilfe“ erwarten kann. Auch jene Mutter, die den Katalog der „helfenden Instanzen“ vollständig herunterbetet, verrät Resignation und Enttäuschung, selbst wenn sie diese hinter der langen „Helferliste“ verbirgt, deren Länge sich nach der einfachen Regel bemißt: Je länger die Liste, desto größer die Hoffnung auf wirksame Hilfe!

Frage: Haben Sie jemanden, der Ihnen helfen kann?

Antwort: Ich hoffe es, ich hoffe es, daß mir der Bewährungshelfer (hilft), wenn (mein Sohn) vorzeitig entlassen wird. Mein Sohn bekommt ja sowieso wieder einen Bewährungshelfer. Oder wenn er die Strafe voll absitzen muß, daß ich mich vorher schon, lange Zeit vorher, mit der Sozialfürsorgerin in Verbindung setze, oder mit dem Anstaltspfarrer oder mit dem Amt für Familienfürsorge. Nun weiß ich schon inzwischen, wo ich eventuell hingehen kann, eventuell Gefangenenfürsorge, Arbeitsamt. Das ist natürlich sehr wichtig, daß ich mich an diese ganzen Stellen wende. Und ich werde mich daran wenden, da können Sie sich darauf verlassen. . . Ja, wer kann helfen? Das Amt für Familienfürsorge kann helfen oder die Gefangenenfürsorge. Oder eben diese Stellen. Ich muß sie mir irgendwie noch raussuchen. Und ich muß mir die Adressen noch aufschreiben, wo ich mich da überall noch hinwenden kann. . .“ (I)

Steigert sich hier die Zuversicht gewissermaßen beim Deklamieren der Instanzen, die man allerdings nur vom bloßen Hörensagen kennt, so sinkt sie im umgekehrten Fall auf den Nullpunkt: mit jeder weiteren Instanz, mit der man Bekanntschaft gemacht hatte, wächst die Enttäuschung über ausgebliebene Hilfe:

„Aber ich möchte a mol wohin, wo man mir helfen kann. Wo man einem mal einen richtigen Rat geben kann, was wir mache solle. Das kann, kein Mensch kann uns helfen. Wir müssen unsere Sorgen tragen alleine. Wir müssen uns allein helfe. Ich hab so eine Freude gehabt, wenn ein Jugendrichter kommt (gemeint ist die im Rahmen der Kur einprogrammierte Vortragsreihe von Vertretern verschiedener Instanzen sozialer Kontrolle). Der weiß auch nix. Der Bewährungshelfer, der sagt, oh, er hat so viele, der kann sich net um alle kümmern, net. Und im Kino haben wir gesehen, wie's ihnen geht, wenn sie auf Arbeitssuche gehen. Der Jugendrichter hat gesagt, anfangen tut erst die richtige Straf, wenn sie da rausgehen. . . Überhaupt, wenn einer 3 Jahre drin war, da hat sich haußen vieles verändert, wie zum Beispiel, hat er gesagt, der Bus. Wie der noch hauße war, hat er die Fahrkarte noch beim Schaffner geholt. Wenn jetzt einer rauskommt und des nicht weiß, der sucht a Schaffner. Da sagen die Leute, wo kommt denn der her! Der weiß das nit a mal. Und da ist schon wieder ebbes zu finden, daß dann gesagt wird, „Sie wisse das net!'. Da muß man denen noch so viel sage, bevor sie entlasse werden, alles. Daß sie net glei wieder von vorne anfangen!" (II)

Eine andere Mutter sagt dasselbe in zwei Sätzen:

„Ja, nun, wir haben das Gefühl, jeder, der kommt, will uns helfen, sicher. Aber ich sage Ihnen, im Grunde genommen kann uns gar niemand helfen." (VIII)

Dies scheint eine unter den Müttern weit verbreitete Einstellung zu sein, wenn auch die einzelnen Bemerkungen, die diese Einstellung dokumentieren, einen unterschiedlichen Differenzierungsgrad aufweisen, wie dies der folgenden Äußerung zu entnehmen ist:

„Also, das ist schon eine nervliche Belastung, weil so viel gesprochen wird, und immer wieder werden dann die Probleme aufgewühlt, und eine wirkliche Hilfe hat man dann doch nicht, gell. Man geht dann mit seinen Problemen doch wieder nach Hause, man muß sie selbst bewältigen, gell. Man kann hier keine echte Hilfe erwarten, will ich einmal sagen. Man kann ja nicht sagen, ‚Jetzt gehen Sie heim und machen dies und jenes!'. Ich meine, es ist ja jeder Fall verschieden, das kann man ja nicht verlangen. . . Der erste Vortrag war ein Bewährungshelfer. . . ich glaube, Zweidrittel haben da geweint abends von den Frauen. Der hat ihnen die Lage so trostlos gemacht und so hoffnungslos, gell. Grad wenn die jungen Leute dann wieder rauskommen. Wir haben eigentlich geglaubt gehabt, man würde irgendwie einmal was erfahren, wie man sich verhalten könnte, wenn sie wieder rauskommen. Denn man steht ja da vollständig, man weiß nicht, an wen man sich wenden muß, das muß man alles selber irgendwie rausfinden und macht dabei manch unnötigen Gang und sorgt sich ab, was oft vielleicht als gar nicht nötig wäre." (XI)

Die Einstellung zu den „helfenden Instanzen" ist ambivalent: die einen schließen von dem bloßen Dasein und der Vielzahl der Instanzen, die sich mit Kriminalität und ihren sozialen Folgen für den einzelnen beschäftigen, auf eine wirksame Unterstützung bei der Lösung ihrer konkreten Probleme, für die anderen (und das ist hier die Mehrheit) ist der bloße Verdacht, daß diese Instanzen Kriminalität „nur" verwalten, bereits zu sicherer Gewißheit geworden. Ganz sicher sind sich in dieser Einschätzung jene Mütter, deren Söhne als Drogenabhängige kriminell geworden sind; diese Mütter haben am ehesten erfahren, daß sie mit ihren Problemen durch die „Zuständigkeiten" durchfallen bzw. daß sie zuständigkeitshalber an Stellen verwiesen werden, die ihnen ihre Routineprogramme, die auf die Lösung ganz anderer Probleme zugeschnitten sind, angedeihen lassen. Die Mütter fühlen sich ratlos und allein gelassen!

8. Zur Dominanz von „Beziehungskommentaren" bei der Beurteilung der Kontakte mit Instanzen sozialer Kontrolle

Im Laufe der kriminellen Karriere des Sohnes haben die Mütter vielfältige Kontakte über die bereits beschriebenen hinaus zu jenen Institutionen bekommen, die im Sprachgebrauch der „neuen Kriminologie" „Instanzen der sozialen Kontrolle", in dem der Mütter „Behörden" genannt werden. Im Vorfeld der Kriminalität, während der „Auffälligkeitsphase", waren dies z. B. Jugendamt, Fürsorge, Erziehungsberatungen und -heime, Ärzte und Entziehungsheime für Drogenabhängige. In der Phase der Strafverfolgung kamen die Mütter erstmals mit der Polizei, mit Staatsanwaltschaften, Gerichten, Jugendgerichtshelfern und Rechtsanwälten in Berührung. Einige Jugendliche, deren Vollstreckung der Haftstrafe zunächst auf Bewährung ausgesetzt war, hatten auch Kontakt mit Sozialarbeitern von der Bewährungshilfe. Den Frauen mag schwergefallen sein, die unterschiedlichen Institutionen und deren Funktionen auseinanderzuhalten. Das schimmert z. B. in der eigenwilligen Bezeichnung von Sozialarbeitern als „Sozialbetreuer" (XI) durch. Mit einiger Plausibilität könnte vermutet werden, daß der Zwang, immer wieder neuen Amtspersonen die Familiensituation eröffnen zu müssen, von den Müttern als belastend bzw. ärgerlich empfunden wurde. Dies scheint nicht der Fall gewesen zu sein, wie überhaupt negative Äußerungen kaum fallen.

Die dem labeling-approach verpflichtete Kriminologie fragt insbesondere nach den kriminalisierenden Einflüssen der Instanzen sozialer Kontrolle. Vermutet die herkömmliche Kriminologie, daß z. B. Schichtzugehörigkeit und/oder Familiensituation „im Individuum eine erhöhte Motivation zu abweichendem Verhalten erzeugt", so geht der labeling-approach davon aus, „daß jemand, der diesen sozialen Situationen entstammt, damit rechnen muß, daß sein Verhalten eine größere Wahrscheinlichkeit in sich trägt, von anderen, insbesondere aber von den Trägern der öffentlichen sozialen Kontrolle als abweichend bzw. kriminell definiert zu werden, als jemand, der sich in der gleichen Weise verhält, jedoch einer anderen sozialen Schicht angehört oder aus einem intakten Familienmilieu kommt" (Sack 1974, 472 f.). Bisher ist offengeblieben, inwieweit der stigmatisierende und kriminalitätsverstärkende Einfluß von Kontrollinstanzen ins Bewußtsein der Bevölkerung gelangt ist. Aus den Interviews mit den Müttern könnte man folgern, daß von dieser Dimension institutionellen Handelns keine Vorstellung vorhanden ist, eher hat man den gegenteiligen Eindruck von Entlastung durch diese Funktionsträger, die nicht in ihrer Rolle als „Kontrolleure" wahrgenommen werden, sondern bei denen in erster Linie die personale Beziehung angesprochen wird, so daß diesbezügliche „Beziehungskommentare" dominieren.

Nur in zwei Fällen lassen sich aus der dargebotenen Schilderung (story) ansatzweise Prozesse rekonstruieren, die kriminalitätsverstärkende Einflüsse von Kontrollinstanzen abbilden; nur ist es dann nicht mehr die Sehweise der erzählenden Mutter (Großmutter), sondern die Perspektive des ihre Erzählung verarbeitenden Experten.

Der erste Fall stellt sich stark verkürzt wie folgt dar: Die Großeltern haben den Enkel bei sich, dessen Eltern ohne ihn nach Brasilien auswandern wollten. Die Auswanderungsbehörden machen die Auflage: „. . . Entweder nehmen Sie alle Kinder mit oder Sie bleiben hier". Daraufhin beschließen die Eltern, den Sohn entgegen der ursprünglichen Absicht mitzunehmen, hier schreitet jedoch das Jugendamt ein und untersagt die Mitnahme des Sohnes: „. . . Gibt's nicht, der Junge bleibt hier!" Das Jugendamt verhindert die Ausreise des Enkels: „Und da haben sie mir von einem Tag zum anderen den Jungen weggeholt, und da kam er in dieses (Erziehungsheim)"(V). Was die Großmutter nicht weiter ausführt, kann man sich leicht vorstellen: Auf diese Weise hat sich wahrscheinlich das Verhältnis des Enkels zu seinen Eltern noch weiter verschlechtert, da diese nicht ausreisen durften und sich nach dem bereits erfolgten Verkauf des Hauses und der Kündigung der Arbeitsplätze eine neue Existenz aufbauen mußten. Für den Enkel hatte die Entscheidung des Jugendamtes zur Folge, daß er seine Jugend (er war gerade vierzehn Jahre alt) weder im Elternhaus noch bei den Großeltern verbringen konnte, sondern unter den repressiven Bedingungen des Erziehungsheimes heranwuchs, denen er sich wie viele andere auch durch Flucht – wenigstens zeitweilig – entziehen wollte. Damit war einer jener Automatismen in Gang gesetzt, die die kriminelle Karriere vorantreiben (zur Illustration vgl. Werner 1969).

Auch der zweite Fall kennt als Einstieg in die kriminelle Laufbahn das Erziehungsheim und die Flucht mit den ersten schwereren Straftaten; im Unterschied zu dem oben zitierten Fall, klingt hier Kritik der erzählenden Mutter an:

„Dann haben wir empfohlen gekriegt, wir sollen mit ihm zur Nervenärztin gehen. Da sind wir nach S. zu Frau Dr. K. Und die hat gesagt, wir sollen ihn rausholen aus der Oberschule, sollen ihn wieder in die Hauptschule tun. Das haben wir auch gemacht. Der Wechsel ist eigentlich gut vonstatten gegangen, gell ... Da haben wir uns nicht mehr zu helfen gewußt, da sind wir auf die Erziehungsberatungsstelle gegangen in H. Und da haben die gesagt, also Tests gemacht, also bis zur Bewußtlosigkeit, das Gesundheitsamt. Und was wir mit dem Bub rumgesprungen sind. Und da haben die in der Volksschule ... gesagt, sie würden ihn nicht mehr behalten. Da war er in der 8. Klasse nach der Konfirmation. Und das Schulamt hat drauf bestanden, er muß sein 9. Schuljahr machen. Da haben wir gesagt, ja, wo sollen wir denn hin mit ihm. Da haben die gesagt, wir sollen ihn in ein Heim tun, er soll sein 9. Schuljahr in einem Heim machen, wo eine Sonderschule hat, das haben wir dann gemacht. Dann haben wir ihn nach W., weil dort gerad' Platz war, hin, und von dort aus hat's angefangen. Da ist er ausgerissen, da haben sie einen Omnibus aufgebrochen ...“ (XI)

Alle übrigen Frauen verneinen die an sie gestellte Frage nach negativen Erfahrungen im Umgang mit den oben aufgeführten Institutionen. Ihr überwiegend positives Urteil könnte verschiedene Gründe haben. Einer ist sicherlich darin zu sehen, daß einigen Müttern wirklich Hilfe zuteil geworden ist. So berichtet die Mutter des Drogenabhängigen, sie sei sehr oft mit ihren Sorgen zum Bewährungshelfer gegangen, auch der Sohn habe sich mit diesem gut verstanden; eine Dame der Familienfürsorge habe in einer schwierigen Situation zwischen ihr und dem Gericht vermittelt, die Sache „gerade-gebogen“ (I).

Ferner kann sich die Entlastung vor drückender Verantwortung in ein positives Urteil niederschlagen. Zwei Frauen betonen dies ausdrücklich:

„Ich muß eigentlich sagen, ich bin, seitdem ich weiß, daß der Ingo in Sicherheit ist, ich bin freier geworden, obwohl er ist an keinem schönen Platz, aber, ich hab's ja nicht gemacht, teils vielleicht schon, nicht, daß ich schuld dran bin, aber der Ausführende war ja er nun, nicht. Aber er ist jetzt in Sicherheit. Er hat das gemacht, er muß die Strafe absitzen. Und das beruhigt mich, daß ich nicht jetzt aufpassen muß, wo er ist" (V). Als die Lehrerin die Nachricht bekam, ihr Sohn sei „gefangen", hat sie „gejubelt": ‚Gott sei Dank, ist das Kind von der Straße, jetzt kann er nicht erfrieren, verhungern' " (VII).

Ihre weiteren Ausführungen machen jedoch deutlich, daß nicht allein das Gefühl, wenigstens eine Zeitlang der Sorgen um das Wohlergehen des Sohnes und der Angst vor weiteren Straftaten des Sohnes enthoben zu sein, zu einem positiven Urteil geführt hat, sondern offensichtlich auch die Übereinstimmung mit der strafenden Funktion der genannten Behörden (eine Haltung, die auch die oben zitierte Großmutter eingenommen hatte):

„. . . Jetzt wird es erst einmal eingeleitet, er kommt zur Besinnung, er sitzt erst mal fest, so Bübchen, jetzt besinne Dich erst mal auf Dich selber, Du hast Dir verdammt viel eingebrockt, nicht mehr die andern, jetzt bis Du derjenige, der einmal die Konsequenzen austragen muß und mit sich fertig werden muß" (VII).

Daß die Vorstellungen über Sinn und Folgen der Strafe aber eher diffus bleiben, wurde bereits an anderer Stelle deutlich. Die Beschreibung des Verhältnisses zu jenen Instanzen, mit denen die Mütter häufiger und intensiver als mit dem Gefängnis zu tun hatten, bestätigt dies. Nur selten werden eigene Strafimpulse so deutlich ausgesprochen wie von jener Mutter, die auf die Frage nach negativen Erfahrungen mit dem Gericht antwortet, „wieso, er war ja auf unseren Wunsch da" (VIII).

Ein Indiz für die Latenz der Kontrollfunktion im Bewußtsein der Mütter könnte auch die zu beobachtende Herauslösung der strafenden bzw. kontrollierenden Funktion aus dem Rollenbündel der verschiedenen Funktionsträger sein. Wenn erst einmal, freiwillig oder unfreiwillig, die Schwelle zu Behörden übersprungen wurde:

„Natürlich geht man nicht dort hin, wie zum Kaffeeklatsch oder was. Das ist ganz klar. Man geht irgendwie hin, jetzt mußt du zu einer Behörde gehen, einer geht leichter hin, der andere geht schwerer hin. Einer hat Angst und der andere weniger Angst, oder so ein komisches beklemmendes Gefühl, das hat jeder, wenn er auf eine Behörde muß . . ." (I).

dann tritt an die Stelle von Beklommenheit eine überproportionale Beziehung zum „Menschen", mit dem man auf der Behörde zu tun hat. Die Interviews vermitteln den Eindruck, als würden die Amtspersonen völlig unabhängig von ihrer tatsächlichen Funktionsausübung wahrgenommen und herausgelöst aus den für den Sohn unangenehmen Implikationen ihrer beruflichen Tätigkeit.

Die Ausführungen, die der Frage nachgehen, wie die Mütter das Gefängnispersonal wahrnehmen, zeigen jedoch, daß ihre Erwartungen hinsichtlich der Kontrolltätigkeit der Instanzen anscheinend nur in den Hintergrund verdrängt sind. Dies zeigt sich dann besonders deutlich, wenn es weniger um den Sohn als um die Mutter selbst vor diesen Instanzen geht. Maßstäbe positiver Beurteilung sind auch hier wieder Negativerwartungen, nämlich schlecht behandelt zu werden bzw. Vorwürfe hören zu müssen. Sofern die geringe Anzahl der Interviews überhaupt einen solchen Schluß zuläßt, könnte man behaupten, daß diese Ängste bzw. Befürchtungen bei den Müttern eine viel größere Rolle bei der Beurteilung der Kontrollinstanzen spielen als etwa die Tatsache, inwieweit diese ihrer Aufgabe in Hinblick auf die Aburteilung der Straftat des Sohnes gerecht geworden sind.

Es gibt Mütter, die ihren personenbezogenen Anspruch an Angehörige sozialer Kontrollinstanzen indirekt formulieren. Eine Frau betont, es käme darauf an, „wen trifft man dort an, auf wen trifft man dort" (I), eine andere betont die private Atmosphäre, die im Gericht geherrscht habe und bedauert, daß trotzdem kein richtiges Kontaktgefühl „zusammengekommen" sei (VII). Daß auch die Frauen selber als Person angenommen werden möchten, zeigt die Schilderung der Großmutter. Sie berichtet etwas vorwurfsvoll, sie selbst sei in der Verhandlung kaum zu Wort gekommen, außerdem seien sie und ihr Mann dort überhaupt sehr wenig erwähnt worden: „Also ich möchte fast sagen, als ob wir gar nicht da wären" (V).

Die Schilderungen einiger Begebenheiten demonstrieren, auf welch unterschiedliche Weise die Mütter zwischen Aufgabe und Person der Funktionsträger trennen.

Eine Form besteht darin, die entsprechende Person wohl als Amtsperson zu registrieren, aber die von ihr wahrgenommene Funktion nicht auf sich selbst zu beziehen:

„Ja, als das nun bekannt wurde, bekam auch das Jugendamt, wohl vom Gericht aus, eine Mitteilung und da kam die Dame zu uns ins Haus. Ich kenne sie persönlich, weil wir ja oft mit ihr zu tun hatten, von der Schule aus, und die hat dann mit mir die üblichen Formulare ausgestellt und ansonsten brauchen wir keine Jugendamtbetreuung und sie wüßte auch nicht, was sonst mit uns zu machen wär. Das Kind hat ein ordentliches Elternhaus, und wir müssen eben abwarten, was jetzt kommt." (VII)

Ein anderes Extrem ist das Zusammenfallen von Person und Funktion, so daß die Ebene der persönlichen Beziehungen dominiert: Die Mutter des Drogenabhängigen übernimmt in ihrem Bericht über die „sehr nette" Jugendrichterin Frau Dr. Z. deren eigene personalisierende Selbstdarstellung. Die Mutter schildert, daß Frau Dr. Z. dem Sohn eine Entziehungskur auferlegte und ihm drohte, falls er diese nicht schaffe, sehe die Sache ganz anders aus, dann werde sie „ganz böse" und zeige ihre Zähne ... Das mütterliche Lob – eine „sehr nette" Jugendrichterin – wird nicht durch die hohe Strafe geschmälert, die die Jugendrichterin verhängt hat:

„Zwei Jahre sind sehr, sehr viel in der Strafanstalt, sehr viel. Auf der anderen Seite halte ich sie für gerecht, denn das ist der beste Entzug, den es gibt." (I)

Daß zumindest die Folgen der Tätigkeiten der genannten Funktionsträger selten in Zusammenhang mit ihrer strafenden Tätigkeit gebracht und in der Wahrnehmung überhaupt zurückgedrängt werden, belegt die Reaktion einiger Frauen bei der Konfrontation mit Symbolen staatlicher Gewaltausübung. Diese Symbole haben diese Frauen zutiefst erschreckt, dennoch stellen sie keinen Zusammenhang zur Kontrolltätigkeit her. Einmal sind dies Handschellen, in denen die Söhne vorgeführt wurden. Selbst die „hartgesottene" Mutter, die die Strafe ihres Sohnes in jeder Hinsicht für gerecht hält und davon überzeugt ist, ihr Sohn komme als an Leib, Seele und Geist gesunder Mensch aus der Anstalt heraus, betont, wie gut es gewesen sei, daß sie ihren Sohn nicht in Handschellen gesehen habe (VIII).

Eine andere, ebenfalls von der Gerechtigkeit der Strafe überzeugte Mutter gibt zu:

„Ich will gar nichts wissen, ich kann mir's vorstellen, wie so was zugeht. Ich hab' gehört, mit Handschellen ist er reingekommen, net, na ja, die anderen auch. Na, da hab' ich schon genug gehabt." (II)

Eine andere Frau berichtet, sie sei sehr erschüttert gewesen, ihren Sohn in Handschellen zu sehen; sie meint, so hätte man das nicht machen müssen („daß sie ihn mit Handschellen reingeführt haben, das hat mich sehr erschüttert, denn so hätte man das nicht machen müssen, das hätte man irgendwie anders (machen können)"). Sie fügt dann (personalisierend) hinzu:

„Und die zwei Polizisten, die waren sehr nett, die kannte ich auch, weil ich früher in X. gewohnt habe. Aber bloß vom Sehen her, ich hatte ja nie nichts mit der Polizei zu tun. Die waren sehr freundlich zu mir. Die hatten mir auch erlaubt, Detlef was zuzustecken. Bißchen Schokolade durfte er essen während der Pause und so." (III)

Die Gerichtsverhandlung selbst, das dort sich vollziehende Ritual, werden von einigen Frauen als „unheimlich" und „schrecklich" erlebt. Eine Mutter gibt eine besonders eindrucksvolle Schilderung:

„Ich hab' noch nie ein Gericht gesehen ... Mir war's unwahrscheinlich schrecklich. Ich hätte am liebsten aufstehen können und heulen, aber ich wußte, daß mein Sohn das nie gemacht hätte, wenn mein Mann nicht so gehässig gewesen wäre." (VI)

Auf die Frage, wie denn das Gericht auf sie selbst gewirkt habe, antwortet sie weinend:

„... unheimlich. Ich hab' gedacht, ich steh' vorm Tod da ... Also, ich kann mir gar nicht so erklären, wie ich plötzlich dastand und die standen alle mit ihren schwarzen Dings da." (VI)

Wenig später gibt die gleiche Mutter auf die in einem anderen Kontext gestellte Frage, wie sie heute an die Gerichtsverhandlung denke, eine Antwort, die in der typischen Form des Beziehungskommentars gehalten ist: Alle seien freundlich und nett am Gericht gewesen („... also, die waren unwahrscheinlich nett" (VI)). Dieser (Beziehungs-) Kommentar erstaunt auch deshalb, weil er in Widerspruch steht, sowohl zu der eindrucksvoll geschilderten Furcht vor dem Gericht als auch zu der ablehnenden Haltung, die diese Mutter zu dem vom Gericht ausgesprochenen Urteil einnimmt: „Es war als hätt' mir einer das Herz durchstochen. So was Schreckliches hab' ich mir noch nie vorstellen können" (VI).

Es gibt eine Reihe von Müttern, die den freundlichen Umgang hervorheben, den sie mit Angehörigen von Behörden hatten. Die

Mutter des Drogenabhängigen erzählt, sie habe nie irgendwie etwas Negatives erfahren, man habe (z. B.) mit der Dame von der Jugendfürsorge von Mensch zu Mensch reden können (I). Eine andere Mutter hebt hervor, der Staatsanwalt habe ihr die Hand gegeben, und zu den Helfern des Jugendamtes bestünde eine geradezu freundschaftliche Beziehung (VIII).

Diese und ähnliche Charakterisierungen, die alle den Beziehungsaspekt bei den Behördenkontakten betonen, werden ergänzt durch die Heranziehung weiterer persönlicher Merkmale. Einer Sozialarbeiterin wird bestätigt, sie sei wirklich eine „Junge Dame" (I), die Großmutter kritisiert dagegen, der Enkel habe zuwenig männliche Betreuer gehabt:

„Ja, die ersten Jahre hatte ja Ingo immer Frauen als Betreuerinnen und die Frauen, ich weiß nicht, das waren alles Frauen, die selbst keine Kinder hatten und die nicht verheiratet waren, und ich habe die nicht für voll angesehen." (V)

Ihre Kritik am Jugendamt, das den Enkel immer dann fortgenommen habe, wenn etwas vorgefallen sei, macht die Großmutter an der Kinderlosigkeit der Betreuerin fest: „Also bitte, sehen Sie, da haben wir's. Bringen Sie selber erst mal Kinder zur Welt, und dann können Sie hier welche erziehen wollen" (V).

Die Beziehungskommentare thematisieren auch das Alter der Amtspersonen: Einmal wird hervorgehoben, die sehr nette Sozialarbeiterin sei eine ganz moderne junge Frau, „nicht so ne ältere Dame, so in Ehren ergraut . . ., die schon jahrelang auf der Sozialbehörde ist" (I), umgekehrt wird mehrfach betont, welch netten älteren Herren man unter den Richtern begegnet sei.

Andere Mütter loben Höflichkeit, das Entgegenkommen und die Zuverlässigkeit: Jederzeit habe man den Bewährungshelfer anrufen können (I), wenn man angerufen habe, sei der Betreffende hundertprozentig am nächsten Tag da gewesen (VI). Allerdings gibt es auch kritische Äußerungen; die Großmutter erzählt von einem desinteressierten Mitarbeiter des Jugendamtes, der immerzu gegähnt habe, als sie ihre Sorgen vortrug (V).

Daß die Kommentare der Mütter beinahe ausschließlich persönliche Eigenschaften der Amtspersonen ansprechen, könnte auch methodisch bedingt sein, da die Interviewfragen diese Thematik ansprachen. Das häufig geäußerte Lob beleuchtet allerdings auch einen Aspekt von Sozialarbeit und justizieller Tätigkeit, der von der neueren Kriminologie zugunsten der Stigmatisierungsthese vernachlässigt wird. Gerade bei Funktionen, die von massiven Rollenkonflikten zwischen Ausübung staatlicher Gewalt einerseits und dem Wunsch nach Hilfe für den Probanden andererseits gekennzeichnet sind, zählt persönlicher Einsatz mehr als auf anderen Gebieten behördlicher Tätigkeit. Dazu kommt, daß Gerichtsverfahren auf die Entpersonalisierung von Konflikten angelegt sind, die persönliche Ebene demnach ungewöhnlich stark ausgespart bleibt, so daß umgekehrt auch ein stärkeres Bedürfnis nach der Einbeziehung dieser Ebene provoziert wird.

Insofern wäre es falsch, positive Beurteilungen der Mütter lediglich als Wahrnehmungsprobleme abzutun und nicht die reale entlastende Erfahrung zu würdigen. Eine Mutter hat dies treffend formuliert:

„Und (der Bewährungshelfer) hat sich sehr, sehr große Mühe gegeben, d. h. wir haben das empfunden, er hat sich große Mühe gegeben und er hat es auch getan." (I)

Einerseits weist die Dominanz der Beziehungskommentare auf die verbreitete Strategie hin, komplexe Vorgänge durch Personalisierung zu vereinfachen, andererseits scheint darin ein Hinweis zu liegen, daß Frauen zum Recht und zum Umgang mit Recht und seinen Verwaltern einen anderen Zugang zu haben scheinen als Männer. Die oben geschilderten Beispiele könnte man als typisch für eine frauenspezifische Einstellung werten, bei der Gerechtigkeit im Gegensatz zu Funktionalität und Instrumentalität von Recht eher moralisch begriffen wird. Rechtsverwirklichung soll sich nach dieser Einstellung im Rahmen von persönlichen Beziehungen und personengebundenen Ansprüchen vollziehen, Gerechtigkeit soll an die Beziehungsebene gebunden bleiben (Klein-Schonnefeld 1978, 252). Diese personenorientierte Einstellung zum Recht schließt aber, wie der folgende Abschnitt zeigt, latente Befürchtungen hinsichtlich der kontrollierenden Funktion nicht aus. Beides scheint unverbunden nebeneinander zu stehen.

Die Beziehungskommentare werden unvermittelt abgelöst von Äußerungen, die die Kontrollfunktion der Amstspersonen thematisieren, dann nämlich, wenn diese in Ausübung ihrer kontrollierenden Funktion die mit der Mutterrolle verbundenen Pflichten ansprechen, d. h. Vorwürfe, die Erziehungsfragen thematisieren, direkt an die Mütter richten.

Ein solcher Vorwurf besteht insb. darin, den Sohn oder Enkel zu sehr verwöhnt zu haben, „vertätschelt", wie ein Richter einer Mutter vorhält (VI). Der Großmutter und ihrem Manne wurde z. B. vorgehalten, sie „hätten's an der nötigen Strenge nicht walten lassen" (V). Die Großmutter erwidert, sie hätte „keinen Ansatz zur Strenge" gesehen, „weil er (der Enkel) immer beizeiten zu Hause war, wie er sollte, meistens (sogar) früher". Auch im Rauchen habe sie nichts Verbotenes sehen können, antwortet sie dem Verteidiger, der ihr vorhält, sie hätte dem Enkel statt Zigaretten lieber Schokolade geben sollen (V).

Wie ambivalent allerdings das Verhältnis zur kontrollierenden Funktion der jeweiligen Amtsperson ist, veranschaulichen die ausführlich wiedergegebenen Äußerungen einer Mutter:

„Dann ist da so ein Gerichts, der wo Verteidiger gemacht hat, wir hatten keinen extra, der hat dann angefangen: ‚Detlef hat eine schlechte Jugend gehabt, und mit seiner Mutter hat er sich auch nicht verstanden, das hat sich erst in den letzten Jahren gegeben, daß sie sich verstehen'. Was alles gar nicht wahr war. Ich denke, hoppla, das sieht ja gut hier aus!" (...)

Frage: „Und als Sie damals bei der Gerichtsverhandlung dabei waren, hatten Sie da auch so im stillen für sich das Gefühl, daß sie vielleicht mit auf der Anklagebank sitzen?"

Antwort: „Ja, wie der Verteidiger mich ordentlich angegriffen hat. In dem Moment, das ist ja, der Vater ist Trinker gewesen usw. Das geht ja die ganze Klasse einen Dreck an (eine Schulklasse von Gymnasiasten wohnte der Verhandlung bei), was muß man da das Ganze aufwickeln. Das finde ich nicht richtig (...) Ja, die wollten das ja mehr oder weniger als Abschreckung, daß die Schüler merken, was los ist. Es ist ja schon recht, das sollte man ja auch machen. Aber man sollte doch da auch ein bißchen entweder das nachher irgendwie machen ..., die haben soundsoviel gekriegt dafür, damit die Schüler wissen. Aber nicht den ganzen Ablauf. Die Kinder dann noch vollmachen mit dem Zeugs, was andere. Dann heißt es natürlich: Eine zerrüttete Ehe und da muß ja so was rauskommen, die anderen beiden waren ja aus guten Verhältnissen, also, der eine Vater war Beamter usw., also, da ging ja alles glimpflich. War ja bloß bei mir der Fall!" (...)

Frage: „Sie haben mit dem Jugendamt, mit dem Bewährungshelfer zu tun gehabt. Wie waren da Ihre Erfahrungen?"

Antwort: „Da waren mir alle recht schön ins Gesicht. Mir hat man immer Recht gegeben. ‚Frau X., Sie tun Ihr möglichstes, Sie haben eine saubere Wohnung, Sie haben es so nett', so und so und so. Und ja, ‚was will der denn noch, der hat's doch so schön'. Also, ich bin bloß von denen, auch vom Bewährungshelfer werde ich nur gelobt. Und das paßt mir nicht, denn irgendwie habe ich ja doch einen Fehler gemacht, sonst wär's ja nicht so weit gekommen, denn diese viele Heuchelei, denn das ist vielleicht im Grunde genommen gar nicht ernst gemeint. So empfinde ich es jedenfalls. Das mit der schönen Wohnung, und da gucken sie sich um oder müssen sie ja gucken." (...)

Frage: „Und mit dem Bewährungshelfer, ich frage deshalb, weil Sie vorher mal sagten, also der hätte ja auch gesagt, jetzt muß man mal strenger, schärfer werden. Hielten Sie das damals für richtig?"

Antwort: „Im selben Moment nicht. Ich habe gedacht, ich kenne Herrn Y. schon lange und habe ihn immer sehr gut eingeschätzt usw. Also, er war mir sehr sympathisch, auch er hat mehrere Kinder, und ich dachte, also mit dem kannst du richtig reden. Aber wie er mich dann anrief, daß Detlef wieder rein soll, da ist für mich auch der Faden geknallt, also das Vertrauen ist nicht mehr da . . . Ja, er sei mit dem Hasch in Konflikt gekommen und mit dem Rauschgift da. Und Detlef müßte jetzt seine Bewährung doch absitzen. Und es ging durch's Telefon an der Arbeitsstätte. Also, mein Marktleiter hätte ohne weiteres mithören können. Was auch nicht ganz richtig ist. Er hätte sagen sollen, ‚Frau X., wir wollen uns mal zusammensetzen, bevor die Sache überhaupt geknallt ist. Und jetzt besprechen wir das mal, wie machen wir das am richtigsten' . . . Das wäre viel besser gewesen, als wie, wenn sie mich vor nackte Tatsachen stellen." (III)

Die kontrollierende Funktion von (wie es im Sprachgebrauch der Mütter heißt:) Behörden gerät dann als dominante Funktion in den Aufmerksamkeitsbereich der Mütter, wenn deren Bitte um Hilfe und Unterstützung beispielsweise in der „Auffälligkeitsphase" (also, Rat bei Erziehungsfragen) von den Behörden zurückgewiesen wird, weil diese die aktive Wahrnehmung von Beratungsfunktionen nicht als eine in ihren Zuständigkeitsbereich fallende Aufgabe definieren, sondern sich ausschließlich als reaktiv tätig werdende Kontrollinstanz verstehen:

„Es war ungefähr so, ‚ach, Ihr Sohn ist nicht straffällig, was stellen Sie sich an, das ist heute bei den Jugendlichen so üblich und Mode. Und da kann man nichts draus schließen, und sehen Sie zu, daß Sie ihn in einen Sportverein kriegen und Schluß.“ (X)

„Ja, die (vom Jugendamt) haben uns immer wieder naus getröstet. Die haben gesagt, da kann man nichts machen, das reicht nicht, daß man was unternimmt. Da muß man halt sehen, immer wieder versuchen, das ins reine zu bringen.“ (XI)

„Die (vom Jugendamt) haben gesagt, solange es nicht dicker kommt, könnten sie nichts machen. Wir sind bald verzweifelt.“ (XI)

Es ist offensichtlich, daß die Kontrolle passiv institutionalisiert ist (u. a. eine Folge der konditionalen Programmierung (Luhmann) des Verwaltungshandelns in der Form einer Wenn/Dann-Regel, wodurch dieses von allgemein definierten „Tatbeständen“ abhängig gemacht wird). Die Behörden verhalten sich im Prinzip passiv, warten auf den Fall einer tatbestandsmäßig definierten „Störung“ („Ihr Sohn ist nicht straffällig ...“, „es muß dicker kommen“), deren Vorliegen erst eine Reaktion auslöst. Womöglich bringt diese passive Institutionalisierung auch Skepsis an der eigenen Regulierungsfähigkeit zum Ausdruck; es ist vom Standpunkt des labeling-Ansatzes, der die sozialen Kontrollinstitutionen einer Gesellschaft als Rekrutierungsinstitutionen in den Status des Abweichenden betrachtet, nicht zu verkennen, daß die von der jeweiligen Kontrollinstanz geübte (und den Müttern kritisierte) Passivität eine Wirkung hervorrief, die der Kontrollintention entgegengesetzt ist, was aus der theoretischen Sicht des labeling-Ansatzes nur gutzuheißen ist: „The best thing to do about juvenile delinquency may be stated in one simple four-letter word: Less“ (Wilkins 1967, 183). Immer dann, wenn die Mütter (bzw. Eltern) „Koalitionen“ mit den Kontrollinstanzen gegen den Sohn eingehen, könnte man erwarten, daß deren kontrollierende Funktion eindeutig wahrgenommen wird, zumal ja die Koalition die Absicht verfolgt, die eigenen, als unzulänglich angesehenen Mittel von den weitaus wirksamer eingestuften Mitteln der Kontrollinstanzen ablösen zu lassen. Da jedoch die Koalition mit den Kontrollinstanzen in dem Bewußtsein erfolgt, nur auf diese Weise dem Sohn wirklich helfen zu können, kann die kontrollierende Funktion von der „helfenden“ völlig verdeckt werden:

„Das war ja unser Wunsch. Ich war ja selber beim Staatsanwalt. Ich habe gesagt, alles, was er jetzt anstellt, dafür sind Sie schuld, wenn Sie ihn nicht endlich holen und endlich wegbringen, damit er aus dem Teufelskreis rauskommt. Wir müssen ihn schützen, er kommt von selber nicht mehr heraus. Das war lediglich ein Schutz für unseren Sohn, daß wir ihn haben in den Knast sperren lassen, ehrlich, ja ... Der Staatsanwalt hat es eben nicht fertiggebracht, das war eine sehr unangenehme Sache. Im April sollte die Verhandlung stattfinden. Wir wurden Monat um Monat vertröstet. Ich war also jede Woche beim Staatsanwalt. Jede Woche. Dann war mir die Sache zu dumm ... Nun hat sich das so lange herausgezogen, da bin ich an die Richter gegangen. Dann habe ich den Obersten, ich habe also Beziehungen, den Obersten hab' ich erwischt und dem hab' ich das gesagt. Und innerhalb drei Tagen hatten wir die Anklageschrift, und paar Tage später war die Verhandlung." (VIII)

Auch die Mutter des Drogenabhängigen geht mit der Kontrollinstanz gegen ihren Sohn eine Koalition ein, beispielsweise als dieser aus der Entzugsanstalt überraschend heimkehrt und von unzureichender ärztlicher Versorgung berichtet. Die Mutter setzt durch, daß der Sohn in dieses Heim zurückkehrt. Sie kann sich nicht gut vorstellen, daß man dort „wie ein Stück Vieh" liegengelassen wird (I).

In diesen Fällen offener Parteinahme gegen den Sohn kommt, objektiv gesehen, eine Identifikation mit der Kontrollfunktion zum Ausdruck. In der subjektiven Wahrnehmung der Mütter scheint die Aktivierung der Kontrollinstanzen in der Regel nicht unter „Kontrolle", sondern unter „Hilfe" zu rubrizieren, auf jeden Fall jedoch unter „Entlastung": Die Beschneidung der Freiheit des Sohnes durch behördliche (Kontroll-) Maßnahmen befreit die Mütter (wenigstens zeitweilig) von der Last der Verantwortung und reduziert ihre Befürchtungen hinsichtlich einer unaufhaltsamen kriminellen Karriere des Sohnes erheblich.

9. Zur Rekonstruktion der kriminellen Karriere des Sohnes entlang seiner Biographie oder Warum der Blick zurück entweder am „Sorgenkind" oder am „auf die schiefe Bahn" gekommenen „Musterknaben" hängen bleibt

> „Oft heißt es, (der Täter) sei ‚von klein an ganz anders gewesen' als seine Geschwister. In anderen Fällen wird dagegen versichert, er sei früher ein umgängliches Kind gewesen, bis er in schlechte Hände gekommen sei." (Göppinger 1976, 236)

Im Interview präsentieren die Mütter immer wieder Ausschnitte aus der Lebensgeschichte ihrer Söhne, wobei sich die Auswahl der jeweils dargebotenen Ausschnitte wie die dabei mitgeteilten Informationen offensichtlich auf das Ereignis der festgestellten Delinquenz des Sohnes beziehen, das ihnen die Selbstverständlichkeiten des Alltags hat problematisch werden lassen, so daß aufgrund dieser „Unselbstverständlichkeit" bei den Müttern ein Interesse an Erklärungs- und Legitimierungsmustern unterstellt werden kann (Fischer 1978, 317 f.). Die Mütter bringen also im Interview modifizierend lebensgeschichtliche Orientierungsmuster bzw. Typisierungen zur Geltung, die sie unabhängig von der konkreten Interviewsituation „abrufbereit" präsent haben, da sich diese bei der Bewältigung der eigenen Handlungssituation bereits bewährt haben und immer wieder bewähren (also eine erste plausible Antwort geben auf die Frage nach den Ursachen bzw. Gründen der amtlich festgestellten Kriminalität des Sohnes). Die von den Müttern in diesem Zusammenhang bevorzugte „biographische Methode" produziert in der Regel einen Bericht über soziale „Auffälligkeiten" in beinahe allen Lebensbereichen in frühen Phasen der Biographie.

Eine solche Rückschau, die im Interview soziale „Auffälligkeiten" ausbreitet, unterliegt indes insofern einer besonderen „Gesetzmäßigkeit", als sie das vorgegebene Faktum, nämlich die dem Sohn amtlich bescheinigte Kriminalität, nachträglich bestimmten „auffälligen" Merkmalen ursächlich zurechnet, die sie in der Lebensgeschichte des straffällig Gewordenen zu entdecken glaubt. Die Mütter rekonstruieren (im Interview) die kriminelle Karriere ihrer Söhne entlang des ihnen jeweils vertrauten Lebenslaufes, den sie im Licht der von den Instanzen sozialer Kontrolle übernommenen Interpretationsvorgabe nach „Auffälligkeiten" abtasten. Diese Interpretationsvorgabe steuert den Prozeß der „selektiven Wahrnehmung", die von der Vielzahl der lebensgeschichtlichen Daten vieles wegläßt und das, was sie letztlich präsentiert, als wohlgeordnet erscheinen läßt; auf diese Weise wird eine lebensgeschichtliche Kontinuität vermittelt, die den Ereignissen aus Kindheit und Jugend von selbst nicht anhaftet. Hierzu ein Beispiel:

(Die Schilderung der Mutter basiert auf dem Wissen, daß der Sohn als Dealer und Autodieb verurteilt worden ist:) „Das hatte ich schon lange vermutet. Weil Detlev, immer wenn er abends fortging, er kam spät nach Hause und war immer ein bißchen verstört. Er war früher immer, wollen wir sagen, viel temperamentvoller und war dann viel ruhiger. Und hatte sich, er hat nie Rabatz zu Hause gemacht, das kann ich nicht sagen, sich ins Eck gesetzt, hat seine Musik, seine Platten gehört und hat mit Räucherstäbchen sich im Gesicht rumgemärt, daß ich gesagt habe, ‚Mensch, mach Dein Stinkzeug da aus!'. Also ich kann's schon nicht mehr riechen, die japanischen Stäbchen oder was das waren. Und ein Vogel hat er ja sowieso. Er hängt sich ja voll mit allem Quatsch. Der macht sich ein Loch ins Ohr rein, das hat er jetzt im Gefängnis gemacht, und ein Kreuz dahin, und dann hängt er so rum und immer so abwesend. Und einmal habe ich ihn verdroschen, weil ich mich so geärgert habe, da dacht ich mir, ‚Mensch, der steht da wie ein Stock, da stimmt doch was nicht mit dem Kerl!'. Und meine Geschwister sagten auch, ‚Du beobachte mal Detlev ein bißchen, der kommt mir (!) so komisch vor!'. Und da fragte ich ihn immer, aber er hat's immer abgestritten." (III)

Aufgrund der Tatsache, daß wir (als Hörer/Leser) und die Mutter wissen, daß Detlev inzwischen kriminell geworden ist, erscheint die von der Mutter präsentierte Version eines Ausschnittes aus Detlevs Lebensgeschichte plausibel, obwohl man sich fragt, was die Mutter eigentlich unter „komisch" verstehen mag angesichts der „auffälligen" Verhaltensweisen, die der Sohn überhaupt zeigt und die die Mutter ja zu tolerieren scheint. Sie spricht es beinahe liebevoll aus, daß der Sohn ja sowieso einen Vogel habe und sich mit allem Quatsch vollhänge. Die als bekannt vorauszusetzende Tatsache des abweichenden Verhaltens dient dazu, den Bericht über das abweichende Verhalten und die Korrektheit des Urteils der Mutter (und ihrer Geschwister) zu legitimieren. Der Zuhörer/Leser ist gezwungen, die vorgenommene Auswahl der Ereignisse für die richtige Auswahl und die vorgenommene Bewertung der Ereignisse für die zutreffende Bewertung zu halten, und er akzeptiert die Selektionsregeln und den Bewertungsmaßstab, obwohl nicht deutlich wird, worin diese bestehen (Smith 1976, 385). Die von der Mutter präsentierte Version wird weiter dadurch „verobjektiviert", daß zusätzliche „unabhängige" Zeugen (wie hier die Geschwister) aufgeführt werden, wodurch „den Urteilen (der) Anschein (gegeben wird), als wären sie unabhängig voneinander gefällt, und zwar auf der Basis direkter Beobachtungen . . ., unbeeinflußt durch vorangegangene Hinweise oder durch definitorische Tätigkeit, welche als Quellen für ein Vorurteil gesehen werden könnten" (Smith 1976, 389). (Man beachte in diesem Zusammenhang die Zweifel an der „objektiven" Darstellung weckende Formulierung: „Meine *Geschwister* sagten. . ., ‚Du beobachte mal Detlev . . ., der kommt *mir* so komisch vor!‘ "). Andere naheliegende Deutungsmuster werden nicht angeboten – wenn man z. B. weiß, daß Detlev den Beruf des Diskjockey ausübt, leuchtet ohne weiteres ein, daß er spät nach Hause kam und nicht mehr so temperamentvoll war wie zu der Zeit, als er diesen Beruf noch nicht ausgeübt hatte – worin das Vorrecht des Erzählers zum Ausdruck kommt, seine Version als die einzig richtige auszugeben (Smith 1976, 386 f., 391 ff.). An einer Stelle fällt besonders auf, daß die Geschlossenheit der Darstellung „konstruiert" ist, an der Stelle nämlich, wo die Gegenwart („Der macht sich ein Loch ins Ohr rein, das hat er *jetzt* im Gefängnis gemacht . . .") unmittelbar auf vergangene Situationen, die als besonders „merkwürdig" und „sonderbar" definiert werden („und dann hängt er so rum und immer so abwesend . . . Er war früher immer, wollen wir sagen, viel temperamentvoller und war dann viel ruhiger . . ."), bezogen wird.

Wie die lebensgeschichtliche Skizze, die eine andere Mutter präsentiert, zeigt, variieren die dargebotenen Deutungen mit dem jeweils aktuellsten „Interpretationspunkt" (Fischer 1978, 319). „Die gängige Auffassung, daß die Vergangenheit im Unterschied zum ewig strömenden Fluß der Gegenwart fest stehe, starr und unveränderlich sei, ist (. . .) falsch. Ganz im Gegenteil, sie ist geschmeidig, biegsam und dauernd im Fluß für unser Bewußtsein, je nachdem die Erinnerung sie umdeutet und neu auslegt, was sich ereignet hat" (Berger 1971, 67). Der jeweils letzte Stand der Entwicklung, die jeweilige „Gegenwartsschwelle" (Fischer), auf die die Interpretation Bezug nehmen kann, führen zu jeweils anderen Darstellungen, die für sich genommen widersprüchlich erscheinen, aber durch den unmittelbaren Bezug auf den aktuellsten „Interpretationspunkt" (hier das Wissen um die amtlich festgestellte Kriminalität) eine lebensgeschichtliche Kontinuität erzeugen, eine geradlinige Entwicklung suggerieren, wie bei dem vorliegenden Beispiel vom ungezogenen „Sorgenkind" zum künftigen Gesetzesbrecher:

„Da müßte ich von Kind auf anfangen. Von klein auf, denn er hat eine frühkindliche Gehirnschädigung . . . Und wurde dadurch schon im Kindergarten . . ., ist verhaltensgestört, gell, und wir haben das lang, *wir haben immer geglaubt, er wär ungezogen,* es hat uns niemand darauf aufmerksam gemacht. Es hat immer bloß geheißen, der ist ungezogen, der plagt die anderen Kinder und schlägt sie, gell (. . .)".

(Unmittelbar dann Bezug nehmend auf die Gerichtsverhandlung:) „. . .Sein Verhalten war also kolossal schnoddrig, das hat auch der Professor X. (. . .), der hat das auch gesagt und hat sich aber wunderbar für ihn eingesetzt, hat das alles erklärt. Er ist nicht als ‚nichtzurechnungsfähig' erklärt worden, gell. Man hat tatsächlich seine frühkindliche Gehirnschädigung, das habe ich jetzt vergessen einzuflechten, da war er 14 Jahre alt oder 13 Jahre alt, da haben wir ihn (. . .) gehabt in der psychiatrischen Jugendklinik, und dort wurde er dann untersucht. Und dort hat man dann festgestellt, daß er im Gehirn ein Loch hat, also ganz minimal, gell, aber es könnte sich etwas vergrößern. *Damals* hat man uns aber nicht gesagt, *daß es ins Kriminelle umarten könnte,* gell, also *sich ausarten könnte*. . ." (XI)

Wenn auch die von dieser Mutter präsentierte Version eine geradlinige Entwicklung vom „Sorgenkind" (mit einer frühkindlichen Gehirnschädigung als der eigentlichen „Ursache" für die spätere Kriminalität: „. . . daß es ins Kriminelle umarten. . ., ausarten könnte") zum späteren Gesetzesbrecher unterstellt, so klingt doch an, daß man sich auch ein anderes Bild von den Vorgängen machen kann (z. B. Ungezogenheit etc.). Überhaupt ist es prinzipiell möglich, mehrere alternative Darstellungen anzubieten. Allerdings muß jede alternative Darstellung spekulativ bleiben angesichts der „verobjektivierten" Version derjenigen Personen, die die Ereignisse aus unmittelbarer Nähe mitverfolgen konnten (Smith 1976, 411). Das folgende Beispiel ist deshalb so instruktiv, weil es die Mutter selbst ist, die die Möglichkeit alternativer Darstellungen aufzeigt und zugleich vorführt, wie sich diese alternativen Darstellungen durch den Bezug auf den aktuellsten „Interpretationspunkt" auf die mit ihm verbundene Sehweise verengen:

„Dann kam das natürlich mit dem Drogenproblem. Er kam dann jedes Wochenende nach Haus. . . am Sonntag mußte er dann wieder am Abend dort sein in der Polizeischule. Und wir wunderten uns, er sah schlecht aus. Und er schlief. Er ging wohl am Sonnabend (. . .), dann ging er ja weg und kam dann auch (spät) nach Hause (. . .). Es war eigentlich nie so, daß er nicht ansprechbar war, er kam dann und hat mich aufgeweckt und hat mir gesagt, ‚Du, paß auf, ich muß Dir das und das erzählen'. Da haben wir natürlich fürchterlich gelacht oder er hat seine Erlebnisse von der Nacht noch miterzählt. Aber es wurde dann plötzlich so, daß er sagte, ‚laß mich in Ruh, ich bin müde, ich will schlafen, ich will nichts mehr hören!'. Und dann, vielleicht war auch der Ton, zuerst achtet man ja auch nicht auf den Ton, das sind natürlich alles Sachen, wo man sich *später* sagt, ‚sicher, da hättest du vielleicht aufpassen müssen'. Aber wo hak ich denn gleich ein, wenn er sagt, ‚laß mich in Ruh, ich will jetzt schlafen, ich will nichts mehr hören'. (. . .) Ich konnte nicht sagen, er hat Rauschgift oder was genommen (. . .) Das konnt ich nicht sagen, ‚Du hast heut was gehabt'. Er sah schlecht aus. Nun haben wir das auch zurückgeführt auf, er ist, ewig war er ein ‚Mini', also er war ewig sehr klein. Plötzlich schoß er ja während der Schulzeit (. . .), schoß er plötzlich in die Höhe und er brauchte lange, ehe er es aufgeholt hat, noch innerhalb der ersten Monate bei der Polizei. Er war eigentlich der Kleinste von der ganzen Mannschaft dort. Er sah nur schlecht aus, und er schlief praktisch den ganzen Sonntag durch. Und mein Mann sagte, ‚Du ich weiß nicht, irgend etwas stimmt doch mit dem Jungen nicht, der schläft doch den ganzen Sonntag. Das war doch früher nicht, und guck Dir doch mal seine Augenringe an und manchmal guckt er Dich so komisch an'. Ich sage, ‚vielleicht hat er irgendwas getrunken'. Wir denken doch nicht im entferntesten an Drogen oder irgendwas (. . .), (obwohl) das Problem war ja (damals) schon da mit den Drogen . . ." (I)

Das Beispiel ist deshalb so lehrreich, weil sich die Mutter nachträglich Vorwürfe macht, bestimmte „Auffälligkeiten" bzw. Anzeichen, die sie bei ihrem jetzigen Wissensstand leicht als solche zu identifizieren glaubt, damals nicht erkannt zu haben und sich bemüht, dieses „Versagen" durch das Aufzählen alternativer Deutungsmuster, die das damalige „auffällige" Verhalten des Sohnes ebenfalls adäquat erklären (Müdigkeit ist bei körperlichen Anstrengungen, wie sie in der Polizeiausbildung üblich sind, keine ungewöhnliche Erscheinung), entschuldbar zu machen. Überhaupt gelingt die Identifizierung bestimmter Verhaltensweisen als „auffällig" erst über die retrospektive Interpretation.

Die retrospektive Betrachtungweise von einem gegenwärtigen „Interpretationspunkt" aus (mit dem gesicherten Wissen um das amtlich bescheinigte abweichende Verhalten), produziert grundsätzlich zwei Versionen einer Lebensgeschichte:

Entweder die Version einer geradlinigen Entwicklung vom ungezogenen „Sorgenkind" (das später dann auch schulische Probleme und Schwierigkeiten während der Lehre bzw. am Arbeitsplatz zeigt) zum späteren Gesetzesbrecher

oder

(wenn die retrospektive Betrachtung keine „Auffälligkeiten" wahrzunehmen vermag) die Version einer unauffälligen Entwicklung eines unauffälligen Kindes („Musterknabe"), das nach einem „Von-da-ab-war-ich-ein-anderer-Mensch"-Erlebnis, das plötzlich eine Statuspassage auslöst, auf die „schiefe Bahn" kommt und in die kriminelle Karriere hineinschlittert.

Für die zuletzt genannte Version steht das Beispiel des „Sündenbock-Sohnes" (VII):

Der vom Vater zum Sündenbock gestempelte Sohn hat nach der Schilderung seiner Mutter sein Verhalten ganz plötzlich geändert, nachdem er bis dahin ein mustergültiger Sohn gewesen ist: „Überhaupt (keine Erziehungsschwierigkeiten) . . . Er hat die Lehre zu Ende gemacht, die Schule zu Ende gemacht . . ., er ist Dreher. Er hat über ein Jahr schon gearbeitet als Dreher. Und dann plötzlich hat alles umgeschlagen (. . .) Der überhaupt, das können Sie sich nicht vorstellen, der hat seinen Lohn gekriegt, der hat sich sein Geld für sich abgehoben, der kam rein, der hat mir die 200 Mark Kostgeld auf den Tisch gelegt . . ." (VII) Die Mutter versichert, sie habe deshalb „nie, nie, nie" daran gedacht, daß ihr Sohn einmal straffällig werden könnte. Nachdem er jedoch von seinem Vater, einem Trinker, der den ältesten Bruder eindeutig bevorzugt habe, geschlagen, mit „Arschloch" tituliert und schließlich rausgeschmissen worden sei, sei „plötzlich alles umgeschlagen". Der Sohn habe von da an angefangen, in Wirtschaften zu gehen und zu trinken. Dann sei ihm auch von seinem Arbeitgeber gekündigt worden und so habe alles angefangen.

Da auch die herrschende, dem ätiologischen Paradigma verpflichtete Kriminologie bei ihren Untersuchungen, die sich auf den Täter (d. h. auf persönliche und/oder soziale Merkmale i.S.v. „Auffälligkeiten") konzentrieren, dieselbe retrospektive Vorgehensweise der Rekonstruktion von Biographien bereits identifizierter Krimineller anwendet („Retrospektive Forschungen gehen im allgemeinen von Rechtsbrechern, und zwar von inhaftierten Rechtsbrechern aus" (v. Engelhardt 1978, 23)), kann es nicht verwundern, wenn die von den Müttern dahin-erzählten „Auffälligkeiten" mehr oder weniger identisch sind mit jenen „Auffälligkeiten" (in der „Lebensentwicklung von Rechtsbrechern"), die von der herrschenden Kriminologie nach systematischer Suche und mit aufwendigen Verfahren festgestellt werden (als klassische ältere Studie: Frey 1951; als neuere Studie: Engel/v. Engelhardt 1978; ferner Göppinger 1976, 233 ff.). Infolge der gemeinsamen retrospektiven Betrachtungsweise produziert auch die herrschende Kriminologie jene beiden Versionen von „Lebensbilanzen": die „Sorgenkind"-Lebensgeschichte und die Lebensgeschichte des plötzlich „auf die schiefe Bahn" gekommenen „Musterknaben" (exemplarisch hierfür: Croissier 1978, 256 ff.).

Nun läßt sich nicht bestreiten, daß die Mütter tatsächlich mit einer ganzen Reihe von „Auffälligkeiten" konfrontiert worden sind. So berichten z. B. einige Mütter ausführlich über Erziehungsschwierigkeiten insbesondere während der schulischen und beruflichen Ausbildungsphase (z. B. Abbruch der Lehre, häufiger Lehrstellen- und Arbeitsplatzwechsel) oder sie schildern eindringlich die von dem Sohn begangenen Familiendiebstähle, wie z. B. jene Mutter (VIII), die das Stehlen des Sohnes mit einer Sucht vergleicht. Wo dieser Geld gesehen habe, habe er es genommen, von den Eltern, der Schwiegermutter, der Tante. Weder durch die Zuteilung von Taschengeld noch durch moralische Appelle habe er sich davon abhalten lassen. Mit solchen Schwierigkeiten sind die meisten Mütter konfrontiert worden und allein schon die bloße Aufzählung der vielen kleinen und großen Probleme läßt erahnen, welchen Belastungen die Mütter ausgesetzt waren. Solche „auffälligen" Vorkommnisse in der Lebensgeschichte des Sohnes vermag die retrospektive Betrachtung korrekt wiederzugeben. Was an der von den Müttern wie der herrschenden Kriminologie bevorzugten retrospektiven Betrachtungsweise kritisiert wird, ist die nachträgliche kausale Verknüpfung von rekonstruierten „Auffälligkeiten" aus zurückliegenden Phasen der lebensgeschichtlichen Entwicklung (mit einer prinzipiellen Offenheit für alternative Verlaufsformen und Deutungsmuster) mit dem schließlichen „Endprodukt“ dieser Entwicklung: der amtlich festgestellten Delinquenz. Diese Verknüpfung ist nicht nur unzulässig, sie verdeckt auch die folgenreichen, nicht-formellen Vorarbeiten vieler Mütter, durch die sie selbst ihre Söhne den Instanzen sozialer Kontrolle zuführen. Dorothy E. Smith bezeichnet diese nicht-formellen Prozesse mit dem Begriff der sozialen Organisation, den sie in der Bedeutung verwendet sehen will, wie sie der allgemein übliche Gebrauch des ökonomischen Begriffs des Marktes nahelegt: dieser „(ermöglicht) die Analyse der Ein- und Verkaufstätigkeiten einer Vielzahl von Individuen als Analyse einer sozialen Organisation, die von den Teilnehmern nicht beabsichtigt ist und ‚Marktphänomene‘ als nicht beabsichtigte Folgeerscheinungen produziert“ (Smith 1976, 370). Dorothy Smith spricht damit insbesondere jene auch von Max Weber wiederholt beschriebene Paradoxie von Intention und Wirkung an, wie sie sich auch beim Verhalten der Mütter beobachten läßt. Als sich diese in zunehmendem Maße mit Erziehungsschwierigkeiten konfrontiert sahen, die sie als „komisch“, „auffällig“, „nicht normal“ typisierten – wobei diese Schwierigkeiten in den meisten Fällen zunächst noch unterhalb der Schwelle der rechtlich abgesicherten Regelverstöße lagen bzw. wie beim Familiendiebstahl einer Sonderregelung unterliegen – wandten sie sich mit dieser Definitionsleistung an die Instanzen sozialer Kontrolle, um von ihnen Rat und Hilfe zu erbitten. Die Aktivierung dieser Instanzen erfolgte in der Regel (wie in Kap. 5 ausführlich beschrieben wurde) in der Absicht, eine, wie die Mütter selbst meinten, sich abzeichnende kriminelle Karriere des Sohnes aufzuhalten. Von dieser nicht-formellen Vorarbeit der Mütter kann behauptet werden, daß sie als nicht beabsichtigte Folgeerscheinung die später identifizierte Kriminalität des Sohnes überhaupt erst mitproduzierte: z. B. über eine von den Instanzen vorgenommene Heimüberweisung (mit dem zwangsläufigen Fluchtversuch und der sich dabei ebenso zwangsläufig ergebenden Delinquenz) oder über die von Vertretern dieser Instanzen mit Hilfe von administrativen Routinen betriebene Konstruktion einer administrativen Biographie, die auf impliziten Annahmen über die lebensgeschichtliche Kontinuität einer Person und ihres Handelns beruht, zugleich aber zur Grundlage für die Behandlung dieser Person gemacht wird, so daß sie diese Kontinuität selbst miterzeugt (vgl. Kohli 1978, 26); „Die Funktion der administrativen Biographie (. . .) liegt offenbar darin, den lebensgeschichtlichen Hintergrund zu liefern, der es erlaubt, Ereignisse unter die dafür vorgesehenen Kategorien zu subsumieren und diese Zuordnung zu begründen . . . Eine biographische Typisierung dieser Art hat zur Folge, daß der Betroffene nicht frei in der Gegenwart handeln kann, sondern auf die Muster, die sich bereits eingespielt haben, festgenagelt und von den anderen so wahrgenommen wird. Biographie bedeutet (hier) also Sicherung der Herrschaft der Vergangenheit über die Gegenwart" (Kohli 1978, 26 f.).

Die „biographische Methode" verhalf den Müttern zu einer ersten Antwort auf die sie bewegende Frage nach den Ursachen der Kriminalität ihre Söhne. Das „Rätsel Kriminalität" blieb ihnen jedoch weiter rätselhaft!

10. „Rätselraten" über das „Rätsel Kriminalität"

Die Kapitelüberschrift enthält eine Reihe von Anspielungen: zum einen soll die gewählte Formulierung an den gleichlautenden Titel („Das Rätsel Kriminalität") des Buches erinnern, das Richard Lange, ein allerdings antipositivistisch eingestellter Anhänger der herrschenden (täterkonzentrierten) Kriminologie 1970 veröffentlich hat. Zum anderen möchte die diesem Kapitel vorangestellte Überschrift einen direkten Bezug zu dem wissenschaftstheoretischen Werk Thomas S. Kuhns (1967) herstellen, insbesondere zu jenen Abschnitten, in denen er ausführt, daß bei der Arbeit an der Präzisierung und Vertiefung des herrschenden Paradigmas – der sog. „Aufräum-Arbeit" der „normalen Wissenschaft" – solche Probleme, die das herrschende Paradigma gefährden könnten, vermieden werden und stattdessen *„Rätsel"* formuliert werden, zu deren Lösung das theoretische wie methodische Rüstzeug der Forschergemeinschaft ausreicht, die sich dem herrschenden Paradigma verpflichtet weiß und die jene im Rahmen des herrschenden Paradigmas akzeptierten Problemstellungen (i. S. v. „Rätseln") und Lösungsmethoden an abgeschlossenen Leistungen demonstriert und aufbereitet in eigens zu diesem Zweck angefertigten „Rätselheften" – in den von führenden Fachvertretern vorgelegten Lehrbüchern. Zum letzten möchte die Kapitelüberschrift signalisieren, daß die Mütter bei dem Versuch, das „Rätsel Kriminalität" zu lösen, durchaus mit den professionellen „Rätselratern" des herrschenden (täterkonzentrierten) Paradigmas konkurrieren können. Zugespitzter formuliert: Wenn John M. Keynes mit seiner Behauptung recht haben sollte, daß der gesunde Menschenverstand „in der Regel nichts anderes ist, als die vulgarisierte, abgesunkene Theorie von vorgestern", dann signalisieren die von den Müttern angebotenen Erklärungsmodelle die längst fällige Ablösung des herrschenden (ätiologischen) Paradigmas resp. den längst fälligen Paradigmawechsel im Bereich der Kriminalitätstheorien.

Die Mütter berichten, sie hätten bei ihren Söhnen gewisse „Auffälligkeiten" des Verhaltens (vgl. Kap. 9) wahrgenommen; diese „Auffälligkeiten" werden in der Regel mit „normalen" Entwicklungsschwierigkeiten in Zusammenhang gebracht, wie dies die folgende Äußerung einer Mutter zeigt: „Wir haben das natürlich auf die Entwicklungsjahre, auf die Pubertät zurückgeführt!". Auch die Formulierungen, die im Gespräch (Interview) zur Charakterisierung bzw. Umschreibung des „auffälligen" Verhaltens von den Müttern benutzt wurden, belegen den oben postulierten Zusammenhang: gebraucht wurden Wendungen wie „war schwierig", „war verstört", „ungezogen", „ein unruhiger Geist", „hatte einen Knacks". Nur in 3 Fällen wurden reale lebensgeschichtliche Bedingungen (z. B. Familiensituation) in eine „lockere" Beziehung gebracht zu dem Phänomen „Kriminalität", wobei die Vorstellung individuellen Versagens bzw. individueller Schuld dominiert. So kann es nicht verwundern, daß für alle Mütter der soziale Tatbestand, daß ihre Söhne als Kriminelle bezeichnet werden, mit Überraschung („wie ein Blitz aus heiterem Himmel") registriert wird und deshalb als eine vom Schicksal auferlegte Last, (für nicht wenige sogar) als eine „Prüfung" empfunden wird:

„Ich hätt auch vor zwei Jahren net geglaubt, daß in unserer Familie sowas vorkommt. Das hätt ich mir denken getraut niemals von uns einer! Da kann man nix mache." (II)

„Das kam doch mehr plötzlich." (X)

„Das kann einen jeden treffen, man kann halt nicht sagen, ‚mich kann sowas gar nicht treffen'. Ich habe früher eigentlich nicht dran gedacht und plötzlich war's da!" (VI)

Die Mütter sehen sich plötzlich als „Mutter eines Kriminellen", die Folgen für die eigene Person, für die Familie werden ihnen zunehmend „bewußter" mit den einzelnen Stationen der kriminellen Karriere des Sohnes. Der Anstoß, sich selbst einmal klar zu machen, was „Kriminalität" sein könnte, wodurch sie hervorgerufen werden könnte, wird ausgelöst durch den Umstand, daß der eigene Sohn straffällig geworden ist und man sich zu fragen beginnt, warum eigentlich gerade der ! Man zählt nunmehr zu den Betroffenen und ist darüber betroffen.

Von nun an befindet man sich nicht mehr in der Rolle des „unbeteiligten Zuschauers", der das Phänomen Kriminalität registriert, sich über die „steigende Kriminalität" empört zeigt, diese aber immer bei den anderen, weit weg von der eigenen „guten Stube", vermutet. Dieser Verlust der Distanziertheit und Gleichgültigkeit gegenüber dem Phänomen „Kriminalität" findet sogar sprachlich seinen Ausdruck in dem Wechsel von „man" auf „ich":

„Für mich war das überhaupt so, jetzt kommt was auf dich zu, womit du dich überhaupt noch nicht befaßt hast. Befaßt man sich ja auch gar nicht. In einem normalen, wenns Leben normal verläuft, wo befaßt man sich da – man hat ja soviel zu tun, und mit solchen Sachen befaßt man sich irgendwie nicht. Das ist nicht böswillig gemeint oder gar Bequemlichkeit. Vielleicht Bequemlichkeit, oh ja, Bequemlichkeit kann man vielleicht sagen. Man liest's zwar in der Zeitung, und man hört's im Radio oder Fernsehen und sagt: ‚Mensch, das ist ja furchtbar!'. Man spricht dann auch mal drüber, aber dann ist das auch schon wieder weg." (I)

„Ja, man denkt über alles nach. Alles was man zu lesen kriegt. Wenn man schon sieht: ‚Strafanstalt', ‚Strafvollzug', alles lese ich durch. Wie ist dieses, wie ist das. Man überlegt, man versucht, selbst damit ins reine zu kommen. Oder ist dieses nun besser, oder ist das besser, ist dieses richtiger oder ist's das, wenn man vergleicht. Man ist ewig dabei. . . Also, durch viele Gespräche oder mal durch Zeitungsausschnitte, da habe ich öfters mal gedacht, also das geht auch nicht mit rechten Dingen zu oder so. Und jetzt ist das natürlich verstärkt, nicht!" (X)

Jetzt, wo es feststeht, daß man die Mutter eines „Kriminellen" ist, will man sich „einen Reim darauf machen", will herausfinden, wie und vor allem warum es dazu gekommen ist. Der Zwang zur Auseinandersetzung mit dem Phänomen „Kriminalität" geht auch von der sozialen Umwelt aus, von den real erfahrenen bzw. antizipierten sozialen Reaktionen (beispielsweise der Nachbarschaft). Dies hängt damit zusammen, daß durch den tatsächlichen oder auch nur befürchteten Entzug (was hinsichtlich der realen Konsequenzen auf ein und dasselbe hinausläuft) der bis dahin allgemein gezollten sozialen Anerkennung das Festhalten an der bisherigen Identität (Selbstbild) gefährdet ist. Man kann ganz auf sich allein gestellt schwerlich an einer Identität festhalten; sie muß von der sozialen Umwelt gestützt und erhalten werden. Die Angst vor dem Verlust der bisherigen Identität als „normales, nette Ehepaar" sitzt einem im Nacken:

„Wenn die das alles hören von uns, da heißt das, ‚Ach, Müllers, die sind so ein nettes Ehepaar, die haben zwei nette Töchter!‘ Wenn jetzt auf einmal unser Sohn (aus der Haft) kommt, da sagen die, da wird es aus sein mit dem netten Ehepaar. . .“ (II)

Auch die Konfrontation mit den „Deutungsmustern“ (Alltagstheorien), die bei den Instanzen sozialer Kontrolle verbreitet sind, scheint eine ganze Reihe von Müttern zum Nachdenken über das „Rätsel Kriminalität“ und zur Suche nach einer plausibleren Erklärung angeregt zu haben.

a) Das Erziehungsmodell: Kriminalität als Folge „zu lascher Erziehung“

Bei den Instanzen der sozialen Kontrolle scheint als verbreitete Alltagstheorie die Stereotype von der „zu laschen Erziehung“ gehandelt zu werden. Mit dieser Erklärung sind jene Mütter, die diesen Vorwurf zu hören bekamen, unzufrieden, weil sie offensichtlich mit empirischen Fakten nicht fertig wird, d. h. zu wenig komplex ist:

„Ich habe (meinem Sohn) geschrieben, ‚Mensch, Heinrich, sprich doch mal, was Dich bedrückt, sag's doch mal‘. Und dann hat er's tatsächlich gesagt. Und daß er gehascht hat und daß er immer von der Arbeit rausgegangen ist und daß er getrunken hatte und so seine Arbeit verloren hat und dann nie wieder Anschluß bei der Arbeit gefunden hat. Und dann meint (der Richter): ‚Ja, haben Sie Ihren Sohn nicht zu viel vertatschelt!‘. Sag ich: ‚Herr Richter, ich hab keine Zeit dazu, daß ich ein Kind vor dem anderen vertatscheln könnt‘, sag ich, ‚ich hab sechs davon!‘.“ (VI)

„Ja, das sind wir gefragt worden. . ., ob wir versagt haben, ob wir ihn verhätschelt hätten, ob wir zu grob, zu streng zu ihm waren.“ (II)

„Ja, das war in T. (im Erziehungsheim) und der (Pfarrer von dort) offenbarte (!) uns: ‚Ja, wir können den Ingo noch nicht frei lassen‘, er wäre noch nicht genug gefestigt. Und da habe ich dann gefragt, was sie noch festigen wollen an ihm! Wenn die Jahre im Heim ihn noch nicht gefestigt haben, dann werden sie wohl auch nichts mehr festigen können. Dann könnte er das bei mir ja auch machen, was er da im Heim macht. Ich kam nicht durch, und da fielen dem Pfarrer die Worte aus dem Mund: ‚Ja, Herr R., zu Ihnen würde ich ihn ja noch lassen, aber die Oma!‘. Da wurde mein Mann ja groß. Ich sage, ‚was habe ich denn nun ausgefressen‘. Ja, ich wäre zu weich. Ich wäre wohl nicht die Person für den Jungen. So blieb er wieder.“ (V)

Natürlich arbeiten nicht alle Instanzen sozialer Kontrolle mit dieser einfachen „Alltagstheorie". Doch allein die Tatsache, daß eine Mutter positiv vermerkt, nicht mit diesem „Erklärungsmodell" konfrontiert worden zu sein, scheint darauf hinzudeuten, daß das Erziehungsmodell nicht gerade selten von den Instanzen sozialer Kontrolle herangezogen wird:

„Wir bekamen auch nicht von seiten der Behörde oder sonst, wer es auch irgendwie gewesen sein mag, ‚Ihr seid schuld', oder ‚Das Elternhaus hat versagt' oder ‚Sie haben sich nicht um den Sohn gekümmert' oder ‚Zu sehr verweichlicht' oder sonst irgendwas, nichts, wirklich nichts. Wir haben da sehr, sehr viel Verständnis entgegengebracht bekommen." (I)

Bei der Anwendung des „Erziehungsmodells" ist nicht auszumachen, inwieweit die Richter, Bewährungshelfer, Heimleiter dieses Modell anbieten, weil sie daran selbst glauben oder weil sie der Meinung sind, „einfache Leute" verstünden nur „einfache Erklärungsmodelle"; allerdings besitzt das „Erziehungsmodell" bei einigen Müttern durchaus Erkenntniswert:

„Wir wußten nicht recht, haben wir ihn eigentlich zu straff gehalten, haben trotzdem noch zu viel von ihm verlangt, gell. Waren wir vielleicht doch zu lasch. Daß man ihm einfach zu viel Freiheit gelassen hat, weil man gewußt hat, er ist krank, irgendwie vielleicht doch nachsichtig war in manchen Beziehungen, gell." (XI)

Das Stichwort für ein plausibleres Erklärungsmodell ist bereits gefallen: der Sohn ist nicht kriminell, er ist krank. Bei der Suche nach einleuchtenderen Erklärungen für das kriminelle Verhalten ihrer Söhne verfielen einige Mütter auf die naheliegende Idee, die Biographie des Sohnes zu rekonstruieren im Hinblick auf „abnormale", krankhafte Besonderheiten. Die Beliebtheit dieses Erklärungsmodells (insb. bei den Angehörigen von „Kriminellen") ist auf seinen Entlastungseffekt zurückzuführen: wer krank ist, wird weitgehend der Verantwortung für seinen Zustand entbunden, entgeht also der „Schuld" und der „Verantwortung".

b) „*Medicalization of deviance*": *Kriminalität als Krankheit*

Wir beginnen wieder mit Beispielen und zitieren ausführlich einige Aussagen von Müttern, die sich auf das „Krankheitsmodell" beziehen:

– „Und dann war er als 17-jähriger, hatte er beim Bau das Genick gebrochen, regelrecht das Genick gebrochen und hat ein ganzes Jahr gelähmt gelegen. Vielleicht ist auch das der Grund, daß er nachher so abgesackt ist. Jedenfalls habe ich immer gesagt, ‚Sage das, Deine schwere Genickverletzung!'. Sagt er: ‚Mutti, daß Du das nicht sagst, die führen mich nachher unter § 51, und ich habe im Leben überhaupt keine Rechte mehr'. . . (Mein Junge) ist ein ganz intelligenter und geschickter Mensch. Der macht Ihnen jedes Auto, jeden Fernseher. Aber alles so unnütze Sachen, die überhaupt keinen Wert haben. Deshalb denken wir immer, daß er einen kleinen Stich gekriegt hat bei seiner schweren Verletzung. Meine Schwiegertochter sagt manchmal, wenn er doch in eine Bank eingebrochen wäre, das hätte ich verstanden, weil ja auch die Not da war. Aber nein, all so einen Blödsinn. Hübsche Bilder, hübsche Gläser. . . ich sage ja, er war ein Schönheitsfanatiker, er liebte schöne Sachen." (IX)
– „Er ist nicht als ‚nicht zurechnungsfähig' erklärt worden, gell. Man hat tatsächlich seine frühkindliche Gehirnschädigung, das habe ich jetzt vergessen einzuflechten, da war er 14 Jahre alt oder 13 Jahre alt, da haben wir ihn in T. gehabt, in der psychiatrischen Jugendklinik, und dort wurde er dann untersucht. Und dort hat man dann festgestellt, daß er im Gehirn ein Loch hat. Also ganz minimal, gell, aber es könnte sich etwas vergrößern. Damals hat man uns aber nicht gesagt, daß es ins Kriminelle umarten könne, gell, also sich ausarten könnte, sondern hat nur gesagt, wir sollen nicht so viel von ihm verlangen, sondern sollen keinen Maßstab nehmen an unseren anderen Kindern. . . Das hat man auch nach bestem Gewissen versucht zu machen." (XI)
– „Denn ich glaube ja nicht, daß man geboren wird so ungefähr, ich bin ein schlechter Mensch, ich freß was aus oder irgendwie was. Daß sich das alles so durch diese Zeit so ergibt. Und in diesem unreifen Alter kommt es eben zum Bruch. Weil die Menschen eben nicht reif genug sind oder labile Typen oder kranke Typen und daß da vielleicht etwas für getan werden könnte." (X)

Das „Krankheitsmodell" vereinigt zwei Vorzüge: es sieht die Ursache von Kriminalität in individuellen Merkmalen des Täters, eine Perspektive, die dann übernommen wird, wenn detailliertes Wissen nicht vorhanden ist, da „Personalisierung" Komplexität reduziert, und es entlastet (die Angehörigen von Straffälligen) von der Übernahme von Verantwortung (zugleich stellt es den als weniger diskriminierend empfundenen Umgang mit einer anderen Berufsgruppe in Aussicht: der weiße Kittel des Arztes erscheint angenehmer als die Robe des Richters oder die Uniform des Gefängniswärters). Außerdem *scheint* der Krankheitsbegriff zugleich die Vorstellung von „Heilungschancen" zu vermitteln:

„Denen könnte eher geholfen werden, wenn man sagen möcht, halt, die sind krank, die müssen kuriert werden, die müssen ärztlich kuriert werden. . ." (VI)

Die Mütter, die das Krankheitsmodell bevorzugen, scheinen die sozialen Folgen der kulturell determinierten Rolle des „Kranken" als weniger einschneidend und belastend anzusehen als jene der Kriminellenrolle. Daß jedoch auch der Status des Kranken für ein Individuum weitreichende Konsequenzen haben kann, besonders dann, wenn ein Etikettenaustausch zu befürchten ist, der „krank" durch „verrückt" ersetzt, demonstriert die energische Intervention jenes Sohnes, der seiner Mutter verbietet, vor Gericht seine „schwere Genickverletzung" zu erwähnen. Der Status des Kriminellen scheint ihn eher davor zu bewahren, „im Leben überhaupt keine Rechte mehr (zu haben)". Die Fixierung auf die Biographie des Sohnes (auf die dann „sichtbar" werdenden „krankhaften" Auffälligkeiten, auf die „körperlichen Defekte", die nur diesem Individuum „gehören") versperrt den Müttern (und wie wir wissen nicht nur ihnen) den Blick dafür, daß die Kategorie des „Kranken" Verwendung und Anwendung findet in einem höchst komplex und kompliziert verlaufenden gesellschaftlichen Definitionsprozeß.

Das Krankheitsmodell ist von allen hier angebotenen Erklärungsmodellen deshalb am entlarvendsten, weil es die mit dem Etikett „krank" bzw. „abweichend" verbundene „innere Logik" am deutlichsten offenbart: daß nämlich „ein tiefer Wandel des Herzens, eine religiöse Bekehrung oder eine klinische Heilung erforderlich seien, um den inneren Keim zu beseitigen, der einen dazu bringt, sich abweichend zu verhalten" (Erikson 1978, 178). Wer das Etikett „krank" bemüht, um sich (als Mutter oder Vater) und den betroffenen Sohn zu entlasten, ist in Wahrheit skeptisch gegenüber den

„Heilungschancen“: denn welche „schwere Krankheit“ ist ganz frei von „Rückfällen“ (es sei denn, es geschehe ein Wunder (Erikson)).

Die Mütter sind auf der Suche nach den Ursachen für die Kriminalität ihrer Söhne; zugleich ist es die Frage nach der „Schuld“ bzw. „Mitschuld“. Da es jeweils um den eigenen Sohn geht, von dem man nunmehr sicher weiß, daß er straffällig geworden ist, verläuft die Suche nach den Ursachen zunächst einmal so, daß sie auf den Sohn, auf dessen bisherige Biographie fixiert bleibt (vgl. Kap. 9). Neben „auffälligen“ individuellen Merkmalen, die mit dem Krankheitsbegriff in Verbindung gebracht werden, bieten sich auch „auffällige“ soziale Merkmale an: der Blick zurück auf die Lebensgeschichte des Sohnes verfängt sich dann in „gestörten Familienbeziehungen“ und/oder nicht geglückten Sozialisationsprozessen.

c) Das „broken-home-Modell“: die „hausgemachte“ Kriminalität

Wir beginnen wieder mit einem ausführlichen Beispiel:

„Mein Mann ist Trinker und durch das ist mein Sohn so geworden. . . Und mein Mann, der konnte den Zweiten schon nie richtig verputzen, ich weiß nicht warum. Der sieht ihm ziemlich ähnlich. Und dann hat er immer zu dem Zweiten gesagt, wenn er getrunken hatte, er ist ein Arschloch für ihn. Vor dem Ältesten, da hatte er alle Achtung. . . Und so etwas hat er nicht für seinen Sohn, er wäre sein Vater nicht. Ja, dann hat er ihn geschlagen, rausgeschmissen. Dann ist er (der Sohn) in die Wirtschaften, da hat er angefangen zu trinken. . . Und da kam er mit dem Taxi nach Hause, wenn mein Mann (schon geschlafen hat), dann habe ich ihn reingelassen, dann habe ich Taxi bezahlt. Und es wurde immer schlimmer, und so hat er seine Arbeit verloren. . . Mein Mann hat immer mit ihm geschimpft. Mein Mann ist sehr Trinker, ziemlich alle Tage kommt er von der Arbeit besoffen nach Hause. . . Und mein Mann hat immer wieder den Ältesten vorgestellt, also der wäre sein Sohn, er ist es nicht. Dann war soweit unser Heinrich gekommen, daß er seinem Bruder das Geld abhebte vom Konto. . . Ich habe auch gesagt vor meinem Mann: ‚Hundertprozentig bist Du schuld‘, aber daß ich grad keine Fehler gemacht habe, will ich auch nicht sagen. Ich habe ihn oft vor meinem Mann in Schutz genommen, weil der am meisten die Schläge gekriegt hat, für die anderen auch. Und ich glaube, das hätt a jede Mutter gemacht, wenn man sieht, der kriegt die Dresche für die anderen. . .“ (VI)

Die Geschichte ist wie aus dem Lehrbuch der (ätiologischen) Kriminologie, weil die täterfixierte Perspektive sich beidesmal gleicht. Aus der Sicht der Mutter auf ihrer „familiären Insel" ist es die ganze Geschichte, die mit ihren unangenehmen Details auch überzeugend und einleuchtend wirkt. Die Geschichte ist nicht mehr rätselhaft, kann gar nicht mehr rätselhaft sein, da sie ja (wie) aus dem Lehrbuch ist, das akzeptierte Problemstellungen und bewährte Lösungsmethoden zum Umblättern hinblättert (und damit konserviert). Die Geschichte klingt wirklich so klassisch, daß es daran den Anteil der Instanzen sozialer Kontrolle nicht (unbedingt) braucht. In Wirklichkeit war es doch nicht die ganze Geschichte, wie die Mutter später im Interview selbst erzählt:

„Die Bank kam zu uns, das war schon polizeilich gemeldet, die Bank kam zu uns und hat gesagt, ob wir nichts unternehmen möchten. Mein (ältester) Sohn kriegt das Geld von der Bank nicht zurück. Und er hat ja Familie. Er hat ja schon eine Frau und ein Kind gehabt damals. Und da habe ich gesagt (. . .), ‚wir müssen jetzt was machen', habe ich gesagt. ‚Wir können das nicht so lassen, der Heinrich leidet später selbst daran, bestimmt.' Und dann haben wir auch Anzeige gemacht!" (VI)

Hier scheint es so zu sein, daß die Mutter aus Unkenntnis des damals geltenden Rechts (§ 247 StGB, a.F.), von der Bank bedrängt, von der Polizei nicht beraten, handelte, zumal sie ihrem Sohn für dessen spätere Karriere behilflich sein wollte – sie war es, allerdings für seine kriminelle Karriere. Sie war es aber nicht allein; es bleibt die Frage nach dem Anteil der Kontrollinstanz und dem Anlaß bzw. der Wirkungsweise ihres Eingreifens (Tätigwerdens). Den Müttern geraten bei der Fixiertheit auf die Biographie ihrer Söhne die Instanzen sozialer Kontrolle und deren möglicher Anteil an den kriminellen Karrieren aus den Augen; die bloße Zuständigkeit der Instanzen für die „Bearbeitung" von Kriminalität macht sie immun gegen kritische Fragen nach ihrer Rolle bei der Produktion von Kriminalität (bestenfalls müssen sich Erziehungsheime derartige kritische Fragen gefallen lassen). Bei der totalen Hilflosigkeit der meisten Mütter erscheinen ihnen die Instanzen sozialer Kontrolle in einem positiven Licht: es scheint hier Institutionen zu geben, die sich um einen kümmern, die einem von Amts wegen aus einer Notlage helfen.

Allerdings schlägt diese anfänglich wohlwollende Erwartungshaltung alsbald in Enttäuschung und Resignation um.

Auch die folgende Geschichte könnte für ein Lehrbuch (der ätiologisch orientierten Kriminologie) geschrieben sein. Wir zitieren wieder ausführlich; die Großmutter berichtet:

„Also Sachen hat er schon von klein an gemacht. Das kam aber daher, dieser Junge ist aus erster Ehe. Die Ehe hat nur ein Vierteljahr gestanden, dann hat der Mann sie sitzen lassen. . . Da hatte ich ja die Tochter mit dem Jungen nach Hause geholt, und dann habe ich ihn gehabt. . . Jetzt hat sie aber hier. . . diesen Mann kennengelernt, und da war's dann auch wieder so weit, daß sie gleich in ganz kurzer Zeit aufs ‚Muß' ging. . . Da war der Junge inzwischen vier Jahre geworden, und jetzt konnte das Kind es nicht verkraften. Vier Jahre war er Hahn im Korb, und jetzt kam dann das nächste Kind und der fremde Mann. Er war nun ein bissel weichlich, ja. Er war ja ein Allerweltsliebling. . . Jetzt war das ganz plötzlich mit einem Schlag alle. Und wie die Tochter jetzt das erste von dem anderen Mann hatte und päppelte, was ja da sein muß, Trockenlegen und alles drum und dran, da hat er schief geguckt. Und wenn er zur Mutter ging, dann: ‚Geh, geh, Du bist doch groß!', und so wurde er abgeschoben. Dann weinte er, und dann hat der Stiefvater gleich draufgeschlagen, wenn ers Gesicht verzog. Und so fing es erst mal an. Dann ist er weggelaufen, kam zu uns, 12 km gelaufen, ‚Oma, ich will bei Dir bleiben'. . . Und das ging nun immer hin und her. Wir brachten den Jungen zurück, er kam wieder, dann wieder zurück, dann kam er nicht mehr zu uns, da war er Tage und Nächte lang verschwunden. . . Der wollte immer zur Oma und zum Opa. Er zitterte schon abends, er kannte die Uhr noch nicht, aber wenn die Zeiger so standen, dann kam der Vati nach Hause, und da zitterte er schon, hatte er schon Angst. . . Das ging bis er acht Jahre war, er ging schon in die Schule, und da war dann wieder mal, daß er ausgerückt war, Schule geschwänzt, und da hat der Schwiegersohn dann eben so lange rumgetreten auf dem Jugendamt bis er ins Heim kam. . . Der Stiefvater hatte von klein an, wenn er was getan hatte, ‚Du wirst genauso wie Dein Vater, Du bist ein Verbrecher, Du wirst wie Dein Vater ein Verbrecher!'. Der hat seinen Vater gar nicht gekannt, dieser hier, und hat immer dem Kind das vorgeworfen. ‚Ich bin ja gar nicht Dein Vater' und ‚Das Fressen geb ich Dir schon, aber wenn Du nachher Geld verdienst, dann schreib ich mir alles auf, das mußt Du mir alles zurückzahlen!'. Ich sage, was soll denn nun ein Kind, was noch in die Schule geht, damit!

. . . Also bei meiner Tochter war das Kind unerwünscht, weil sie ja noch nicht verheiratet war, aber dann, als sie den Mann geheiratet hatte, die Ehe ging schief. Und für mich war das jetzt, weil das Kind vor der Hochzeit geboren wurde, war das Kind jetzt für mich das Wunschkind, was ich nicht mehr bekommen konnte, weil ich drei Kaiserschnitte habe. Und ich hätte gern noch eines gehabt. Jetzt war das mein Wunschkind. Aber nicht von der Tochter das erwünschte Kind (. . .).

(Später dann) kriegte ich ihn dann mal. Die Tochter war nachher einverstanden. Dann war er so nicht ganz ein Jahr (bei uns). Und da ist dann wieder etwas gewesen. . . Da hat irgendwo ein Fahrrad gestanden, und er hat das Fahrrad geschnappt, aber nachher wieder hingestellt, aber woanders hin. Und dann ist er im Kaufhaus gewesen. Da kam eben, da kam jetzt das Geltungsbedürfnis unter den Jungs in der Schule. ‚Oh, ich besorg das, ich besorg das!' Und da hat er denn so Pistolen und Fahrtenmesser (geklaut). Und hat es wieder verkauft. Und die Jungs, an die er das verkauft hat, die haben es in der Schule gemeldet. Und wer reinrasselte, das war unser, die anderen gingen leer aus. . . Dann kam er wieder in ein Heim. . ." (V)

Die ausführlich zitierte Großmutter glaubt an die „hausgemachte Kriminalität", an das Modell von der „zerrütteten Familie". Sie sagt es unmißverständlich:

„Warum soll ich denn der Gesellschaft die Schuld geben? Die Gesellschaft hat doch gar nichts mit ihm zu tun gehabt, die hat ihm doch auch nichts getan. . . Nein, nein, die Schuld liegt innerhalb der Familie." (V)

Die Großmutter kommt zu dieser Schlußfolgerung, weil sie die Biographie ihres Enkels rekonstruiert, mit dem Wissen im Hinterkopf, daß dieser straffällig geworden ist. Die Rekonstruktion verfährt so, daß sie dieses Merkmal (kriminell) ursächlich in Zusammenhang bringt mit Auffälligkeiten, die ganz offensichtlich mit der besonderen Familienstruktur zu tun haben. Ihrer Ansicht zufolge wurde der Enkel deshalb kriminell, weil seine Herkunftsfamilie zerrüttet war (broken-home). Diese selbstverständliche, weil eingelebte (und empirische Fakten nicht verletzende) Perspektive vermag sie nicht aufzugeben zugunsten einer unselbstverständlichen Betrachtungsweise, die an der Stelle weiterzufragen hätte, wo sie zu fragen aufgehört hat: Warum nämlich gerade ihr Enkel „reinrasselte" und die „anderen leer ausgingen?". Die Großmutter ist in ein geschlossenes System von Deutungen und Bewertungen eingefangen, das zum Teil auf eigenen empirischen Erfahrungen beruht, zum Teil auch auf tradiertem (fremdem) Erfahrungswissen und nicht überprüften Verallgemeinerungen. Nicht nur deshalb ist dieses System äußerst stabil, hinzukommt, daß es auf alle Fragen eine Antwort parat zu haben scheint. Nicht einmal dieser Großmutter, die als eine der ganz wenigen der Heimerziehung mißtraut („Acht Monate war er bei uns, ohne daß was passiert ist. Und im Oktober war er weg. . . Ja, habe ich gesagt, ich kann 10 Jahre Erziehungsheim in acht Monaten nicht auslöschen, das kann keiner." (V)), gelingt es, dieses starre und in sich geschlossene Interpretationssystem (mit Hilfe dieses punktuellen Mißtrauens) aufzubrechen und nach anderen, außerhalb der Familie liegenden „Ursachen" für die Kriminalität des Sohnes zu fragen.

Bei der Rekonstruktion der Lebensläufe ihrer Söhne übernehmen die Mütter die Rolle einer Erzählerin, die aus einer rückblickenden Perspektive und aus intimer Kenntnis des „Falles" „gesicherte" Details aneinanderreiht, so daß allein durch die hohe Anschaulichkeit der dargebotenen Fakten die „Beweiskraft" bzw. der Erklärungswert des „broken-home-Modells" steigt. Auffallend ist dabei, daß die Erzählerinnen in den Lebensgeschichten ihrer Söhne eine merkwürdig passive Rolle spielen, daß sie darin so gut wie gar nicht vorkommen – und dies, obwohl sie sich mit Selbstvorwürfen quälen. Sie gestehen ein, „kleine Fehler" begangen zu haben – in der Regel mit dem bekannten Zusatz: „Wer macht dies eigentlich nicht! Wir sind ja alle nur Menschen!" – dieses Eingeständnis hat aber nur die Funktion, die ganze Geschichte glaubwürdiger aussehen zu lassen. Selbst in jenen (wenigen) Fällen, in denen die Mütter berichten, daß der Sohn ihnen Erziehungsfehler vorwirft („Ja, der Junge sagte, ich habe eine unglückliche, verpatzte Kindheit und Jugendzeit hinter mir" (VII)), beginnt keine Auseinandersetzung mit diesem Vorwurf, er wird nicht einmal kommentiert.

Es gibt eine ganze Reihe von Müttern – es sind in der Regel jene, die uns (den Interviewern) gegenüber die Intaktheit ihrer Familie betonen und von einem „ordentlichen Zuhause" des Sohnes reden – die die „Ursache" für die Kriminalität des Sohnes außerhalb der Familie lokalisieren. Aus einem „guten Zuhause", aus einer intakten Familie kommend, gerät der Sohn in „schlechte Gesellschaft" und damit auf die abschüssige Bahn.

d) Die „Cliquentheorie": Die benennbaren Verführer

Auch hier geben wir zunächst wiederum einige Beispiele:

„Bei uns ist ein größerer Block, da wohnen so ein paar Tagdiebe. Da haben wir schon immer gewußt, daß die das (Automatenknacken) machen. . . Und dann auf einmal haben wir gehört, unser Bernhard, mit denen geht er aus. Nimmer mit seinen alten Freunden. Nun ja, wann er mit denen geht!" (II)

„Er hatte da ein paar schlimme Freunde, die an sich bloß immer im Knast sitzen. Wenn die sich zusammen tun, da kommt dabei nichts Gutes raus." (IX)

„Und natürlich, er kam dann abends auch nicht mehr pünktlich nach Hause, dann ging er nach dem Dienst, . . . ging er wieder in die Clique. Die Clique war nicht sehr groß. Und da darunter waren, glaube ich, drei Mädchen. Also, dann schwer rauschgiftsüchtig diese drei Mädchen, schwer. Da konnte unserer noch klar denken, da waren die schon praktisch am Boden zerstört (. . .) Aber er war irgendwie in den Fängen dieser Clique drin. Er kam nicht mehr frei. Wir haben uns bemüht. . . Die Clique hat auf ihn gewartet. Da standen immer welche, wenn er dann gearbeitet hat. . . Ein paar Mann waren immer da, die ständig um ihn herum waren, die ihn ständig beschattet haben, die ihn nie mehr rausgelassen haben." (I)

Gerade die zuletzt zitierte Äußerung zeigt deutlich, daß die Mütter ihre konkreten Erfahrungen verallgemeinern, wenn sie eine Antwort auf das „Rätsel" Kriminalität suchen. Die konkrete Erfahrung der Mutter, daß sich ihr Sohn in dem Maße ihrem Einfluß entzog, in dem er sich an den Wertvorstellungen und sozialen Gewohnheiten seiner neuen, aus Gleichaltrigen bestehenden Bezugsgruppe (von der Mutter Clique genannt) orientierte, wird zu einer allgemeingültigen „Theorie" der Entstehung von Kriminalität verallgemeinert, die ihre Plausibilität durch die persönlich gemachten Erfahrungen gewinnt. Die Cliquentheorie besitzt den Vorteil, daß sie „Verantwortung" bzw. „Schuld" delegiert, abwälzt auf „Verführer", die zudem benennbar sind, da sie mit dem Sohn regelmäßig verkehren. Das Verführermodell besitzt darüber hinaus den Vorteil, daß es die „Würde" des Sohnes schützt: er ist im großen und ganzen „in Ordnung", als „Fehler" kann ihm bestenfalls eine „Labilität" angerechnet werden, die ihn gegenüber den Offerten der Verführer anfällig macht.

Da der „Verführte" ebenfalls Opfer ist, ist er sogar bis zu einem gewissen Grad vor Vorwürfen geschützt. Die „Cliquentheorie" läßt sich leicht „komplexer" machen, wenn der lokale Bezugsrahmen zugunsten eines „gesamtgesellschaftlichen" Bezugsrahmens aufgegeben wird; die „Cliquentheorie" erweitert sich dann zu einem „gesellschaftskritischen Modell" mit einem starken zeit- bzw. „kulturkritischen" Einschlag (nicht selten begleitet von Erwartungen geschichtlicher Katastrophen). In dem Maße wie die lokale Begrenztheit der „Cliquentheorie" aufgegeben wird, werden aus den benennbaren „Verführern" (der „Clique") „anonyme Verführer" („unsichtbare Mächte", Werbung etc.).

e) *Das „Gesellschaftskritische" Modell: Die unsichtbaren Verführer*

Auch hier stellen wir wiederum ein ausführliches Zitat voran:

„Meine ganze Wut ging auf diese Dealer, auf diese Diskotheken, diese Schnapsbuden. In unserem kleinen Dorf an die zehn Kneipen. Und überall gibt's noch neue. Gaststättengewerbe scheint ja in Deutschland das erste zu sein, was es überhaupt noch gibt. Unsere Kinder haben keine Abwechslung. Ihr ganzes Abenteuerbedürfnis muß ja auf kriminelle Art und Weise ausarten. Sie haben keinen Sport, keine Sportmöglichkeiten, gewiß, Tennis ist, das liegt aber jedem nicht, sie haben überhaupt nichts, nur Diskothek. Die Kinder sagen, am Samstag, Sonntag, ‚Ja, was sollen wir denn eigentlich machen!'. Und was bleibt dann? Na ja, dann gehen wir in die Diskothek. Und diese widerlichen Stätten des Radaus, der Ungesundheit, also, da bin ich aufgebracht bis ins letzte. Das sind ja Irrenanstalten, diese Diskotheken. Die machen ja unsere Kinder verrückt. (...) Ich finde, der Alkoholismus, damit fängt es an. Rauchen, Alkohol und dann kommt das Schwierige hinterher. Mit dem Rauchen schon im zehnten Lebensjahr. Und jetzt wird es so modern, immer fleißig weiterrauchen und die Öffentlichkeit sieht und hört nichts. Man sieht Kinder stehen, es wird kein Erwachsener ein Kind hindern, wenn es etwas Falsches macht. Und diese Gleichgültigkeit der Öffentlichkeit ist meines Erachtens auch mit schuld. Früher haben wir gesagt: ‚Kind, das darfst Du nicht', oder ‚Du darfst auch jetzt noch nicht rauchen, das hört nun auf!' oder es wird der Schule gemeldet oder den Eltern gesagt. Jetzt ist es ganz selbstverständlich, daß die zehnjährigen Knöpfe da am Bahnhof stehen und rauchen. ‚Ein kleines Helles, bitte!', kriegen sie prompt. Das ist die Gleichgültigkeit der Erwachsenenwelt, die führt dahin. Und dann der Profit. Und das Angebot an vielen schönen (!) Dingen, das führt zu Begierden und Begehren, und dann wundern wir uns, wenn wir Kriminalität haben. (...) Wenn ich hier noch was zu sagen hätte. Es ist hier das ewige Gespräch um die Schuld, um das Versagen des Elternhauses, was ja praktisch die Menschen jetzt unwahrscheinlich berührt. Wir geben uns alle den größten Mut und den größten Trost und sagen, wir selbst sind es nicht. Jedenfalls nicht nur, sondern es liegt auch in der Außenwelt. Wir können unsere Kinder ja immer weniger erziehen. Es ist ja heute fast der größte Teil aus der Familie gelegt worden. Und da sollte man die Wurzeln suchen und bekämpfen lernen, denn, wenn das so weitergeht, wer weiß, was da noch eines

Tages so kommt. Das ist es. Denn wir können als Eltern da mit aller Liebe und aller Güte auch nichts machen. Wir sind ja auch nur Menschen und müssen sagen, Ihr habt versagt. Das ist unschön und schrecklich für Mütter und Väter." (VII)

Zunächst fällt auf, daß auch hier die „gesellschaftskritischen" Äusserungen an konkreten Erfahrungen bzw. empirischen Beobachtungen anknüpfen, die jedermann zugänglich sind. In diese „Basisaussagen" sind jedoch eingelagert allgemein verbreitete Stereotypen, die vorgeben, das, was beschrieben wurde, auch erklären zu können. Mit Hilfe dieser Stereotypen, dieser Leerformeln, wird eine kognitive Realitätsorientierung erzeugt, die sich durch Übervereinfachung auszeichnet und die Funktion hat, die Welt aus der Sicht dieser Realitätskonstruktion zu interpretieren. Dieses Weltbild wird implizit unterstellt, niemals explizit festgestellt[1]. Es werden also fortwährend Unterstellungen und niemals explizite Ausführungen gemacht. Die Abnahmebereitschaft dieser Unterstellungen wird erhöht durch die Erzeugung von Angst: durch die Dramatisierung der Entwicklung („wenn das so weitergeht, wer weiß, was da noch eines Tages so kommt!"). Bisweilen haben, wie es scheint, diese Leerformeln auch die Funktion, den Redefluß aufrecht zu erhalten; dies ist dann der Fall, wenn eine bereitliegende Redewendung aufgegriffen wird, ohne daß der „ursprüngliche" Gedanke, der auch in der abgegriffensten Redewendung noch „gespeichert" ist, für die Ausführungen eine Relevanz besitzt („Und dann der Profit!"). So begegnen wir auch Äußerungen, in denen sich nichts äußert (die aber durch unsere „Zuschreibung" von Sinn bedeutungsvoll werden können). Das „gesellschaftskritische" Modell besitzt den Vorteil, nicht nur von „Verantwortung" und „Schuld" zu entlasten (dieser Bezug wird ja explizit hergestellt durch die Behauptung, daß die Erziehungsfunktion aus der Familie „ausgelagert" worden sei; die Schlußfolgerung lautet dann: mit der Auslagerung der Erziehung sei auch die Verantwortung ausgelagert worden!), es eröffnet die Chance, mit einem Mal die klischeehaften Vorstellungen einer allgemein verbreiteten Zeitkritik loszuwerden:

„Umwelteinflüsse gibt es genug von außerhalb. Sehen Sie sich doch einmal die Werbung an. Sehen Sie sich mal Schaufenster an, Zeitungen, und was alles auf die jungen Leute zukommt. Was es Neues gibt, was angeboten wird. Mein Gott, viele können der Versuchung nicht widerstehen." (GD, 2)

Die „Zeitkritik" tut sich leichter, wenn sie konkrete Anknüpfungspunkte hat, an denen sie sich entzünden kann. Die „Diskothekenlandschaft" bietet immer wieder das erhoffte Stichwort:

„Ja, die Jugend eben mehr ansprechen wie damals zu meiner Zeit, da gab's eben mehr. Da wurden Wanderungen gemacht, das kommt ja heute alles nicht mehr an. Aber die haben es ja auch gar nicht kennengelernt. Die kennen ja nur Diskotheken und Kneipen und so was. So was wird den Jugendlichen geboten. Jetzt ist es vielleicht schon etwas besser wieder. Oder eben wie: Reitsport, was sich (jedoch) nicht alle leisten können." (X)

Diese Äußerung ist nicht untypisch. Der Vergleich mit früher bemüht die Wanderungen, die die damalige Jugend nicht nur in die Natur führten, und mit ihrem Lösungsvorschlag „vergaloppiert" sich die erregte Mutter offensichtlich: auf dem Rücken der Pferde liegt wirklich nicht immer das Glück der Erde, wenigstens nicht bei der hier diskutierten Problematik. Bleibt dann nur noch die Forderung nach mehr „Kontrolle", eine Forderung, die auf den ersten Blick verständlich erscheint, aber übersieht, daß gerade eine Intensivierung der Kontrolle (gerade im Bereich der Drogenkriminalität) zu einem Ansteigen der Kriminalität führen kann, insofern nämlich, als durch vermehrte Kontrolltätigkeiten das Dunkelfeld „eingeengt" wird (d. h. es werden mehr Täter entdeckt, die bislang im „Dunkeln", also unentdeckt geblieben sind). Die Forderung nach „mehr Kontrolle" läßt außerdem unberücksichtigt, daß einer Intensivierung der Kontrolle psychische, organisatorische und rechtliche Restriktionen entgegenstehen (vgl. u. a. Popitz 1968, 7 ff.). Trotzdem fordert eine Mutter:

„Der Staat kann soviel verbieten, so z. B. warum gibt's kein Gesetz, daß die Schnapsfabriken zumachen müßten. Was würde ein Elend in Familien aufhören. Oder auch diese Trunkenheit am Steuer, warum kann man so etwas nicht verbieten oder reduzieren. Oder wie sagt man so schön, ja, ich meine, alle vier Wochen bloß ne Flasche. Warum ist das nicht möglich? Durch Alkohol gibt's ja noch viel mehr Unheil wie durch Hasch. Die Haschmütter schimpfen natürlich wieder. ‚Warum kann man an den Grenzen nicht diesen Hasch abfangen?', ‚Warum setzt man da nicht mehr Zollbeamte ein?'. So hat jeder sein Problem für sich. . . Ich habe mir auch den Kopf darüber zerbrochen, ob man nicht irgendwie einen Weg finden kann, aber es ist natürlich alles sehr schwer. Denn die meisten Straffälligen sind doch, wollen wir mal sagen, die Frühesten fangen mit 16 an, so bis 25. Vorher nicht so viel und nachher geht es auch rapide ab. Daß man nicht diese Jugendlichen in diesem Alter irgendwie ansprechen kann, oder weiß der Kuckuck, daß man die irgendwie abfangen kann, daß die erst gar nicht straffällig werden." (X)

Für Personen, die in den Kategorien von individueller Schuld, Verantwortung oder Versagen denken, ist das „gesellschaftskritische Modell" womöglich deshalb anziehend, weil es erlaubt, die Verantwortung zu „streuen". Die Verantwortung trifft alle und damit wieder keinen:

„Die Gesellschaft, ja Gesellschaft sind wir ja eigentlich alle. Da gehören wir ja eigentlich praktisch mit dazu. Sicher, man hat Fehler gemacht. Man hat – was soll ich nur zum Beispiel aufführen. Die jungen Leute sagen, ‚es wird für uns jungen Leute nie genug getan'. Es werden wahnsinnige Gelder in die Bundeswehr (gesteckt). . .'. Das ist ja überhaupt so ein verhaßtes Objekt, nicht nur aus der Szene von meinem Sohn her. . . ‚Aber diese Gesellschaft, aber der Staat, der steckt Geld dort rein, und hier bauen sie Paläste und die Versicherungen. Und nicht mal die Gewerkschaft, die doch immer so eine große Klappe hat, die bauen hier wieder neue Verwaltungsgebäude. Was machen die denn? Die sollen doch ihre Gelder irgendwo anders, daß sie doch Heime bauen. Oder laß sie Sportanlagen bauen, oder laß sie sonst was bauen'. Das habe ich natürlich schon gehört, und das haben wir auch mit unserem Sohn erörtert. Da wurde natürlich immer gesagt, ‚ja, die Gesellschaft hat versagt'. Ich habe gesagt, ‚Ja, schau mal her, Gesellschaft sind wir ja schließlich alle. Du gehörst auch mit zur Gesellschaft. Damit müßtest Du Dich dazu rechnen, daß Du auch irgendwie versagt hast. Wir gehören alle zur Gesellschaft!'." (I)

Die „Denkfigur": „Wir gehören alle zur Gesellschaft" ist nicht nur eine Redewendung, die man aufgreift, weil sie „gebrauchsfertig" herumliegt, sondern sie dient dazu, sich von der individuellen Verantwortung zu entlasten und stellt zugleich einen Abwehrmechanismus dar, mit dessen Hilfe sich die unangenehmen Vorwürfe des Sohnes zurückweisen lassen.

Die bisher genannten Erklärungsmodelle werden nicht ausschließlich separat angeboten, nicht selten ist auch die Kombination mehrerer Erklärungsmodelle, wofür das folgende Zitat beispielhaft steht:

„Meistens sind es doch welche, die kein richtiges Elternhaus haben, die in der Fürsorge gewesen sind, die nachher in Heimen groß geworden sind (. . .). Das sind wohl durchweg die Strafgefangenen. Nun, es ist leider auch so, daß von wirklich rechtschaffenen Eltern auch Kinder straffällig werden. . . Ob's an der Erziehung liegt, ob's am Umgang liegt. Bei Hansel war's viel der Umgang. Denn im Nebenhaus wohnten ein paar junge Bengel und die saßen ewig zusammen, sie strutzten über die Felder und im Wald haben sie sich da Höhlen gebaut. Man hätte ihn strenger an der Kandare haben sollen. Aber klüger wird man ja erst, wenn ein Kind im Brunnen liegt. . ." (IX)

Hier offenbart die Kombination der angebotenen Erklärungsmodelle ein „dichotomes Weltbild", das bei den der Mittelschicht angehörenden Müttern weit verbreitet zu sein scheint (vgl. auch weiter unten!). Dieses Weltbild beruht auf der Überzeugung, daß die Gesellschaft in zwei Lager zerfällt: in die „Guten" auf der einen Seite und die „Bösen", „Schlechten" auf der anderen Seite. Den „Schlechten" wird das „broken-home-Modell" zugeordnet: das „broken-home", die typische „Wohnform" der „schlechten Leute", bildet das Rekrutierungsreservoir für die Strafgefangenen, die diesen Status über Heimaufenthalte, der anderen typischen „Wohnform" der nicht „rechtschaffenen Leute", erwerben. Den „Guten", zu denen man sich selbst rechnet, wird die „Cliquentheorie" zugeordnet, die plausibel macht, daß die „rechtschaffenen Eltern" nur Pech gehabt haben, weil die Verführer um die Ecke wohnten. Die typische Zuordnung des „broken-home-Modells" bestätigt die Regel, die ebenso typische Zuordnung des „Verführer-Modells" die Ausnahme. Die angehängten Spruchweisheiten („Man hätte ihn strenger an der Kandare haben sollen" – „Aber klüger wird man ja erst, wenns Kind im Brunnen liegt!") signalisieren das Eingeständnis „kleinerer, unwesentlicher Fehler" – man erscheint vor sich und seinen Zuhörern dann glaubhafter –, um das Eingeständnis sofort wieder zurückzunehmen durch eine ebenso glaubhafte, da vertrautes Erfahrungswissen bemühende „Lebensregel": daß Informationsverarbeitung in der Regel vergangenheitsorientiert verläuft. Der Gebrauch solcher und anderer Spruchweisheiten verrät aber noch ein anderes Problem, nämlich das, mit der jeweils verfügbaren Sprache und den Anschauungsgehalten einer vertrauten Erlebniswelt neuartige Phänomene verarbeiten zu müssen. Bisweilen kommt es dabei zu originellen Wortschöpfungen[2], oftmals gelingt dies auch nicht und läuft auf die bloße Verwendung abgedroschener Redewendungen hinaus, die infolge der großen Verallgemeinerungsfähigkeit ihres jeweiligen Bedeutungsgehalts immer passen, aber nichts erklären.

Man klammert sich nicht nur an Spruchweisheiten, wenn Leid zu ertragen ist, die Schlechtweggekommenen interpretieren das eigene Elend als Auszeichnung, als eine Prüfung, Vorbereitung, nicht zuletzt als etwas, das im Jenseits ausgeglichen werde: sie sind religiös.

f) Abweichendes Verhalten als auferlegte Prüfung: eine rudimentäre „Theorie" des „Ressentiments"

Das einzige Beispiel für diese „Sehweise" sei wiederum vorangestellt:

„Wenn ich Ihnen jetzt meine (Erklärung) sage, das ist eine ganz andere. Das würden Sie gar nicht glauben. Also, meine Religion ist so: Ich gehe von der Bibel aus, daß alles zuvorbestimmt ist, alles, alles, auch daß wir so einen Sohn haben. Wir fragen uns oft, es war ein Nachkömmling, warum hat ihn Gott uns noch geschenkt? Er wäre besser nicht da, es wären uns viele Sorgen erspart geblieben. Menschlich! Göttlich, muß ich sagen, Gott macht keine Fehler. Wahrscheinlich waren wir vielleicht zu hochmütig. Zwei intelligente Töchter, mein Mann hat immer Arbeit, es geht uns gut, wir sind eine vollkommene Familie. Wir hätten wahrscheinlich kein Verständnis für andere. Wir wären hochmütig und so hat uns Gott eben – Demut! *Und da gehen wir durch! Und wir sagen: Ja! Und das ist es, was die meisten nicht können: ja sagen.*" (VIII)

Genaugenommen hat hier ein Verzicht auf eine Urteilsbildung („Erklärung") stattgefunden, da diese Mutter die Meinung vertritt, daß sich gesellschaftliche Vorgänge prinzipiell der menschlichen, und damit auch der eigenen Urteilsbildung entziehen. Diese „Erklärung" ist unter dem Aspekt interessant, daß sie den „Stoff" abgibt, aus dem Unterlegenheitslegenden (in Analogie zu Max Webers „Herrschaftslegende"), Legenden der Schlechtweggekommenen, gemacht sind. Abweichendes Verhalten eines Familienmitgliedes erscheint dann als eine den übrigen Familienmitgliedern (insb. den Eltern) auferlegte Prüfung, die es durchzustehen gilt („Da gehen wir durch!"). Der offensichtliche Leistungscharakter dieser Prüfung macht deutlich, daß die Unterlegenheitslegende dazu dient, eine Benachteiligung als Auszeichnung („Und das ist es, was die meisten nicht können: ja sagen!") auszuweisen. Dieses mögliche Verhalten gegenüber der Erfahrung von Benachteiligung, von Leid, läuft auf ein Sich-Fügen in die Gegebenheiten hinaus, das ein Weiterfragen nach anderen „Gründen" von Kriminalität nicht zuläßt. Insofern ist diese Fügsamkeit in das (von Gott) Gegebene Dienst, den die vorgegebene Ordnung zu ihrer Aufrechterhaltung braucht! (vgl. Kap. 12).

Was überrascht, ist die äußerst seltene Nennung des Vererbungsmodells bei den Einzelinterviews. Geschieht dies überhaupt, werden sofort Zweifel wach über den Erklärungswert dieses Modells:

„Es gibt immer soundso viele Leute, die sagen, das ist auch eine Erbanlage... Also, ich weiß es nicht. Ich weiß nichts, daß bei uns irgend jemand mal sich was erlaubt hätte. Das ist hier aus der Reihe." (III)

Anhänger des „Vererbungsmodells" fanden sich dagegen in einer der drei Diskussionsrunden bei den Gruppendiskussionen[3].

g) *Das Vererbungsmodell*

Die bei der Gruppendiskussion geführten Dialoge lauten:

Erste Mutter: „Im allgemeinen, es ist doch bekannt, daß die Erbmasse eine große Rolle spielt."

Zweite Mutter: „Ich hab's auch schon gehört. Als wir damals 1944 heirateten, mußten wir unseren arischen Nachweis erbringen..., es war sehr mühevoll. Wir mußten an sämtliche Standesämter schreiben, mußten unseren Nachweis erbringen. Auch nicht straffällig durften die Angehörigen sein... Da haben wir von keiner Seite festgestellt, daß die Leute irgendwie krank waren oder eine Strafe abbüßen mußten. Es gibt ja auch eine Vererbungslehre, es ist ja auch möglich, daß es das 4. oder 5. Glied ist, soweit können wir das natürlich nicht verfolgen. Also in unserer Verwandtschaft..., mein Mann kommt aus einer grossen Familie, da sind 9 Kinder gewesen, und wir zu Hause waren 3 Kinder und da kann ich auch weiter verfolgen, bei keinem ist so etwas vorgekommen."

Dritte Mutter: „Es ist doch möglich, wenn negative Anlagen von beiden Seiten zusammenkommen, daß das im Komplex etwas Negatives ergibt. (Auf Nachfrage:) Ich meine, wenn zwei sich zusammen tun, wenn eben die negativen Anlagen in beiden Familien vorhanden sind, etwas (davon), dann kann sich, wenn das sich zusammentut, etwas komplex Negatives ergeben." (GD, 3)

Der erste Gedanke, der einem beim Lesen dieser Zeilen kommt, ist der, daß das „Vererbungsmodell" einfach deshalb, weil es zum allgemeinen Wissensgut gehört („Ich hab's auch schon gehört"), zitiert wird, gewissermaßen der Vollständigkeit halber („Ich würde sagen, alle drei Sachen (Erklärungen) kommen da in Frage. Die Vererbung darf man nicht unterschätzen. Da liegt auch was drin. Und die Umwelt ist auch beteiligt. . ." (GD, 3)). Andererseits scheint das Vererbungsmodell für diese Mütter doch eine erhebliche Erklärungskraft zu besitzen; trotz offensichtlicher Schwierigkeiten, die die „Theorie" bei der Konfrontation mit der Empirie hat („bei keinem ist so etwas vorgekommen"), werden diese Dissonanzen reduziert: in dem einen Fall (zweite Mutter) mit dem Hinweis auf die Unvollständigkeit der verfügbaren empirischen Daten (das kriminelle Erbgut muß „im 4. oder 5. Glied" liegen, über die es kein empirisches Wissen gibt), in dem anderen Fall (dritte Mutter) durch den Versuch, die „Theorie" „komplexer" zu machen (einzeln nicht ins Gewicht fallende negative Anlagen der väterlichen und mütterlichen Linie addieren sich auf, wenn aus diesen Linien „zwei sich zusammentun"). Im übrigen ist der Diskussionsbeitrag der zweiten Mutter ein Beispiel dafür, wie „Ansprüche oder Entscheidungen ihre Legitimation nicht durch knappe Schlußfolgerungen erhalten, sondern durch ermüdende, weitschweifige Erzählungen längst bekannter Geschehensabläufe (. . .) Die aktuelle Stellungnahme bleibt bei diesem Vorgehen eingebettet in die konkrete Gesamtheit eines Geschehensablaufs: einer „story" oder einer „Historie". Diese Ganzheit wird nicht zerlegt in nackte Tatsachen und Lehren, die man aus ihr ziehen könnte, die beide in Wahrheit bereits Abstraktionsprozesse sind, sondern bleibt ungeteilt als Vergangenheit konkret." (Popitz et al. 1961, 172). Auch die Äußerung der dritten Mutter verweist auf ein (regelmäßig zu beobachtendes) Dilemma, das sich dann einstellt, wenn der eigenen Erlebniswelt fern stehende komplexe Phänomene mit den Ausdrucksmöglichkeiten der zur Verfügung stehenden Sprache bewältigt werden müssen: „Schon der erste Wurf muß glücken, denn es gibt keine Chance nachträglicher Korrektur" (Popitz et al., 1961, 166).

Exkurs: Über Gemeinplätze[4]

Wie bei der klassischen Untersuchung zum „Gesellschaftsbild des Arbeiters“ von Popitz et al., läßt sich auch hier beobachten, daß das Antwortmaterial von gleichlautenden Metaphern und Gemeinplätzen durchzogen ist; die Verwendung solcher Metapher und Gemeinplätze scheint dann zuzunehmen, wenn die Befragten zu allgemeinen, komplexen, ihrer eigenen Erlebniswelt fern liegenden Problemen Stellung beziehen müssen.

Die unterschiedlichen Äußerungen der Mütter zu ihrer eigenen Befindlichkeit und zu den möglichen „Ursachen“ von Kriminalität scheinen dies zu belegen. Die Aufgabe, den eigenen Zustand beschreibend wiederzugeben, fällt leichter, weil hier „Wie-Fragen“ und nicht „Warum-Fragen“, wie bei der „Ursachenproblematik“, zu beantworten sind. Die Antworten zur Frage nach der eigenen Befindlichkeit fallen auch deshalb leichter, weil unmittelbar der eigene Erlebnisbereich angesprochen wird und dazugehörende vertraute Denk- und Ausdrucksmöglichkeiten zur Verfügung stehen, die eine Austauschbarkeit der jeweils gemachten Erfahrungen erlauben (wie die intensiven Gespräche der Mütter untereinander zu dieser Thematik anschaulich zeigen).

Dies ist bei der Auseinandersetzung mit dem Phänomen „Kriminalität“ nicht unbedingt der Fall. Der Rückgriff auf die unterschiedlichen „Erklärungsmodelle“ demonstriert anschaulich, daß die Urteilsbildung in dem Maße auf sprachliche Klischees ausweicht, je weniger der Erlebnisbereich ausreicht, das konkret zu erklären, was dem einzelnen widerfahren ist. So nimmt der Bestand an Schlagwörtern und Gemeinplätzen innerhalb der genannten „Erklärungsmodelle“ mit zunehmender Entfernung vom eigenen Erlebnisbereich zu, wie ein Vergleich zwischen „Erziehungs-“ und „broken-home-Modell“ und „Gesellschaftskritischem“ und „Vererbungs-Modell“ beispielsweise zeigt. „Die Beobachtung eines Stammtisches oder eines Kegelabends zeigt, daß auch hier keineswegs die individuelle Aussage, sondern der Gemeinplatz und das Schlagwort das Feld beherrschen, sobald das Gespräch sich allgemeinen Gegenständen zuwendet. Das allgemeine Denken über allgemeine Probleme kleidet sich im allgemeinen in stereotype Klischees“ (Popitz et al., 1961,

82). Das allgemeine Denken über allgemeine Probleme vollzieht sich „in Form von Topoi“ (Popitz). „Ein Topos ist... eine sprachlich festliegende Formel, die stereotyp wiederholt wird, eine Sprachhülse, ein sprachliches Klischee. Im weiteren Sinn gehören zur Topik auch die wiederkehrenden Bilder, Figuren und Gestalten...“ (Popitz et al., 1961, 83, Fn. 44 unten).

Topoi sind „Elementarbausteine der Vorstellungskraft und liegen sehr oft auf der Grenze zwischen Sprachlichkeit und Bildlichkeit“ (Bornscheuer 1977, 210).

Gerade der Gebrauch wiederkehrender Bilder weist darauf hin, daß „das Denken metaphorisch (ist) (...), denn man erfaßt das Unbekannte, Neue, Unklare und Entfernte durch die Wahrnehmung von Identität mit bereits Vertrautem...“ (Edelman 1976, 148). Auch die Verwendung von Topoi (im engeren Sinn) beruht auf dieser „Gesetzmäßigkeit“: „(Sprachliches Denken) ist selbstverständlich darauf angewiesen, auf Bewährtes zurückzugreifen. Das Bewährte ist typischerweise nicht ein purer Gedanke, der nun in eine neue sprachliche Form gekleidet wird, sondern ein Topos, d. h. ein Gedanke, der bereits eine sprachliche Fixierung besitzt, die wörtlich weitergegeben wird“ (Popitz et al., 1961, 167).

Eine Topik ist jedoch nicht nur der „Inbegriff der Vor-Urteils-Struktur“, sondern „auch das Mittel zur dialektisch-kritischen Anwendung des verfügbaren Meinungswissens auf neuartige Problemsituationen“ (Bornscheuer 1977, 210). Auf diese Weise kann sich zu bestimmten allgemeinen Problemen, die immer wieder zu einer Auseinandersetzung herausfordern, ein ganz bestimmter „Argumentationshaushalt“ an Topoi herausbilden, der eingesetzt werden kann, um zu komplexen Problemen Stellung beziehen zu können, der aber auch ein subtiles Mittel sein kann, „das hervorzuheben, was man gern glauben möchte, und das zu umgehen, was man nicht wahrhaben will“ (Edelman 1976, 148, der dieses Zitat in einem anderen Kontext verwendet). Ein solcher „Argumentationshaushalt“ an Topoi erlaubt einem aber auch, so zu tun, als habe man auf die quälenden Fragen, die man sich als Mutter eines „Kriminellen“ selbst stellt, eine beruhigende Antwort gefunden. Insofern liegt hier auch einer der Gründe für die Bildung von Mythen („Rätsel Kriminalität“), wie sie sich bei dieser Thematik beobachten lassen (vgl. Kap. 11).

Anmerkungen

1 Typisch ist die folgende Unterstellungs-Treppe: den empirisch zutreffenden Beobachtungen über das Rauchen und Trinken von Jugendlichen folgt unvermittelt die 1. Verallgemeinerungstreppe mit dem Hinweis auf die These vom Überangebot, das „Begierden und Begehren" fördert, der dann die Unterstellung nachgeschoben wird „und dann wundern wir uns, wenn wir Kriminalität haben". Wer sich nicht mehr „wundern" kann, der sucht auch nicht nach weiteren Erklärungen!

2 Um hierfür ein Beispiel zu geben. Eine Mutter kritisiert die „Schauseite" bei einer „innerlichen Haltung": beim Beten. Sie sagt: „Es wurde mir auch zu viel gesungen und gebetet. Ich bin nicht ungläubig. Ich habe meinen Kindern auch das Beten gelehrt. Aber ich mag das nicht, daß sie immer den Hund spazieren führen. Ich finde, das sitzt innerlich, da braucht man nicht immer drüber zu sprechen." (IX)

3 Dies ist u. a. darauf zurückzuführen, daß eine der Fragen, mit deren Hilfe die Diskussion in der Gruppe provoziert werden sollten, den expliziten Hinweis auf das „Vererbungsmodell" enthielt!

4 Vgl. hierzu den lehrreichen Abschnitt: „Zur sozialen Topik" bei Popitz et al., 1961, 81–88.

11. Rechtfertigungsmuster und Entlastungslegenden

Bei den Einzelinterviews wie bei den Gruppendiskussionen finden sich zahlreiche Äußerungen, aus denen hervorgeht, daß die Mütter als aufgeschlossen und vorurteilsfrei(-er) gegenüber straffällig Gewordenen gelten wollen – zumindest seit dem Zeitpunkt, ab dem der eigene Sohn selbst straffällig geworden ist. Der dadurch ausgelöste Schock habe einem die Augen geöffnet, habe einen Lernprozeß in Gang gesetzt. Früher habe man ja selbst jene Vorurteile vertreten, gegen die man jetzt als unmittelbar Betroffener anzukämpfen habe. Früher habe man selbst die Welt in Gerechte und Ungerechte geschieden und sich selbst zu den Gerechten gezählt („Also, wir sind die Gutbürgerlichen, nicht, und die anderen, die kommen aus dem Gefängnis. . .“ (GD, 2)); heute sehe man das Problem mit anderen Augen, nicht zuletzt deshalb, weil man sich damit intensiv beschäftige. Nun teilt man die Welt in solche, die wachgerüttelt wurden und bereit sind, sich auf irgendeine Weise für die straffällig Gewordenen zu engagieren – zu diesen Wachgerüttelten rechnet man sich selbst – und in solche, die noch wachgerüttelt werden müssen und denen nahegebracht werden muß, daß sie an der „miesen Lage“ der straffällig Gewordenen nicht ganz unschuldig sind:

„Und einmal wird doch die Bevölkerung hellhörig werden und wird sich sagen, wir haben 80 % Rückfällige. Ich meine, da ist auch die Bevölkerung viel mitschuld, die Umwelt. Und einmal muß sie aufgerüttelt werden und ein bißchen was, hoffe ich, dringt immer durch und deshalb unterstütze ich alle Arbeiten, die hier getan werden, obwohl es mich belastet.“ (VIII)

Diese von der Selbstdarstellung errichtete Fassade ist jedoch brüchig und gibt inkonsistente „Fakten“ frei: Dieselbe Mutter, die davon spricht, daß die Bevölkerung endlich wachgerüttelt werden muß, sagt ein paar Sätze weiter auf die harmlose Frage „Mit welchen Gefühlen sind Sie hierher zur Kur gefahren?“:

„Ich hatte Angst, denn in (der Strafanstalt) haben Sie ja manchmal Leute getroffen, da sind Ihnen die Haare zu Berge gegangen. Bla, bla, bla und so ordinär. Denken Sie, ich wäre mit so einer ordinären Frau hier im Zimmer gewesen, wie schrecklich. Aber hier sind lauter Frauen, so wie ich ungefähr. Die also, ich sag ja, geordnete Familienverhältnisse haben. Es sind auch welche da, da trinkt der Mann. Aber ich bewundere diese Frauen, diese Frauen bewundere ich doppelt. Und ich tröste sie immer und wenn sie Gespräche suchen, bin ich für sie da." (VIII)

Die Mittelschicht hütet ihre Vorurteile, um sich von den gewöhnlichen Kriminellen abgrenzen zu können. Mit Hilfe der bürgerlichen Sekundärtugenden der „Ordentlichkeit, Sauberkeit" etc. wird eine Barriere errichtet, die die Welt in Ordinäre und Nicht-Ordinäre, in „geordnete Familienverhältnisse" und nicht-geordnete Familienverhältnisse teilt, wofür auch die Bezeichnung „Asoziale" gebräuchlich ist. Auch mit seinen Problemen will man unter sich bleiben, innerhalb der Schicht, wo geordnete Familienverhältnisse herrschen und wo die Kriminalität des Sohnes als „Betriebsunfall" erscheinen muß (vgl. weiter unten). Die Abgrenzung nach unten stärkt das Wir-Bewußtsein jener, die sich innerhalb der von den Kriminellen und ihren Familienangehörigen gebildeten Population als Elite verstehen und sich wechselseitig versichern, daß sie mit ihren Kindern einfach Pech gehabt haben. Die eigentlichen Kriminellen, die Asozialen, sind ganz unten; sie versteht man nicht (mit ihrem „Bla, bla, bla") und man will sie nicht verstehen. Mit ihnen will man nichts zu tun haben, obwohl man mit ihnen ein entscheidendes Merkmal gemeinsam hat: einen Sohn, der straffällig geworden ist.

Die oben zitierte Mutter steht mit ihrer Äußerung nicht allein:

„(Ich bin) eigentlich mit gemischten Gefühlen (hierher gekommen), weil ich nicht gewußt habe, mit wem man hier alles zusammentrifft. Weil man ja nicht gewußt hat, sind da Leute da, die irgendwie, ich will einmal so sagen, einfach aus asozialen Verhältnissen rauskommen, gell. Ob da auch solche dabei sind. Oder einfach, was für Frauen daß man da trifft, gell. Es war eigentlich ein bißle, ich will nicht sagen, eine Befürchtung, aber man macht sich halt Gedanken, wenn man gar nichts weiß, gell, mit wem daß man hier zusammentreffen würde." (XI)

Auch jene Mutter, die von sich gesagt hat, alles zu lesen, was sie über den Strafvollzug in die Hände bekomme, grenzt sich nach unten scharf ab; Leid eint, wie es scheint, nur innerhalb von Schichtgrenzen und nicht über sie hinweg:

„Ich habe mir gedacht, daß doch irgendwie ein bestimmter Personenkreis angesprochen wird, denn wenn ich also manchmal denke, wenn man Besuch macht im Gefängnis, sieht man ja furchtbare Typen sozusagen als Eltern. Da wäre ich auch sofort wieder abgefahren." (X)

Auch jene Großmutter, die sich darüber empört hatte, daß man ihren Enkel des Diebstahls verdächtigte[1], gibt mit der folgenden Äußerung zu erkennen, daß auch bei ihr zu Hause dieselben Vorurteile gelten – mit dem bezeichnenden Unterschied, daß sie einer tiefer gelegenen Schicht entgegengebracht werden:

„Mein Mann hat zuerst gesagt ‚Du, paß auf, da kommen noch ganz andere hin und so (zur Kur!). Wer weiß, mit was Du da zusammen bist. Paß auf Deine Sachen gut auf und so!' Da habe ich mir gedacht, sowas bringen sie doch wohl nicht zu einer Kur zusammen, hab ich im Stillen (gedacht), hab aber nichts weiter geantwortet." (V)

Insoweit als der einzelne an der Konstruktion der sozialen Wirklichkeit mitbeteiligt ist, hat er bis zu einem gewissen Grad die Chance, sich ein für ihn „günstiges" Bild von der „Realität" zu schaffen; d. h. er erfindet und verbreitet Entlastungslegenden, die ihn mit der „harten Realität": in der Familie einen Kriminellen zu haben, leichter fertig werden lassen. Typisch ist die Entlastungslegende, die die Stereotype: „Es kann alle treffen – und zwar plötzlich!" variiert:

- „Also, ich würde sagen, das ist gemischt. Es gibt bei denen, wo Geld haben, welche, es gibt bei den Armen welche, es gibt auch beim durchschnittlichen Mann welche. Das gibt's überall. Ich will nicht sagen, der wo kein Geld hat, daß es da viel schlimmer ist. Da kommen manchmal auch ordentliche Kinder raus. Das ist so durchschnittlich!" (III)
- „Ich glaub, da kann man halt gar nicht viel sagen, das passiert bei reichen Leuten, bei armen Leuten und bei welchen, wo saufen. Und da sind die Ehen, die glänzen und da ist es auch passiert. Ist auch passiert. Das kann einen jeden treffen, man kann halt nicht sagen, mich kann so was gar nicht treffen. Ich hab früher eigentlich nicht dran gedacht und plötzlich war's da." (VI)
- „Ja, ich meine, das ist doch gemischt. Ich weiß es nicht. . . Früher war's ja so, daß es mehr in den unteren Schichten war. Aber heute hört man ja auch, daß in allen Schichten etwas passiert. Wie das Verhältnis ist, ich weiß es nicht." (X)

- „Das kommt überall vor, da ist keiner vor geschützt. . . Ich kann da immer nur wieder sagen, denken Sie an die Baader-Meinhof-Gruppe. Da war eine Pastorentochter dabei. Das sagt doch wohl alles dann. Da kann man doch nicht sagen, ja bei denen oder bei dem oder bei dem. Die sind alle mitbetroffen. . . Es gibt's unter ganz armen Leuten, wo die Kinder sehr bescheiden und ordentlich sind und auch umgekehrt." (V)
- „Man findet sie praktisch überall. Man kann nicht sagen, sie kommen aus kinderreichen Familien oder sie kommen aus Arbeiterfamilien. Man findet sie genauso gut in besseren Verhältnissen. . . Ich möchte nicht sagen, die kommen mehr aus Arbeiterfamilien oder aus besseren Verhältnissen. . . Das kann jeden treffen. Ich meine, man kann heute das beste wollen in der Kindererziehung, und nachher sieht man eben doch, daß man, wie soll ich sagen, daß man einfach nicht garantieren kann für seine Kinder heute, unter den Verhältnissen wie sie heute sind. Man meint es gut und es artet dann doch aus, daß sie irgendwie durch Freunde oder irgendwie durch die Gesellschaft, irgendwie Kollegen, vielleicht in Verhältnisse reinrutschen, die man nicht kontrollieren kann und dann so auf Abwege geraten, gell." (XI)

Wenn man sich, wie es eine Mutter bei einer der Gruppendiskussionen formuliert hat, „bei jeder Gelegenheit fragt, warum ausgerechnet deins" (GD, 3), bietet sich zur Entlastung die Legende an, daß „es jeden treffen kann", daß „davor keiner geschützt ist". Wenn auch die Kriterien, die bei dem mehr oder weniger explizit vorgenommenen Vergleich angewandt werden, nicht einheitlich sind („das passiert bei reichen Leuten, bei armen Leuten und bei welchen, wo saufen"), wird dennoch deutlich, daß diese Mütter ein „grobes Schichtmodell" im Hinterkopf haben, bei dem die „wirtschaftliche Lage" („bessere Verhältnisse", „reiche Leute", „arme Leute") ein einheitliches Klassifikationsmerkmal bildet. Diese Grobstruktur wird dann weiter differenziert. Mit Hilfe von Merkmalen, die der eigenen konkreten Lebenslage „entliehen" sind: „sehr bescheiden und ordentlich", „Arbeiterfamilien", „kinderreiche Familien", wird die Schicht der Armen näher charakterisiert, wogegen die Schicht der Reichen mit dem zusätzlichen Merkmal der „besseren Verhältnisse" nur sehr vage umschrieben wird. Diese Konstruktion erlaubt dann die Feststellung, daß Kriminalität überall vorkommt, sowohl bei der Armen- wie bei der Reichenschicht. Da die Mütter auf eine Angabe quantitativer Anteile verzichten und stattdessen mit Einzelfällen aufwarten, erzielen sie die „breite Streuung" bei ihrem „groben

Schichtmodell" (wobei den zitierten Einzelfällen eine hohe empirische Evidenz zukommt).

Wie die Ausführungen der zuletzt zitierten Mutter zeigen, hat diese gängige Entlastungslegende („daß es einen jeden treffen kann") eine große Affinität zu der „Cliquentheorie" und zum „Gesellschaftskritischen Modell", die ihrerseits von „Schuld" und „Verantwortung" entlasten. Wenn „es einen jeden treffen kann", dann hat derjenige, den es tatsächlich trifft, schlicht „Pech gehabt"; dieser zwingende Schluß läßt Kriminalität als ein „Großes Lotteriespiel" erscheinen, bei dem ausschließlich der Zufall eine Rolle spielt:

„Die Leute sehen ja auch, wie es in den Familien zugeht. Wenn sie im Haus wohnen, dann haben sie ja auch die Kinder mit aufwachsen sehen. Dann müssen sie ja auch wohl erkennen, daß es ja vielleicht wirklich ein Pech ist, ein persönliches Pech, und daß man da nicht sagen kann, die ganze Familie sei nicht in Ordnung. Gewiß, vielleicht haben wir auch einmal etwas verkehrt gemacht. Darüber zerbrechen wir uns schon am meisten den Kopf." (GD, 3)

Gerade jene Mütter, die sich explizit der Mittelschicht zurechnen (so z. B. die Lehrerin (VII) und die Verwaltungsangestellte (I)) scheinen eine naheliegende Strategie der Dissonanzreduktion (Festinger 1957) zu bevorzugen. Sie reduzieren die Dissonanz zwischen dem kognitiven Element „nette, ordentliche, strebsame und liebenswerte Mittelschichtfamilie" und dem (verhaltensrelevanten) kognitiven Element: „Ein Mitglied dieser Familie ist straffällig geworden" (innerhalb einer relevanten Beziehung) durch das Hinzufügen neuer kognitiver Elemente, durch das Erfinden einer neuen Rechtfertigung: Kriminalität ist *heute* ein Mittelschichtphänomen[2]:

– „(Kriminalität findet sich) in der Mittelschicht des Volkes. Es sind nicht asoziale Verhältnisse, vor allen Dingen hier (bei der Kur). Zwei-, dreimal glaube ich, wo Vater und Mutter nicht zusammenstehen, sich schlagen oder Ehen geschieden sind. Aber die meisten sind alle liebenswerte Durchschnittsfamilien, eigenartigerweise. . . Das ist generell. Auch wenn ich so im Ort oder der Umgebung unseres Dorfes herumhöre, wenn dort solche Fälle passieren, dann sind es meistens arbeitsame, strebsame Familien, aus denen diese Fälle herauskommen. Das ist eben das Sagenhafte, das Rätselhafte. Es ist nicht das Milieu zu Hause. Nicht immer. Wohl auch, bei wenigen Fällen. Aber die Menge aller unserer Fälle stammt aus dieser Mittelschicht." (VII)

– „Ja, was soll ich sagen, das, was ich bis jetzt erlebt habe, die Leute, die straffällig geworden sind oder in der Clique, in der sich mein Sohn aufgehalten hat, das waren alles anständige Bürgerfamilien. Oberamtmann bei der Post, Doktorensöhne, also alles gute Mittelschicht. Auch zum Teil gehobene Schicht. . ." (I)

Die andere naheliegende Variante dieser Strategie zur Reduktion kognitiver Dissonanzen setzt auf die Behauptung, daß das (nicht zu leugnende) abweichende Verhalten des Sohnes „an sich" überhaupt „keine Kriminalität" darstelle:

„Bundeswehr ist ja an sich keine Straftat in dem Sinne, daß man da die Nase rümpfen müßte. Es gibt ja so viel andere Verweigerer (aus einem Fall von ‚Fahnenflucht' wird ein Fall von Wehrdienstverweigerung, d. V.). Und ich glaube, das würde dem Wolfgang an sich nicht allzu viel schlimm anhängen, nehme ich an. Denn es ist ja keine Straftat in dem Sinne, als wenn ich da nun ein Verbrechen begangen habe, nicht. . . Da war mir das natürlich nicht ganz wunderbar, daß ich sagen konnte, uns passiert das, aber andererseits sagte ich mir, es ist kein Kriminalfall. Es ist ein menschliches Vergehen, was ja nicht bloß mich, sondern vielleicht auch alle anderen treffen könnte. Ich meine, die Öffentlichkeit hat das auch nicht als besonders ‚Na, das ist ein ganz schlimmer Versager!' angesehen oder Krimineller. Das ist keine Kriminalität, meines Erachtens." (VII)

Diese Variante der Strategie zur Reduktion kognitiver Dissonanzen ist unter den Müttern sehr verbreitet, obwohl bei ihr die Gefahr besteht, daß die hinzugefügten neuen kognitiven Elemente (die neue Rechtfertigung) von einem informierten Publikum nicht akzeptiert werden:

„Manche sind ja hier (die Interviewte lacht!), die erzählen, ihre Söhne sind also keine Straffälligen. Da kann ich nur lachen. . . Die machen sich was vor, ja. Die eine sagt, ihr Sohn ist beim Bund weggelaufen und deshalb sitzt er. Das weiß ich, beim drittenmal werden sie eingesperrt, das weiß ich alles. Ja, und die eine erzählt laufend, ihrer ist 2 Meter 5 groß, ein Kleiderschrank, fällt überall auf, und das und das. Aber es ist ein guter Junge. Aber er sitzt laufend. Also, wie kann man so etwas erzählen, die machen sich einen vor." (VIII)

Doch auch diese Mutter, die über die Rechtfertigungs- und Entlastungslegenden von anderen Müttern „nur lachen kann", hat ihre eigene Entlastungslegende parat, mit der sie nicht allein steht: daß der Sohn „an sich nicht schlecht, sondern nur in schlechte Gesellschaft geraten sei" (auch diese Entlastungslegende besitzt Affinität[3] zur „Cliquentheorie", die von eigener „Schuld" freispricht):

„Wir sagen immer, der Bub ist nur in schlechte Gesellschaft geraten. Er ist doch liebenswürdig. Unser Sohn ist ein netter Junge, ein höflicher Junge, also, der wickelt Sie ein, schneller als Sie gucken." (VIII)

Wenn sogar die üblichen „Zuschreibungsspezialisten" (wie Pfarrer, Fürsorgerin, Bewährungshelfer, Aufsichtsbeamter etc.) diese Interpretation anbieten („Der Bewährungshelfer gibt viel auf den Heinrich. Überall, auch im Gefängnis der Wärter und alle die sagen, der Heinrich ist kein schlechter Mensch" (VI)), wächst für die Mütter die Chance, mit diesem „Urteil" außenstehender „Meinungsmacher" die Ver-Urteilung des Sohnes abzumildern und das durch die Zuweisung des neuen Status (Mutter eines Kriminellen) angeschlagene Selbstbild wieder aufzurichten. Und hierzu sind die genannten „Zuschreibungsspezialisten" als die für die Stabilisierung des Selbstbildes (Identität) „signifikanten anderen" äußerst wichtig. Das Bild vom „guten Sohn" nur im Herzen zu tragen, ist für die Festlegung der gewünschten Identität (Mutter eines „guten Sohnes") wenig tragfähig. Identitäten werden „nicht nur von ‚der Gesellschaft' verliehen, sie müssen auch von ihr gestützt und erhalten werden – und zwar stets und ständig" (Berger 1971, 112).

Zeichnen sich die genannten Entlastungsstrategien dadurch aus, daß sie die Intention einer „nach außen gerichteten ‚Vorwärtsstrategie'", eines den amtlichen (und nicht-amtlichen) Situationsdeutungen entgegengesetzten „Gegenentwurfs", erkennen lassen, so fehlt bei den anderen, unter den Müttern ebenfalls verbreiteten Reaktionsformen, die sich graduell durch ein zunehmendes Ausmaß an „Innengewandtheit" unterscheiden, gerade dieses Merkmal.

Nach außen gerichtet, aber ohne Interesse an einem „Gegenentwurf", der die amtlichen und nicht-amtlichen Situationsdeutungen uminterpretiert, ist die typische Reaktionsweise, die sich auf das „Sich-den-Kummer-von-der-Seele-Reden" beschränkt. Der Außenbezug ist bei dieser „Entlastungsstrategie" nur insofern vorhanden, als ein verständnisvolles, jedoch passives Publikum benötigt wird, das sich auf das bloße Zuhören beschränkt (das Publikum kann auch nur aus einem Zuhörer bestehen, aus einer Person des Vertrauens). Zu dem Publikum besteht dann ein besonderes Einvernehmen, das die Chance zur asymmetrischen Kommunikation erhöht, wenn die Zuhörer mit dem Vortragenden einen gemeinsamen Vorrat an „Wissen“ und „Erfahrungen“ teilen; dieser hat dann die Gewißheit, daß er sich auch „ohne große Worte“ verstanden weiß, und er befindet sich nicht in der Situation, sich gegenüber seinem Publikum rechtfertigen zu müssen. Eine Aussprache ohne Einwände eines kritischen Publikums kann zur Folge haben, daß die Geschichte, die man immer wieder unwidersprochen vortragen kann, gefördert durch die Wiederverwendung gleichlautender sprachlicher Formen und Bilder, für den Vortragenden die Qualität einer unverrückbaren „Wahrheit“ annimmt, die nun zur dauerhaften Legende werden kann. Auch für die Interviewsituation gilt das Gesagte. Von einer Reihe von Müttern wurde das Interview unter dem Aspekt gegeben, sich aussprechen zu können und in dem Interviewer einen dankbaren und aufmerksamen Zuhörer zu besitzen (insofern geben die erhaltenen Antworten kein Bild „wie es wirklich war“, sondern stellen Realitätskonstruktionen (bzw. -rekonstruktionen) dar, die für die Mütter „die Wahrheit“ bedeuten). Diese Entlastungsstrategie des „Sich-den-Kummer-von-der-Seele-Redens“ ist unter den Müttern weit verbreitet, wie die zahlreichen und ausführlichen Äußerungen zeigen:

- „Ich faß alles in mich rein. Manchmal mein ich, ich erstick bald, das sitzt alles hier. Ich krieg keine Luft und kann nachts nicht schlafen. Dann muß ich jemand sprechen.“ (VI)
- „Ich habe hier in N., bin ich, wenn ich mal nicht so aus und ein wußte, dann bin ich zu Pastor X. gegangen. . . Und da haben wir mal so über alles gesprochen. Und das war eigentlich so der einzige Mensch, zu dem ich Vertrauen hatte.“ (IV)
- „Dann habe ich gedacht, da kann man ja (während der Kur) mit den anderen auch so ein bißchen drüber sprechen, über alles, was man dort gemacht hat. So daß es alles ein bißchen leichter wird. Denn ich finde, wenn man sich mit jemanden ausspricht, das erleichtert doch so.“ (IV)
- „Man hat sich also ziemlich schnell, ich muß eigentlich sagen, verblüffend schnell miteinander ausgesprochen, obwohl man einander überhaupt nicht gekannt hat. . . Also man ist wirklich gleich bekannt geworden miteinander und hat sich ausgesprochen.“ (XI)
- „Ich will nur sagen, die erste Nacht gleich, wir sind bis um elf Uhr im Bett gesessen und haben verzählt. Und nur von unseren Kindern. . . Wir haben miteinander unser Leid (geklagt) und es ward uns leichter. . . Ja, hab i mir

denkt, der ihr Kreuz ist a net viel kleiner wie meins und net leichter. . ." (II)

– ,,. . .Und irgendwie hat man sich dann hingesetzt und es kommt, ein Stichwort fiel, und schon konnte dann jeder über sein Problem sprechen, der Sohn ist das Problem, mein Sohn hat das Problem oder mein Mann, der trinkt. . . In den Raucherecken wird am offensten gesprochen. Das ist ein Heulwinkel und ein Schmollwinkel, das ist die Ecke, wo die Probleme besprochen werden. . . Da hat jeder offen gesprochen, da hat jeder wirklich offen gesagt, und man ist froh, daß man das offen sagen kann. . ., denn einmal muß man das wirklich loskriegen. . ." (I)

Ebenso weit verbreitet ist unter den Müttern die ,,Entlastungsstrategie des Vergessen- und Abschalten-Wollens" – zu Hause und auch während des Kuraufenthalts:

– ,,(Mein Mann) hat mir oft gesagt, nicht daran denken, kein Wort mehr darüber. . ." (VII)
– ,,Meine Schwiegertochter, die sagt manchmal, ,Mutti, Du mußt das mal mit richtigen Augen sehen. Du betreibst Vogel-Strauß-Politik', sagt sie. . . Ich sage, ,Kinder, laßt mich in Ruhe, das sehe ich nicht mehr, da bin ich längst nicht mehr da. Und wenn ich das alles jeden Tag so genau betrachten würde, dann hättet Ihr mich längst nicht mehr, dann wäre ich längst tot." (IX)
– ,,Ich war in den ersten Tagen (während des Kuraufenthalts) so fertig von dem vielen Hören, daß ich nicht mehr fähig war, eine Karte zu schreiben. Ich habe viel zu viel in mich reingelassen. . . Das war zu viel. Auch alle anderen Frauen sagen, einmal muß Schluß sein." (III)
– ,,. . .da saßen wir einen geschlagenen Nachmittag, und dann hämmern sie alle auf uns ein. Ich hätte hochspringen können und mit den Füßen trampeln, nun laßt uns doch endlich mal in Ruhe, ich kann nicht mehr. Und das Gefühl haben die anderen auch. Es ist zu viel. Sie meinen das alle gut. Aber es ist wie mit meinen Kindern, ich soll das alles vor mir sehen und genau bedenken, was alles danach kommt. Das kann ich einfach nicht. Dann nehme ich meine Schlaftabletten und bring mich um, wenn ich das alles so genau weiß." (IX)

Die konsequent durchgehaltene ,,Entlastungsstrategie des Nichts-Mehr-Hören-Wollens" hat mit der Furcht zu tun, ,,daß Realitätsdeutung durch Information destruiert wird" (Edelman 1976, 93). Die Mütter sperren sich gegen eine Aufnahme zusätzlicher Informationen, um ihre vertrauten und ihnen Vertrauen vermittelnden Realitätsdeutungen (Realitätskonstruktionen) nicht zu gefährden. Die von Edelman vorgenommene Unterscheidung zwischen ,,Bedeutung" und

„Information" verdeutlicht das Gemeinte. „Bedeutung hat mit Ordnung zu tun – mit einer kognitiven Sinnstruktur, nach welcher die Antizipation künftiger Entwicklungen möglich ist, so daß Wahrnehmungen erwartet werden können und nicht überraschend kommen. . . Information impliziert dagegen Komplexität oder Mangel an Ordnung – die Unmöglichkeit einer Antizipation" (Edelman 1976, 92). Die „Strategie des Nichts-Mehr-Hören-Wollens" ist die einfachste Strategie zur Reduktion von Komplexität, um gegenüber einer komplexen Umwelt, von der man glaubt, erdrückt zu werden, bestehen und sich eine auf eine enge Zeitperspektive gebaute „Orientierungssicherheit" bewahren zu können.

Eine Variante dieser Immunisierungsstrategie des „Nichts-Mehr-Hören-Wollens" ist die „Strategie der Ablenkung", die in „rastloser Arbeit" Vergessen sucht:

„Ich habe gearbeitet wie verrückt. Ich habe in der Zeit schulisch dermaßen Überleistungen vollbracht, um mich eben zu konzentrieren und abzulenken. Und auch zu Hause, Hefte massenhaft gehabt. Also immerfort Arbeit, das hat mir über die ganzen Probleme doch hinweggeholfen. Ich bin froh, daß ich die Arbeit habe, und ich hätte das zu Hause nicht geschafft." (VII)

Die Strategie des „Nichts-Mehr-Hören-Wollens" kann unmittelbar begleitet sein von einem faktisch sich vollziehenden sozialen Rückzug und/oder von einem Rückzug in eine „andere Sinnprovinz" – eine Form der „inneren Emigration". Man spinnt sich ein in einen Kokon von Einstellungen und Deutungsmustern, der einen vor Umwelteinflüssen abschirmt und einem das Sich-Zurechtfinden in dieser selbst gemachten „kleinen Welt" erleichtert. Diese „eingesponnene" Lage scheint indes „versponnene" Phantasien, die um den Sohn kreisen, zu produzieren:

- „Oft habe ich mir schon gesagt, wenn seine Lieblingsspeisen auf dem Tisch stehen. Ich habe auch oft mehr gemacht, obwohl ich weiß, daß er gar nicht da ist." (VI)
- „Ich schreibe (dem Enkel) Briefe und zwischendurch öfter mal Karten. Ich schreib sehr gern eine Blumenkarte oder eine Tierkarte, meistens Hunde oder Pferde so drauf. Weil ich mag das gern, und ich habe gedacht, irgendwie durch diese Tiere, die da so nett aussehen, ihn bißchen lieblicher zu stimmen und nicht abweisend gegen die Bevölkerung und gegen Tiere." (V)

Anmerkungen

1 „Und da ging's los. Jetzt hieß es, einem Jungen auf dem Arbeitsplatz ist die Brieftasche und das Portemonnaie gestohlen worden. Jetzt hatten sie alle ihre Schränkchen, die waren aber nicht abgeschlossen, sagt der Ingo, die standen alle offen, zum Aufmachen. Und in seinem Schrank haben sie die leere Brieftasche und das Portemonnaie nachher gefunden. Und da sage ich, das ist doch gar nicht zu glauben, wenn ich was stehle, dann schmeiße ich das Leere doch nicht in meinen Schrank, das macht doch keiner. Nicht mal ein Irrsinniger macht das!" (V)

2 Gerade bei der hier angesprochenen Deliktgruppe (Drogendelikte/Fahnenflucht) mag für die davon betroffenen Mittelschicht-Mütter auch die „Realität" selbst entlastend gewesen sein: mit diesen „neuen" Delikten, die sich überdies leicht von der „gewöhnlichen Kriminalität" abgrenzen lassen, sah sich in den 70er Jahren zunächst die Mittelschicht zunehmend konfrontiert. Hinzu kommt die Entlastung verschaffende Wirkung „privater Umfragen" im Bekanntenkreis! Die mit solchen Umfragen verbundene Tendenz zur selektiven Wahrnehmung registriert plötzlich nur noch „gleichgelagerte" Fälle im Bekanntenkreis.

3 Diese Affinität entlastet in doppelter Hinsicht: zunächst deshalb, weil die „Cliquentheorie" selbst „Schuld" und „Verantwortung" den externen Verführern zuschreibt, dann aber auch, weil die Verfügbarkeit über eine Theorie (über eine kognitive Sinnstruktur) dem Bewußtsein die Sicherheit verleiht, „sowieso Bescheid zu wissen", so daß die Bereitschaft, Informationen aufzunehmen, nicht mehr gegeben ist.

12. An Stelle eines Nachworts: Mater dolorosa oder Leiden als Mutterpflicht

– „Lauter Mütter, wo das gleiche Kreuz haben." (II)
– „Immer traurig, daß die Mütter das ausbaden müssen." (IX)

Menschen treten an Probleme nicht unvoreingenommen heran; sie verfügen in der Regel über Interpretationsschablonen und Deutungsmuster, die eine gewisse routinemäßige Behandlung dieser Problemlagen erlauben. Solche Interpretationsschablonen resp. Deutungsmuster können sich zu einem Reaktionstyp „verdichten", dem in ähnlich gelagerten Problemfällen eine Vorbildfunktion zukommt: man verhält sich gemäß einer vorgegebenen Typisierung, die bei aller Standardisierung des Verhaltens auf etwas höchst Individuelles hinzudeuten scheint. So erfolgt auch die Verarbeitung von Leid, eine, wie es zunächst scheint, höchst individuelle Angelegenheit, nach vorgegebenen sozialen Mustern[1]. Für Frauen, die sich mit dem neuzeitlichen Idealbild der Frau: der Mutter identifizieren[2], scheint sich – dies drängt sich jedenfalls bei der Durchsicht des vorliegenden Antwortmaterials als plausible Vermutung auf – bei der Konfrontation mit Leid der Reaktionstyp der „mater dolorosa" anzubieten.

Das „Leitbild" der „mater dolorosa" kommt einem bei der hier interessierenden Problematik deshalb unwillkürlich in den Sinn, weil die „Schmerzensmutter" auf den Marienkult verweist, der – zumindest seit der Zeit der Armutsorden, den eigentlichen Propagandisten des Marienkults[3] – ein bestimmtes Frauenideal widerspiegelt, das in gewisser Weise die Vorwegnahme mittelständischer Ideale darstellt, die allerdings erst später – in der Zeit des aufsteigenden Bürgertums (nicht ohne Dazutun des Protestantismus) ihre volle Geltungskraft erlangten[4]: Bescheidenheit, Demut, Unterordnung, verbunden mit der Gabe des Ausgleichstiftens, des Vermittelns (eine Funktion, die die befragten Mütter immer wieder hervorheben). Das „Leitbild" der „mater dolorosa" drängt sich aber auch deshalb auf, weil die äußerst intime (und deshalb auch so problematische) Mutter-Sohn-Beziehung[5] für die Leidensfigur der Schmerzensmutter konstitutiv ist. So sehr auch diese besondere Mutter-Sohn-Beziehung Aufmerksamkeit verdiente (gerade in Hinblick auf die von einigen Müttern geschilderten konkreten Fälle), so soll hier das Leitbild der „mater dolorosa" ausschließlich in seiner Funktion als „Problemlösungsmechanismus", als „Verhaltensschablone" bei der Verarbeitung von Leid, interessieren.

Der auffallendste Zug an der „mater-dolorosa"-Konzeption und an den Müttern, die wir befragt haben, ist die äußerst passive Haltung beim Umgang mit Leid, die in seltsamem Widerspruch steht zu den Aktivitäten, die die Mütter ansonsten in Sorge um ihre Söhne – hier ganz dem neuzeitlichen Frauenideal der Mutter folgend – entfalten. Es sind die Mütter, die der Gerichtsverhandlung beiwohnen, die den Sohn in der Haft besuchen und ihm nach dorthin Briefe schreiben[6], und es sind schließlich die Mütter, die zwischen Vater und Sohn vermitteln[7]. Dieser passive Grundzug bei der Verarbeitung von Leid – eine der Mütter hat dies treffend so formuliert: „Ich faß alles in mich rein. Manchmal mein ich, ich erstick bald, das sitzt als hier, ich krieg keine Luft. . ." (VI) – verdient besondere Aufmerksamkeit, wenn nach der sozialen Funktion des Leitbilds der „mater dolorosa" (als einer möglichen Antwort auf die Frage nach der Inkongruenz von Schicksal und Verdienst) gefragt wird. Wer sich bei der Verarbeitung von Leid am Leitbild der „mater dolorosa" orientiert, bemüht die Ethik der „Pflicht", um mit deren Hilfe eine Umwertung vorzunehmen, die eine (in den Augen des Betroffenen offensichtliche) Benachteiligung bei der Verteilung der Glücksgüter unter den Menschen als Auszeichnung und Prüfung deutet. Wer dem Reaktionstyp der „mater dolorosa" anhängt, wer also das geduldige Ertragen von Leid als Mutterpflicht begreift, dem geht es in erster Linie um das Bestehen einer als auferlegt definierten Prüfung und nicht um die Prüfung bestehender (und möglicherweise ungerechter) Verhältnisse. Insofern legitimiert diese Unterlegenheitslegende eine vorgegebene Ordnung ebenso wie Herrschaftslegenden. Die „mater dolorosa" verkörpert Passivität und reaktives Handeln, das sich zum Protest nie aufschwingen kann (die „Philosophie der Tat" beinhaltet bei der „mater dolorosa"-Konzeption eine Ethik des Tröstens).

Wer dem Leitbild der „mater dolorosa" anhängt, dem erscheint die Kriminalität des Sohnes als eine Prüfung, die es durchzustehen gilt, und er ist desinteressiert an Fragen, die herausfinden wollen, inwieweit Kriminalität durch gesellschaftliche Faktoren bedingt ist. Zwischen Mutter und Sohn besteht eine subtile „moral division of labor", die es in beiden Fällen darauf anlegt, die Verantwortung für eine „Straftat, die aus einer gesellschaftlich mitbegründeten ungünstigen Lebenslage resultiert" (Pilgram 1977, 45), ausschließlich dem Individuum zuzurechnen, d. h. einen „Zwang zum individuellen ‚Ausbaden' dieser Lebenslage" (Pilgram) institutionalisiert. Auf der Seite des Sohnes übernimmt diese Funktion die Schuldkonzeption des Strafrechts, auf der Seite der Mutter wird diese Funktion von dem Reaktionstyp der „mater dolorosa" wahrgenommen. Während der Sohn seine Schuld sühnt, leidet die Mutter, um nicht dadurch schuldig zu werden, daß sie die auferlegte Prüfung nicht besteht.

Anmerkungen

1 Evident ist dies überall dort, wo die Verarbeitung von Leid in die Form des Rituals gekleidet ist.

2 Hierzu ein statement aus einer der Gruppendiskussionen: „Der Mann empfindet nicht so für das Kind wie die Mutter. Man kann ja auch einen Haufen (Kinder) in die Welt hineinsetzen, das ist dem egal, aber einer Mutter nicht" (GD, 1).

3 „But the interweaving of the religious ethic into the social fabric transferred the values he (Francis of Assisi) had advocated for the monastery into the home. From the foundation of the mendicant orders and the mass preaching of their philosophy, the virtue of humility was fostered in the female sex in particular. But it was interpreted along social, not spiritual, lines and turned into a recipe for ‚feminine' qualities that have a kinship with humility – modesty, silence, obedience" (Warner 1978, 184).

4 Auf die Entwicklung des Marienkults kann hier im einzelnen nicht eingegangen werden. Wichtige Stationen sind: die Entfaltung des Kults der „Heiligen Familie", der vom Aufkommen des „Josephkults" – Joseph als der Prototyp des Familien(Haus-)vaters und rechtschaffenen Handwerkers – begleitet wird. „The cult of humility, understood as female submissiveness to the head of the house, set the seal on the Virgin's eclipse as a matriarchal symbol. Nowhere can this be seen more clearly than in the rise of Joseph in importance from the end of the fourteenth century onwards. . . The Holy Family formed a second trinity, the earthly mirror of the heavenly triad" (Warner 1978, 188 ff.). Die Vermenschlichung der Maria, die infolge des Reinheitsideals „entrückt" war, gelang über die Institutionalisierung von „menschliche Züge" tragenden Gegenfiguren wie Anna und Maria Magdalena; andererseits ist die Etablierung von bereits menschliche Züge tragenden Gegenfiguren eine Voraussetzung zur Verklärung der Maria.

Vgl. Warner 1978, insb. Part IV und Honegger 1978, Exkurs 1: „Der Marienkult" und Exkurs 2: „Die neuzeitliche Mutter").

5 „In motherhood Mary was glorified, and through her prostation before her child, became more glorious for her humility. As Simone de Beauvoir has written: ‚For the first time in human history the mother kneels before her son; she freely accepts her inferiority. This is the supreme masculine victory, consumated in the cult of the Virgin, it is the rehabilitation of woman through the accomplishment of her defeat' " (Warner 1978, 183). Vgl. Warner 1978 insb. Kap. 14 (dort finden sich auch Hinweise auf die „Nähe" der „mater dolorosa"-Konzeption zu heidnischen Fruchtbarkeitsgöttinnen, die für den Madonnenkult überhaupt das Vorbild abgaben. Interessant ist auch der Hinweis auf den Zusammenhang von Pest und Intensivierung des Kults von der Schmerzensmutter).

6 Auch die nicht repräsentative Studie von Brodsky (1975) „bestätigt" dies: „Sixty-one (43,6 %) of the 140 subjects received no visits: 34 (24,3 %) received one or two visits; and only 11 subjects (7,9 %) received more than 10 visits during their entire confinements. *The most visits were made by mothers* (227), followed by wives (111), sisters (89), male friends (89), brothers (73), cousins (51), *and fathers (41).* " (Brodsky 1975, 57; vgl. auch Table 7–2, 50). Ferner: „Prisoners can count on their parents, and *particularly their mothers.* In every way in which the relationships were examined, the mothers or parents kept contact at overall same levels as before. . . *Fathers tended to be absent in visiting and corresponding. The letters written to and by parents were written by mothers.* Many parents were separated. . ." (Brodsky, a.a.O., 122; vgl. auch Katschnig 1977, insb. 99 ff.).

7 Eine der Mütter legitimiert bei einer der Gruppendiskussionen diese Aktivitäten so: „Ich finde, das liegt doch in jeder Frau ein bißchen drin, das Muttersein. So wie auch in jedem Mann ein bißchen Vatersein drinsteckt. Bloß der eine kann mehr zeigen und der andere nicht. . . Männer sind härter. . . Wir sind froh, wenn wir ihn wiederhaben. Ist doch so. . . Die Mutter, die geht eben. Du mußt jetzt wieder hin, und du mußt jetzt deinem Sohn helfen. . . Weil die Mutter denkt, du mußt jetzt hin, du mußt gucken, was ist los. Ich muß jetzt helfen. Der Mann ist vielleicht ganz anders. Mein Mann z. B., der konnte das gar nicht begreifen. Der konnt sich da überhaupt nicht hineindenken. Mein Mann z. B. hat gesagt, den laß ich da mal alleine rausbuddeln. Ich bin am nächsten Tag zum Rechtsanwalt gelaufen. . ." (GD, 1)

13. Literaturverzeichnis

Achinger, Gertrud, (1979), Der psychisch Kranke und seine Familie, in: Medizin, Mensch, Gesellschaft (MMG) 4, S. 159–165.

Becker, Howard S., (1973), Außenseiter. Zur Soziologie abweichenden Verhaltens, Frankfurt.

Berger, Peter L., (1971), Einladung zur Soziologie, München.

Berger, Peter/Luckmann, Thomas, (1969), Die gesellschaftliche Konstruktion der Wirklichkeit. Eine Theorie der Wissenssoziologie, Frankfurt.

Blankenburg, Erhard, (1979), Recht als Gradualisiertes Konzept. Begriffsdimensionen der Diskussion um Verrechtlichung und Entrechtlichung, IIM-discussion paper series-13.

Bornscheuer, Lothar, (1977), Zehn Thesen zur Ambivalenz der Rhetorik und zum Spannungsgefüge des Topos-Begriffs, in: Heinrich F. Plett, Rhetorik, München, S. 204 ff.

Britt, Inge, (1974), Sonderkur für Mütter von straffälligen Jugendlichen, in: Zeitschrift für Strafvollzug, 23. Jg., Heft 4, S. 210–211.

Brodsky, Stanley L., (1975), Families and Friends of Men in Prison. The Uncertain Relationship, Toronto/London, (Lexington).

Chibnall, Steve, (1977), Law and Order News, London, (Tavistock).

Croissier, Sigrun, (1978), Zur Entwicklung von jugendlichen u. heranwachsenden Delinquenten, in: Siegfried W. Engel (Hg.), Kriminalität und Verlauf. Literaturbericht – Ein System der Verlaufsforschungen – Vier empirische Untersuchungen, Heidelberg, S. 231–279.

Edelman, Murray, (1976), Politik als Ritual. Die symbolische Funktion staatlicher Institutionen und politischen Handelns, Frankfurt/New York.

Engel, Siegfried W., /v. Engelhardt, Dietrich, (Hg.), (1978), Kriminalität und Verlauf. Literaturbericht – Ein System der Verlaufsforschungen – Vier empirische Untersuchungen, Heidelberg.

v. Engelhardt, Dietrich, (1978), Entwicklung und gegenwärtige Situation kriminologischer Verlaufsforschung, in: Siegfried W. Engel/Dietrich v. Engelhardt (Hg.), Kriminalität und Verlauf. Literaturbericht – Ein System der Verlaufsforschungen – Vier empirische Untersuchungen, Heidelberg, S. 5–75.

Erikson, Kai T., (1978), Die widerspenstigen Puritaner. Zur Soziologie abweichenden Verhaltens, Stuttgart.

Feest, Johannes/Blankenburg, Erhard, (1972), Die Definitionsmacht der Polizei. Strategien der Strafverfolgung u. soziale Selektion, Düsseldorf.

Festinger, Leon A., (1957), A Theory of Cognitive Dissonance, Stanford.

Fischer, Wolfram, (1978), Struktur und Funktion erzählter Lebensgeschichten, in: Martin Kohli (Hg.), Soziologie des Lebenslaufs, Darmstadt/Neuwied, S. 311–336.

Foucault, Michel, (1976), Überwachen und Strafen. Die Geburt des Gefängnisses, Frankfurt (stw. 184).

Frey, Erwin R., (1951), Der frühkriminelle Rückfallverbrecher, Basel.

Geiger, Theodor, (1964), Vorstudien zu einer Soziologie des Rechts, Neuwied/Berlin, (Soziologische Texte Bd. 20).

Goffman, Erving, (1972), Asyle. Über die soziale Situation psychiatrischer Patienten und anderer Insassen, Frankfurt, (es 678).

Göppinger, Hans, (1976), Kriminologie, München.

Gouldner, Alvin W., (1968), The sociologist as partisan: Sociology and the welfare state, in: American Sociologist, 3, S. 103–116.

Hohmeier, Jürgen, (1975), Stigmatisierung als sozialer Definitionsprozeß, in: Manfred Brusten/Jürgen Hohmeier (Hg.), Stigmatisierung. Zur Produktion gesellschaftlicher Randgruppen, Neuwied/Darmstadt, Bd. 1, S. 5–24.

Honegger, Claudia, (Hg.), (1978), Die Hexen der Neuzeit. Studien zur Sozialgeschichte eines kulturellen Deutungsmusters, Frankfurt, (es 743).

Jakobs, Günther, (1976), Schuld und Prävention, Tübingen, (Reihe: Recht und Staat, Heft 452/453).

Katschnig, Heinz, (Hg.), (1977), Die andere Seite der Schizophrenie. Patienten zu Hause, München/Wien/Baltimore, (Fortschritte der Sozialpsychiatrie 2).

Klein-Schonnefeld, Sabine, (1978), Frauen im Recht. Zur Konstitution des Rechtsbewußtseins von Frauen, in: Kriminologisches Journal, 4, S. 248–263.

Köhne, Harald/Quack, Ludwig, (1977), Zur Situation von Familienangehörigen männlicher Strafgefangener, in: Zeitschrift für Strafvollzug und Straffälligenhilfe 1, S. 44–47.

Kohli, Martin, (1978), Erwartungen an eine Soziologie des Lebenslaufs, in: Martin Kohli, (Hg.), Soziologie des Lebenslaufs, Darmstadt/Neuwied, S. 9–31.

Kuhn, Thomas S., (1967), Die Struktur wissenschaftlicher Revolutionen, Frankfurt (stw. 25).

Lange, Richard, (1970), Das Rätsel Kriminalität. Was wissen wir vom Verbrechen? Frankfurt, Berlin.

Lofland, John, (1969), Deviance and Identity, Englewood Cliffs, N. J.

Luhmann, Niklas, (1964), Funktionen und Folgen formaler Organisation, Berlin.

Mechtel, Angelika, (1975), Ein Plädoyer für uns. Frauen und Mütter von Strafgefangenen berichten. Gespräche und Dokumente, Percha/Kempfenhausen am Starnberger See.

Merton, Robert K., (1965^2), Die Eigendynamik gesellschaftlicher Voraussagen, in: Ernst Topitsch, (Hg.), Logik der Sozialwissenschaften, Köln, Berlin, S. 144–161.

Offe, Claus, (1977), Die kritische Funktion der Sozialwissenschaften, in: Helmuth G. Meier, (Hg.), Interaktion von Wissenschaft und Politik, Frankfurt/New York, S. 321–329

Ortner, Helmut/Wetter, Reinhard, (1975), Gefängnis und Familie. Protokolle von Familienangehörigen Strafgefangener. Texte und Materialien zur Auswirkung der Strafhaft und zu den Möglichkeiten politischer Gefangenenarbeit, Berlin.

Pilgram, Arno, (1977), Warum es von Interesse ist, sich mit den Problemen Angehöriger Gefangener zu beschäftigen, in: Kriminalsoziologische Bibliographie 4, Heft 16/17, S. 44–53.

Popitz, Heinrich, (1967), Der Begriff der sozialen Rolle als Element der soziologischen Theorie, Tübingen, (Reihe: Recht und Staat, Heft 331/332).

Popitz, Heinrich, (1968), Über die Präventivwirkung des Nichtwissens, Tübingen, (Reihe: Recht und Staat, Heft 350).

Popitz, Heinrich, Bahrdt, Hans P., Jüres, Ernst A., Kesting, Hanno, (1961[2]), Das Gesellschaftsbild des Arbeiters. Soziologische Untersuchungen in der Hüttenindustrie, Tübingen.

Römer, Wilhelm, (1967), Die Nebenfolgen der Freiheitsstrafen auf die Kinder der Delinquenten, Hamburg.

Roloff, Gisbert/Balzer-Ichert, Cordelia, (1978), Erstes Münsteraner Ehe- und Familienseminar für Strafgefangene – ein Bericht, in: Monatsschrift für Kriminologie und Strafrechtsreform, 61, Heft 3, S. 149–159.

Sack, Fritz, (1974[2]), Neue Perspektiven in der Kriminologie, in: Fritz Sack/Rene König, (Hg.), Kriminalsoziologie, Frankfurt, S. 431–475.

Schneller, Donald P., (1976), The Prisoner's Family: A Study of the Effects of Imprisonment on the Families of Prisoners, San Francisco, (R and E Research Associates).

Schur, Edwin M., (1971), Labeling deviant behavior. Its sociological implications, New York, (dt. Übersetzung 1974), Abweichendes Verhalten und soziale Kontrolle. Etikettierung und gesellschaftliche Reaktion).

Simmel, Georg, (1957), Soziologie der Mahlzeit, in: Georg Simmel, Brücke und Tür. Essays des Philosophen zur Geschichte, Religion, Kunst und Gesellschaft, hg. v. Michael Landmann (im Verein mit Margarete Susman), Stuttgart, S. 243–250.

Smith, Dorothy E., (1976), K. ist geisteskrank. Die Anatomie eines Tatsachenberichtes, in: Elmar Weingarten/Fritz Sack/Jim Schenkein (Hg.), Ethnomethodologie. Beiträge zu einer Soziologie des Alltagshandelns, Frankfurt (stw. 71) S. 368–424.

Spittler, Gerd, (1967), Norm und Sanktion. Untersuchungen zum Sanktionsmechanismus, Olten/Freiburg.

Stefan, Renate, (1975), Hausfrauen und Mütter – Die vergessenen Sklavinnen, Berlin (Frauenselbstverlag).

Steinert, Heinz, (1977), Das Handlungsmodell des Symbolischen Interaktionismus, in: Hans Lenk, (Hg.), Handlungstheorien interdisziplinär IV. Sozialwissenschaftliche Handlungstheorien und spezielle systemwissenschaftliche Ansätze, München, S. 79–99.

Steinert, Heinz/Treiber, Hubert, (1974), Erziehungsziel: Soldat, in: Erhard Klöss/Heinz Grossmann, (Hg.), Unternehmen Bundeswehr, Frankfurt, S. 103–122.

Stratenwerth, Günther/Aebersold, Peter, (1976), Der schweizerische Strafvollzug. Programm, Methode und Durchführung einer empirischen Untersuchung, Aarau/Frankfurt.

Sykes, Gresham M., (1958), The Society of Captives. A Study of a Maximum Security Prison, Princeton/New York.

Warner, Marina, (1978), Alone of All Her Sex. The Myth and the Cult of the Virgin Mary, London/Melbourne/New York (Quartet Books).
Watzlawik, Paul, Beavin, Janet H., Jackson, Don D., (1969), Menschliche Kommunikation. Formen, Störungen, Paradoxien, Bern/Stuttgart.
Werner, Wolfgang, (1969), Vom Waisenhaus ins Zuchthaus, Frankfurt.
Wilkens, Leslie T., (1967), Delinquent Generations. Letter to the Editor, in: Journal of Research in Crime and Delinquency, Bd. 4.